U0118124

「新界」原居民的合法傳統權益

基本法
研究叢書

「新界」原居民的合法傳統權益

章小杉

香港城市大學出版社
City University of Hong Kong Press

國際統一書號：978-962-937-576-8

出版
　　　香港城市大學出版社
　　　香港九龍達之路
　　　香港城市大學
　　　網址：www.cityu.edu.hk/upress
　　　電郵：upress@cityu.edu.hk

**The lawful traditional rights and interests of the indigenous inhabitants
of the "New Territories"**

(in traditional Chinese characters)

ISBN: 978-962-937-576-8

Published by
　　　City University of Hong Kong Press
　　　Tat Chee Avenue
　　　Kowloon, Hong Kong
　　　Website: www.cityu.edu.hk/upress
　　　E-mail: upress@cityu.edu.hk

Printed in Hong Kong

目錄

詳細目錄

總序

一

1997年7月1日，中華人民共和國恢復對香港行使主權，「實現了長期以來中國人民收回香港的共同願望」（參見《香港特別行政區基本法·序言》）。同日，香港特別行政區成立，成為「中華人民共和國的一個享有高度自治權的地方行政區域」（第12條）；《香港特別行政區基本法》正式生效，「以保障國家對香港的基本方針政策的實施」（〈序言〉）。始自這日，香港的歷史翻開了嶄新的一頁。

香港回歸標誌着中國在國家統一之路上邁出了一大步。對於香港特區而言，在《基本法》載明的「一國兩制」、「港人治港」、「高度自治」這些根本性原則統率之下，回歸更意味着憲制秩序的轉換與重構，以及中央與地方關係制度再造。在特區之內，「不實行社會主義制度和政策，保持原有的資本主義制度和生活方式，五十年不變」。就政府管治制度而言，基本的立法、行政、司法制度得以延續。就此而言，香港回歸取得了巨大成就，達成了歷史使命。

彈指間，香港回歸祖國已經二十年了。

二

常聽說：「香港是一本很難讀懂的大書。」對一些人而言，這本書依然晦澀難懂；而對另一些人來說，這本書寫到這般田地，不讀也罷。二十年後的今日，有人不斷地追問，東方之珠的「風采是否浪漫依然」？君不見，港英政府時代的制度瓶頸與問題，如貧富差距、地產霸權，今日仍揮之不去，赫然在目；特區政府又面臨着新的、尖銳的挑戰，有如北京—香港關係、行政—立法關係、管治低效、社會發展裏

足不前、本土主義與港獨思潮、普通法之延續，等等。這些，我們不可能視而不見。

然而，這又是一本必須去讀的書。之於內地讀者來説，很難理解在同文同種之下，為什麼兩地人民關係仍然顯得那麼生分，其程度甚至比回歸前更甚；為什麼祖國大家庭的小兄弟還是那麼「調皮」，時不時惹得父母生氣和懊惱。而對這本書的作者——香港人——來説，儘管「本是同根生」，但就是沒有那種親密無間的感覺。

這些年來，中國經濟發展突飛猛進，改革開放造就了「製造大國」。以經濟體量觀之，中國一躍而為世界第二大經濟體，這的確讓國人引以為傲，這就是「硬實力」。反觀香港，其GDP佔全國GDP的比重從1997年的18.45%，下跌到2016年的2.85%（《橙新聞》，2017年6月25日），斷崖式下跌，今非昔比。

若僅以「硬實力」比拼，香港早就慘敗了。然而，在一國兩制下，香港人仍然有那份執着和「制度自信」，社會仍然繁榮昌盛。而且，客觀地觀察，香港也有自己的「軟實力」（soft power）。香港人自持的核心價值是法治、廉潔政府、自由，甚至還有有限的民主。

三

香港是一本必須讀懂的書。

在內地，以學術論文發表數量為衡量依據，香港研究曾一度成為「顯學」，時間大約是在《中英聯合聲明》簽署之後至《基本法》制定期間。及至香港九七回歸前後，也曾見研究興趣的再現。近兩三年來，在社會科學界，有關香港的研究又見興趣和出版高峰，這尤以法學界和政治學界為甚。

就《基本法》研究而言，學術成果猶如「雨後春筍，層出不窮」。理論的繁榮不一定表現在為成就唱讚歌，在客觀上，它反映了在實踐中存在並出現了很多新問題。今時今日，學術界首先面對的宏觀課題就是《基本法》理論的體系化、深度建設及研究的應用性。

從檢視現在的學術成果可以看到，學術界目前正關注的理論性、

實踐型問題包括：憲法與特區憲制秩序的形成、憲法與《基本法》的關係與互動、《基本法》變遷與政治發展之道、政治改革與中央權力、作為憲法原則的一國兩制、一國與兩制的關係、全面管治權與中央監督權之確立與行使、一國兩制與新型中央與地方關係模式、統一與多元之下中央與地方關係、特區管治與《基本法》、《基本法》之下權力分立模式、行政主導抑或三權分立、善治與行政—立法關係、《基本法》的「自足性」與全國人大常委會、《基本法》的「自足性」與香港普通法法庭、《基本法》下「雙軌制」釋法制度、本土主義及港獨思潮與《基本法》、《基本法》法理學，等等。

這些重大課題值得我們投入精力，一一闡發、澄清。

四

自 1996 年開始，我就在香港城市大學法律學院講授《香港基本法》及相關課程，對《基本法》研究略有心得，也希望為學術研究盡點綿薄之力。策劃出版本套「基本法研究叢書」的基本出發點及「初心」就是，多研究些問題，在理論與實踐間架設橋樑。進而言之，這也是為了學術，為了一國兩制繼續成功實踐，為了香港特區更好的未來。簡而言之，總結經驗，繼往開來。

「學術性」和「開放性」，是本叢書編輯出版所秉承的兩個基本原則。「學術性」不等於刻意追求著作的理論性、抽象性，不等於建造象牙之塔。不過，構造、解構與重構概念與理論是本叢書的使命之一。一部有質量的學術著作往往對實踐具有直接或間接的參考價值和指導意義。這樣的著作才有擔當，才能展現作者的使命感。至於「開放性」，具體而言，是指研究課題的開放性、研究方法的跨學科性，以及稿源的開放性。一切與《基本法》實施有關的課題都是本叢書關注的焦點，跨學科的著作尤為珍貴。叢書歡迎兩岸四地及海外作者不吝賜教、踴躍投稿，中英文著作兼收並蓄。

本叢書不敢好高騖遠，但還是志存高遠，希望為《基本法》研究提供一個共享平台，為學人搭建一個交流的園地。

最後，不能也不應該忘記的是，從策劃這套叢書的念頭一閃現開始，我就得到了來自香港和內地的傑出法律人和學者的至關重要的精神與道義支持。在此，我要特別記下對本叢書學術顧問委員會成員的真誠謝意，他們是：梁愛詩、王振民、王磊、何建宗、胡錦光、秦前紅、陳弘毅、楊艾文、韓大元。

五

香港城市大學位於九龍塘、獅子山下。在寫作本序言時，我情不自禁地想起那首耳熟能詳、由黃霑作詞、羅文演唱的名曲：《獅子山下》，不覺思緒萬千。《基本法》載明，一國兩制，「五十年不變」。二十年轉瞬即逝了，往者不可諫，來者猶可追。在未來的三十年，香港仍然會面對新的矛盾與挑戰，與此同時且重要的是，還有更多的發展機遇和更大的成功機會。香港人更應秉承獅子山精神，不斷適應變換中的新形勢、新環境，追求進步、繁榮、幸福。不忘初心，香港的前景必定是美好的。這也是我內心的深切願望。

行文至此，讓我引用一段《獅子山下》的歌詞為本序作結：

> 放開　彼此心中矛盾
> 理想　一起去追
> 同舟人　誓相隨
> 無畏　更無懼
> 同處　海角天邊
> 攜手　踏平崎嶇
> 我哋大家　用艱辛努力
> 寫下那　不朽香江名句

朱國斌

香港城市大學法律學院教授、法學博士

於九龍塘、獅子山下

2017 年 6 月 25 日子夜

序言

揭開香港真實的側影

《竊聽風雲》之三，用電影語言展現了香港的丁權以及圍繞丁權的愛恨情仇，向人們展示了香港繁華都市的另一側面。同樣，章小杉博士的這本專著也向我們展示了香港基本法研究的另一個側面，把基本法研究的視野牽引向往常較少觸及的香港原居民權利保障問題。

基本法研究從二十世紀九十年代開始起步，經歷了一代又一代學人的不懈努力，今天已經形成了龐大的體系。從基本法的起草與制定，到基本法解釋、中央和特別行政區關係、特別行政區的理論定位，再到特別行政區的政治體制、「香港本土主義」思潮批判、大灣區法治建設，及至晚近的國安立法研究等，基本法研究與回歸以來的香港社會保持着同頻共振，也隨着香港局勢的發展而不斷因時而變。基本法研究逐漸從宏大敍事向中觀制度和微觀問題轉變，問題意識逐漸精細化和精準化，研究範式逐漸規範化和學理化，基本法在香港的生存實狀逐漸清晰。學術話語和政治話語、學人眼中的基本法和民眾眼中的基本法、內地視角下的基本法和香港本地視角下的基本法發生了從相對疏離再到漸行漸近的過程，香港的樣貌和基本法的樣貌，都在時間的流淌中慢慢呈現。儘管這種呈現，有時伴隨着香港自身的痛楚，也伴隨着內地對香港的某種難以名狀的情緒。

所以，基本法研究其實越來越回歸到揭示香港真實樣貌的位置。長期纏繞基本法研究的一些問題，在時代的洪流中變得無足輕重。而一些新的問題或者長期存在而被忽視的問題，則在歲月的沖刷下顯露出來。章小杉博士的這本著作，顯然是屬於後者的。由於香港政治形

勢的發展，都市更新和土地權利問題成為社會各界高度關注的熱點議題，也被寄託着徹底解決香港問題之經濟根源的厚望。然而，問題果真那麼簡單麼？其間又涉及到哪些法律問題，而這些法律問題的背後又會糾纏哪些政治問題、社會問題和經濟問題？不得不說：不要說解決這些問題，就是認識到這些問題、梳理清楚這些問題，都需要相當的研究能力和理論視野。章小杉博士著作的卓越之處也在於此，我們可能無法寄希望於通過一本內地學者的論著，就能夠為香港解套亂局提出可行的方案，更無法寄希望一本學術著作，就能解決香港長期存在的原居民權利保障問題。但是，我們至少能夠從中看到真實香港的另一個側影，也能從中窺見香港原居民權利保障問題的基本脈絡和主要問題。應該說，章小杉博士的這本專著，深化了對基本法上原居民權利保障問題的研究，也為後續更加深入的研究奠定了問題框架和分析進路。就憑藉這一點，章小杉博士的專著對於基本法研究是有貢獻的！

　　章小杉是我指導的第二屆博士研究生，從碩士開始就投身香港基本法研究。對於基本法研究的投入和熱情，章小杉博士由碩及博，而且已經把基本法研究當作了終身事業。她在基本法研究上取得了不錯的成績。本書體現了章小杉博士極佳的基本法研究才能和天賦，也展現了她深耕基本法研究的努力和付出。

　　蘇步青先生曾言，要鼓勵學生超過自己。非常高興看到自己的學生在基本法領域超過自己！再次恭賀章小杉博士大作出版。

　　是為序。

祝捷

武漢大學法學院教授、副院長

武漢大學兩岸及港澳法制研究中心執行主任

引言

「新界」位於深圳河以南，九龍半島以北，歷代皆屬中國領土，自明代起歸廣東省新安縣管轄。1898年，列強爭相瓜分中國領土，英國政府以防衛為由，要求展拓香港界址，並迫使清政府與其簽訂了不平等的《展拓香港界址專條》。根據這份不平等條約，「新界」自1898年7月1日起，以99年為期，作為「新租之地」借予英國。「新界」之面積為香港島的十二倍，但因地處鄉郊，發展程度與作為市區的港九相去甚遠。在整個殖民時期，港英政府視「新界」為予求予取的附屬品，[1]未曾料想日後「新界」會成為「香港整體歷史宿命的主權政治來源」。[2]二十世紀八十年代，以「新界」租約即將屆滿為契機，中英就香港前途問題展開談判，經過艱難的22輪磋商之後，確定香港（包括「新界」、香港島和九龍半島）將於1997年7月1日「移交」給中國。從某種程度上講，如果沒有「新界」租約，香港的回歸或許就是另一番模樣。雖然歷史不可假設，但「新界」對於香港乃至於中國之重要性不言而喻。今時今日，「新界」之於香港，不止有歷史意義，更有着利害攸關的現實意義。

香港是中華人民共和國的一個享有高度自治權的地方行政區域，其穩定和繁榮對於「一國兩制」事業乃至整個國家的主權、安全和發展利益都有重大意義。在2016年正式推出的「粵港澳大灣區」計劃中，香港特別行政區扮演重要角色。然而，回歸後，在很長的一段時間裏，由於連年不斷的政治爭拗和內耗，香港的經濟發展和民生事業頻頻受挫。2015年6月18日，立法會正式否決特區政府的政改方案，香港特區

---

1. 許舒：《新界百年史》，林立偉譯，香港：中華書局，2016年，第318頁。
2. 張少強：《管治新界：地權、父權與主權》，香港：中華書局，2016年，第6頁。

的政制改革暫時陷入停滯，香港社會被迫重新聚焦經濟民生。放下政治爭拗、重回經濟民生，符合中央對香港的寄望。2017年7月1日，國家主席習近平在慶祝香港回歸祖國20週年大會上指出，在香港落實「一國兩制」，要「始終聚焦發展這個第一要務。發展是永恆的主題，是香港的立身之本，也是解決香港各種問題的金鑰匙。」新任行政長官林鄭月娥在上台之後，積極回應中央的號召和期望，營造「大和解」的氛圍，致力於發展經濟、改善民生。

土地供應不足是制約香港發展的重要因素。2017年8月29日，行政長官林鄭月娥宣佈成立「土地供應專責小組」，檢視香港未來的土地供應。2018年4月，「土地供應專責小組」發佈研究報告，並宣佈展開為期5個月的公眾諮詢，發起香港的「土地大辯論」。在報告中，「土地供應專責小組」列舉了18項措施以增加香港的土地供應，將填海工程和開發「新界」作為中長期措施。「新界」佔香港土地總面積91%，是香港土地資源的主要來源。開發「新界」的土地，最能解決香港土地短缺的燃眉之急。但特區政府開發「新界」的計劃，屢屢與原居民的權益發生衝突。「小型屋宇政策」（又稱「丁屋政策」，根據此項政策，年滿18歲的男性「新界」原居民可申請興建一所面積不超過700平方呎高度不超過25呎的小型屋宇）被認為是制約特區政府開發「新界」的重要原因。特區政府曾於2002年承諾檢討此項政策，主管官員也曾表明將於任期內解決「丁權」問題，但由於涉及原居民的利益和《基本法》的解釋，特區政府迄今未能對此項政策作任何實質性的改變。

香港土地短缺的現狀及「丁權」問題，不僅給特區政府造地帶來困擾，也引起了其他香港居民的不滿和抗議。有香港市民就「小型屋宇政策」提出司法覆核，要求法院澄清「丁權」是否為《基本法》第四十條所保護的合法傳統權益，而香港特區高等法院也於2016年12月受理了該項申請。土地資源是香港未來發展的關鍵，而「新界」又是這關鍵中的關鍵。[3]解釋《基本法》第四十條規定的「合法傳統權益」，是突破香港

---

3. 劉智鵬：《香港史研究的現狀、功用與設想》，《港澳研究》2013年第1期。

發展瓶頸的一個不可迴避的議題。可以預測的是,《基本法》第四十條的解釋,不僅會引發香港社會內部的爭議,而且可能導致中央與香港的「釋法之爭」。一方面,根據《基本法》第七條,香港特別行政區境內的土地和自然資源屬於國家所有,對於「新界」的土地問題,中央是潛在的持份者。另一方面,原居民代表曾聲言,倘若「丁權」為本地法例取消,便會尋求「人大釋法」以捍衛原居民權益。到目前為止,《基本法》第四十條的解釋、解釋權的歸屬以及解釋方法的選擇等,都有待釐清,而這也令學術研究顯得必要和迫切。

《中華人民共和國香港特別行政區基本法》(以下簡稱「《基本法》」)第四十條規定:「新界」原居民的合法傳統權益受香港特別行政區的保護。但對於何謂「合法傳統權益」,第四十條並未像《基本法》其他條款一樣作出明確界定(如《基本法》第六十四條規定香港特別行政區政府對立法會負責,但將負責的內容限定為執行立法會通過並已生效的法律、定期向立法會作施政報告、答覆立法會議員的質詢、徵稅和公共開支須經立法會批准),這就為爭論和解釋留下了空間。近年來,愈來愈多的爭拗圍繞「新界」原居民的傳統權益而展開,「小型屋宇政策」動輒成為爭論的焦點。因此,本書的目的在於釐清「新界」原居民合法傳統權益的內容,即對《基本法》第四十條作一個學理(無權)解釋。圍繞着這個目的,本書提出了一系列的問題:「新界」和原居民由何而來?傳統權益包括哪些?《基本法》對原居民的權益作了何種保障?原居民權益是特權嗎?誰有權解釋《基本法》第四十條?適宜的解釋方法為何?「丁權」屬於合法傳統權益嗎?調整「丁屋政策」非修改《基本法》不可嗎?

「新界」原居民合法傳統權益涉及多方面的問題,要解釋《基本法》第四十條所規定的「合法傳統權益」,首先應當對「新界」、原居民和傳統權益的概念進行解析和界定。鑒於「新界」原居民權益是個富有爭議的話題,在主張其權益時,「新界」原居民代表傾向於自比為內地的少數民族或海外的土著族群。事實上,「新界」原居民兼具鄉村居民和早期居民兩重身份,橫向對比「新界」原居民與其他類似群體的權

益，有助於理解「新界」原居民權益的特性及共性。此外，在殖民年代，原居民權益只是一項行政安排，而在特區年代，原居民權益成為一項憲制安排。梳理《基本法》第四十條的起草過程和歷史背景有助於把握立法原意。與此同時，「新界」原居民的權益在現實中遇到一些挑戰。《基本法》作為「活的憲法」，其解釋將不可避免地受到這些挑戰的影響，釐清這些現實挑戰有助於明確《基本法》第四十條解釋的時代背景。最後，解釋《基本法》第四十條須確定便宜的解釋機關和適當的解釋方法，在此基礎上，方可對《基本法》第四十條的規範內涵作出相對正確的解析。

第一章
研究視角下的「新界」

∽∽∽∽∽∽∽∽∽∽∽∽∽∽∽∽∽

學術研究的價值，在很多時候，體現為對社會現實的回應性。但有關「新界」的學術研究，在二十世紀五十年代，即「新界」成為爭議焦點之前，就開始了。這要歸功於早期海外人類學家對傳統中國社會的興趣。經過數十年的發展，有關「新界」的研究，逐漸由人類學擴展至歷史學、政治學、社會學和法學，不同學科、不同年代的研究重點亦有不同。直至今日，有關「新界」及「新界」原居民的學術爭論，主要圍繞三個命題展開。

一、「新界」：被「過度研究」的對象

根據《展拓香港界址專條》，「新界」自 1898 年起，「租賃」給英國以資防衛，租期為九十九年。英國殖民者登陸「新界」，迄今已有百餘年的歷史。但有關「新界」的學術研究，並非始於殖民者強租「新界」之日。有學者指出，就香港史發展的階段而言，今天的香港社會基本形成於戰後。[1] 相應地，有關「新界」的研究亦是二戰後——確切而言，是戰後的五十年代開始的。短短幾十年間，關於「新界」的研究從無到有，從少到多，涵蓋萬象。今日的「新界」，早已成為一片被「過度研

---

1. 劉智鵬：《香港史研究的現狀、功用與設想》，《港澳研究》2013年第1期。

究」的土地。[2] 圍繞「新界」展開的社會科學研究，根據學科標準，可分為人類學、歷史學、政治學、社會學和法學五個大的方向。不同學科的旨趣、歷史、重點、研究方法及發展程度各不相同，研究的內容互有交叉重疊，對於理解「新界」這片土地及其之上的居民大有裨益，以下分述之。

人類學家對「新界」的興趣始於對傳統中國社會的好奇心。將研究對象定為「新界」，或多或少是一種無奈的選擇：自1949年起至二十世紀八十年代，海外人類學家不再有機會進入中國大陸從事田野研究；在這樣的背景下，仍對中國保有興趣的人類學家只好退而求其次，將目光轉向其他地方，譬如香港、台灣和海外華人社會。[3] 事實上，在香港從事鄉土中國研究的一個好處是：自1949年起，內地經歷「社會主義改造」，傳統與現代之間發生了斷裂，而香港得以在殖民統治的「庇護」下，保留較多的傳統中國的原貌；尤其是「新界」，在殖民政府的「間接統治」下，鄉土中國的形態、傳統和習俗得以保存。[4] 自1950年起，數十名海外人類學家陸續抵達「新界」，他們的腳步遍佈「新界」各村落，研究範圍涵蓋中國宗族、社會形態、性別分工、傳統習俗、婚姻、繼承、禮儀等。[5]

截至今日，有關「新界」的人類學研究，大致經歷了三個階段。在第一個階段，西方學者將「新界」視為保留原汁原味中國傳統的「活化石」。[6] 早期的人類學家，如斐利民（Maurice Freedman）、裴達禮（Hugh Baker）、波特（Jack M. Potter）等均有此傾向。在第二個階段，華人學者

---

2. David Podmore, The Sociology and Anthropology of Hong Kong: A Bibliography and Commentary, *International Review of Modern Sociology*, 1975, vol. 5, no. 1, pp. 90–106.

3. 蘇敏：《香港人類學：學術研究與學科建設》，《西北民族研究》2012年第3期。

4. Malcolm Merry, *The Unruly New Territories: Small Houses, Ancestral Estates, Illegal Structures, and Other Customary Land Practices of Rural Hong Kong*, Hong Kong: Hong Kong University Press, 2020.

5. See Hugh Baker, The "Backroom Boys" of Hong Kong Anthropology: Fieldworkers and Their Friends, *Asian Anthropology*, 2007, vol. 6, no. 1, pp. 1–27.

6. See Maurice Freedman, Shifts of Power in the Hong Kong New Territories, *Journal of Asian & African Studies*, 1966, vol. 1, no. 1, pp. 3–12.

對西方學者的理論預設提出挑戰，認為將「新界」視為殖民統治下僅存的傳統中國是不切實際。台灣學者陳奕麟指出，雖然英國殖民者來到「新界」後力圖保留當地風俗和原有社會組織，但村民已經在無意中接受了殖民政策的影響而作出改變，而這些改變又在無人意識到的情況下被逐漸制度化而成為當地人風俗習慣的一部分，因而今日所稱之「傳統」，多為主觀構建的產物。[7] 在第三個階段，香港本土學者試圖超越原生主義與建構主義的對立，辯證地看待「新界」的傳統性與現代性。如張少強認為，過分強調中國傳統有將中國社會刻板化之嫌，而一概將傳統視為「捏造的傳統」又誇大了建構的作用；事實上，傳統並非一成不變的死物或與現代不相容的古物，「新界」鄉村不是古代中國的殘餘，而是經歷過現代化且仍然保有活力的中國鄉村。[8]

對「新界」的歷史學研究稍晚於人類學研究，但同樣始於外國學者。前港英政府官員許舒（James Hayes）最早記錄了1898年「新界」的生活方式，剖析了清朝末期及殖民初期「新界」鄉村的組織及領導形態。[9] 許舒於2006年梳理了「新界」自殖民初期至回歸之後的歷史，該書於2016年譯成中文在香港出版。[10] 科大衛（David Faure）從歷史學的角度考察了作為一項制度的宗族及其形態。[11] 夏思義（Patrick Hase）考察了「新界」的習慣法在一個世紀中的變遷，並還原了1899年4

7. Allen Chun, *Unconstructing Chinese Society: The Fictions of Colonial Practice and the Changing Realities of "Land" in the New Territories of Hong Kong*, London: Routledge, 2002; 陳奕麟：《香港新界在二十世紀的土地革命》，《中央研究院民族學研究所集刊》1987年第1期，總第6期，第1–40頁。

8. Siu-keung Cheung, The Changing Life-World of a Chinese Village: Land, Economic Practice, and Community Change, *China Information*, 2011, vol. 25, no. 2, pp. 185–205; 張少強、古學斌：《跳出原居民人類學的陷阱：次原居民人類學的立場、提綱與實踐》，《社會學研究》2006年第2期；張少強：《管治新界：地權、父權與主權》，香港：中華書局，2016年。

9. Jame Hayes, The Pattern of Life in the New Territories in 1898, *Journal of the Hong Kong Branch of the Royal Asiatic Society*, 1962, vol. 2, pp. 75–102; James Hayes, *The Hong Kong Region, 1850–1911: Institutions and Leadership in Town and Countryside*, Hamden, Connecticut : Archon Books, 1977.

10. James Hayes, *The Great Difference: Hong Kong's New Territories and its People, 1898–2004*, Hong Kong: Hong Kong University Press, 2006; 許舒：《新界百年史》，林立偉譯，香港：中華書局，2016年。

11. David Faure, *The Structure of Chinese Rural Society: Lineage and Village in the Eastern New Territories*, Hong Kong: Oxford University Press, 1986.

月「新界」鄉民武裝反抗港英政府接收「新界」的六日戰爭。[12]鄭宇碩
彙編了「新界」在殖民年代經歷的各種變遷。[13]劉存寬重現了英國強
租「新界」的歷史，並批判了英帝國主義的專橫行徑，[14]劉潤和系統
地整理了「新界」被強租後的歷史，記述了回歸前「新界」的社會、經
濟、文化變遷。[15]劉智鵬從多角度檢視了英治「新界」早期歷史的基
本面貌，並臚列了英國政府租借「新界」重要文件中譯本。[16]薛鳳旋
和鄺智文梳理了鄉議局發展史，也呈現了「新界」在殖民年代的歷史變
遷。[17]

　　有關「新界」的政治學研究，在時序上稍晚於人類學研究，且研
究者以香港本土學者為主。關信基和劉兆佳考察了在快速發展的時代
背景下，「新界」的政治制度所面臨的挑戰，他們將「行政吸納政治」
的理論應用於「新界」，認為殖民政府在「新界」採取了一種「新間接統
治」，即以實質利益換取當地精英的支持以維持殖民統治。[18]劉兆佳
進一步闡釋了殖民政府如何以和平手段解決了「新界」鄉村內部的土地
糾紛，認為糾紛得以解決的關鍵在於「殖民政府是主導的政治機構」、
「當地精英無法動員群眾」以及「糾紛本身不涉及意識形態」[19]鄭

---

12. Patrick H. Hase, Customary Law in the New Territories, Hong Kong: A Century of Change, *Nagoya Journal of Law & Politics*, 2000, vol. 182, no. 1, pp. 155-203; Patrick H. Hase, *The Six-Day War of 1899: Hong Kong in the Age of Imperialism*, Hong Kong: Hong Kong University Press, 2008; 夏思義：《被遺忘的六日戰爭——1899年新界鄉民與英軍之戰》，林立偉譯，香港：中華書局，2014年。

13. 鄭宇碩：《變遷中的新界》，香港：大學出版社印務公司，1983年。

14. 劉存寬：《租借新界：香港歷史問題資料選評》，香港：三聯書店，1995年。

15. 劉潤和：《新界簡史》，香港：三聯書店，1999年。

16. 劉智鵬：《展拓界址：英治新界早期歷史探索》，香港：中華書局，2010年。

17. 薛鳳旋、鄺智文：《新界鄉議局史：由租借地到一國兩制》，香港：三聯書店，2011年。

18. Kuan Hsin-chi and Lau Siu-kai, *Planned Development and Political Adaptability in Rural Hong Kong*, The Chinese University of Hong Kong Social Research Center, 1980; Kuan Hsin-chi and Lau Siu-kai, Development and the Resuscitation of Rural Leadership in the New Territories, *Hong Kong Journal of Public Administration*, 1981, vol. 3, no. 1, pp. 72–89.

19. Chau Lam-yan and Lau Siu-kai, Development, Colonial Rule, and Intergroup Conflict in a Chinese Village in Hong Kong, *Human Organization*, 1982, vol. 41, no. 2, pp. 139–146.

宇碩研究了精英階層在「新界」發展中的作用。[20]黎偉聰檢視了「新界」的「小型屋宇政策」，認為該項政策對香港的長期規劃有不利影響，且涉嫌歧視女性、不符合《中國憲法》及香港本地法例。[21]鄭赤琰從國際經驗的角度，考察了對原居民的憲法保護，認為《基本法》第四十條對「新界」原居民合法傳統權益的保護合理且正當。[22]

　　有關「新界」的社會學研究，在時間先後上與政治學類似，且研究重點與人類學有交叉重疊之處。陳倩研究了「新界」原居民對「傳統」的解釋，認為儘管法律上的定義是確定的，「新界」原居民的身份是一個飄忽不定的存在，原居民所謂的文化和傳統純屬主觀構建的產物，原居民會為了經濟利益而重新解釋傳統，將傳統權益作為政治鬥爭的武器和工具。[23]除「新界」的傳統及變遷外，社會學家更加關注殖民政府與「新界」居民的關係以及「新界」居民的社會組織。趙永佳和孔誥鋒考察了殖民年代「新界」的「國家構建」問題──殖民政府如何由村民眼中的「野蠻人」演變為「合法政權」，認為在殖民年代，「新界」矛盾重重，但此類矛盾並非文化衝突，而是利益之爭，故本地人更容易被收買，進而成為殖民統治下的順民。[24]陳國成梳理了「新界」鄉村集市的形成，從山邊安葬的角度考察了「新界」原居民的合法傳統權益，並檢視了「新界」村莊的女性的財產權以及殖民年代「新界」的典

20. Joseph Y. S. Cheng, Elite Participation in Development Administration in the New Territories of Hong Kong, *Journal of Commonwealth & Comparative Politics*, 2008, vol. 22, no. 3, pp. 276-302.

21. Lawrence Wai-chung Lai, Housing Indigenous Villagers in a Modern Society: An Examination of the Hong Kong Small House Policy, *Third World Planning Review*, 2000, vol. 22, no. 2, pp. 207-230.

22. 鄭赤琰：《基本法與原居民合法傳統權益──從國際經驗談起》，《族群研究論叢5》，香港嶺南大學，2000年。

23. Selina Ching Chan, Politicizing Tradition: The Identity of Indigenous Inhabitants in Hong Kong, *Ethology*, 1998, vol. 37, no. 1, pp. 39-54; Selina Ching Chan, Colonial Policy in a Borrowed Place and Time: Invented Tradition in the New Territories of Hong Kong, *European Planning Studies*, 1999, vol. 7, no. 2, pp. 231-241; Sellna Ching Chan, Memory Making, Identity Building: The Dynamics of Economics and Politics in the New Territories of Hong Kong, *China Information*, 2003, vol. 17, no. 1, pp. 66-91.

24. Stephen W. K. Chiu and Ho-fung Hung, The Paradox of Stability Revisited: Colonial Development and State Building in Rural Hong Kong, *China Information*, 1997, vol. 12, no. 1, pp. 66-95.

押和抵押。[25]陸緋雲對比了內地與香港的宗族組織，認為「新界」鄉議局是宗族政治共同體的代表，《基本法》規定保護「新界」原居民的合法權益，可以看作鄉議局作為「新界」原居民政治共同體的代表所發揮的積極作用。[26]

相比之下，法學家對「新界」的研究來得更晚一些。在中英談判之際，史維理（Peter Wesley-Smith）以《展拓香港界址專條》為題，剖析了中英兩國對這份不平等條約的態度，並探究了不平等條約帶來的各種管治和政治問題。[27]在《基本法》頒佈十週年之際，鄭赤琰和張志楷彙編了有關「新界」原居民傳統及權益的學術論文，從政治、法律和社會的角度闡釋了原居民的傳統與權益。[28]趙文宗從性別平等的視角檢視了「小型屋宇政策」，其認為「新界」傳統所依賴的漢文化並沒有固定且統一的解釋，真正意義上的漢文化有容納男女平等的空間且可注入現代的理念。[29]陳文敏從憲政角度對「新界」原居民的合法傳統權益作了分析，認為《基本法》第四十條規定的「合法傳統權益」指的是英國強租「新界」前業已存在的權益，不涉及任何派生或後天構建的權

---

25. Kwok-shing Chan, *Rural Market and Company Shares in a Chinese Village*, Leeds East Asia, Paper no. 45. University of Leeds, 1997; Kwok-shing Chan, The Making of a Market Town in Rural Hong Kong: The Luen Wo Market, in Pui-tak Lee (eds). *Colonial Hong Kong and Modern China: Interactions and Reintegration*, Hong Kong: Hong Kong University Press, 2005, pp. 89–102; Kwok-shing Chan, Hillside Burials: Indigenous Rights in the New Territories of Hong Kong, *Anthropology Today*, 2003, vol. 19, no. 6, pp. 7–9; Kwok-shing Chan, Women's Property Rights in a Chinese Lineage Village, *Modern China*, 2013, vol. 39, no. 1, pp. 101–128; Kwok-shing Chan, The Regulation of Customary Practices under Colonial Administration: Kinship and Mortgages in a Hong Kong Village, *China Information*, 2015, vol. 29, no. 3, pp. 377–396; Kwok-shing Chan, Mortgage in a Chinese Lineage Village in Rural Hong Kong: Patterns and Characteristics, *Australian Journal of Accounting, Economics and Finance*, 2016, vol. 2, no. 1, pp. 33–48.

26. 陸緋雲：《宗族、民族—國家與現代性——宗族作為政治共同體在現代社會存在的空間與張力》，《中國鄉村研究》2006年第00期。

27. Peter Wesley-Smith, *Unequal Treaty 1898–1997: China, Great Britain and Hong Kong's New Territories*, Hong Kong: Oxford University Press, 1983.

28. 鄭赤琰、張志楷主編：《原居民傳統與其權益》，香港：嶺南大學族群與海外華人經濟研究部、新界鄉議局，2000年。

29. Man-chung Chiu, Negotiating Han-Chinese Legal Culture: Postcolonial Gender Political Discourse on Hong Kong's Small House Policy, *King's Law Journal*, 2006, vol. 17, no. 1, pp. 45–70.

益。[30] 劉家儀從「丁屋」的角度分析了《基本法》第四十條，認為「丁權」不是《基本法》第四十條規定的「合法傳統權益」。[31] 梁美芬介紹了「新界」原居民合法傳統權益，並評析了終審法院作出的有關原居民權益的判決，她認為《基本法》第四十條的立法原意在不同的時空有不同的界定。[32]

二、「新界」研究六十年：研究重點的流變

《展拓香港界址專條》簽訂後，駱克（James Stewart Lockhart）奉命到「新界」勘察當地的風土民情。經過十二天的實地調查後，駱克完成了長達31頁的《香港殖民地展拓界址報告書》。雖然《報告書》對「新界」的情況作了地方誌式的介紹，但是這種為殖民統治服務的報告，帶有相當的主觀性和殖民偏見，與嚴肅的學術研究相去甚遠。[33] 真正開始對「新界」展開學術研究的，要數1950年後抵達香港的海外人類學家，他們的研究多始於對傳統中國社會的好奇心。五、六十年代的「新界」，是一片人類學研究的熱土。裴達禮記錄了海內外人類學家在「新界」作田野調查的時間和地點：華德英（Barbara Ward）自1950年起，在西貢做田野調查；珍‧普拉特（Jean A. Pratt）自1958年起，在大埔做田野調查；傑克‧波特（Jack M. Potter）自1963年起，在坪山做田野調查；斐利民（Maurice Freedman）自1963年起，在整個「新界」地區做田野調查；裴達禮（Hugh Baker）自1963年起，在上水做田野調查；羅碧詩（Elizabeth Johnson）自1968年起，在荃灣做田野調查。[34] 總體而言，

30. Johannes Chan, Rights of New Territories Indigenous Inhabitants, in Chan, J and Lim, CL (eds.), *Law of the Hong Kong Constitution*, Hong Kong: Sweet & Maxwell, 2011, pp. 883–911.

31. 劉家儀：《〈香港基本法〉第四十條的解釋——以「丁屋」政策為例》，中國人民大學碩士學位論文，2011年。

32. 梁美芬：《香港基本法：從理論到實踐》，北京：法律出版社，2015年，第254–266頁。

33. 劉存寬：《評駱克〈香港殖民地展拓界址報告書〉》，《廣東社會科學》2008年第2期。

34. Hugh Baker, The "Backroom Boys" of Hong Kong Anthropology: Fieldworkers and Their Friends, *Asian Anthropology*, 2007, vol. 6, no. 1, pp. 1–27.

五、六十年代的「新界」研究，重點在於人類學研究，而研究者以外國學者居多。

　　進入七十年代，「新界」經歷了城鎮化，外來移民和大型基建對原有的傳統生活造成較大衝擊。在此期間，人類學研究依舊是「新界」研究的重點課題。約蘭・艾默（Göran Aijmer）記載了外來移民進入「新界」以及「新界」農業模式的轉變。[35]美國學者華琛（James Watson）和華若璧（Rubie Watson）於六十年代末至「新界」，在元朗地區作了長期田野調查並形成了系列研究成果。[36]華琛對中國宗族的研究被認為挑戰了斐利民確立的研究範式，前者指出了宗族結構維持的其他路徑，拓展了人們理解「新界」宗族的視野。[37]許舒對清末「新界」地區的鄉村社會和經濟模式作了個案式的考察，並梳理了1850年至1911年間香港城鎮和鄉村地區的制度建設以及領導權的構成。[38]

　　到八十年代，隨着中國內地的改革開放，以及香港前途問題的出現，「新界」研究的重點發生了明顯的轉變。儘管人類學研究的勢頭依舊強勁，如華琛夫婦在八十年代發表了「新界」研究系列成果，但相關的研究視角顯然由社會人類學轉變為社會歷史學。[39]在此期間，歷史學和政治學逐漸成為「新界」研究的主流。許舒記錄了「新界」的鄉村面貌。[40]科大衛從史學的角度研究了「新界」的宗族及村莊，剖析

---

35. Göran Aijmer, Migrants into Hong Kong's New Territories: On the Background of Outsider Vegetable Farmers, *Ethnos*, 1973, vol. 38, pp. 57–70.

36. See James Watson and Rubie Watson, *Village Life in Hong Kong: Politics, Gender, and Ritual in the New Territories*, Hong Kong: The Chinese University Press, 2005; 華琛、華若璧：《鄉土香港：新界的政治、性別及禮儀》，張婉麗、廖迪生、盛思維譯，香港：香港中文大學出版社，2011年。

37. 蘇敏：《香港人類學：學術研究與學科建設》，《西北民族研究》2012年第3期。

38. James Hayes, Rural Society and Economy in Late Ch'ing: A Case Study of the New Territories of Hong Kong (Kwangtung), *Late Imperial China*, 1976, vol. 3, no. 5, pp. 33–71; James Hayes, *The Hong Kong Region, 1850–1911: Institutions and Leadership in Town and Countryside*, Hamden, Connecticut: Archon Books, 1977.

39. 喬素玲、黃國信：《中國宗族研究：從社會人類學到社會歷史學的轉向》，《社會學研究》2009年第4期。

40. James Hayes, *The Rural Communities of Hong Kong: Studies and Themes*, Hong Kong: Oxford University Press, 1983.

了中國鄉村的社會結構。[41] 關信基和劉兆佳研究了「新界」的政治發展，以及「新界」地區領導權的變化。[42] 鄭宇碩整理了「新界」所經歷的政治、經濟和歷史變遷，他敏銳地指出，「新界」的發展是香港的命脈所在。[43] 另一個值得注意的轉變是，華人學者取代海外學者，成為「新界」研究的主力軍。如陳奕麟挑戰了西方學者對於「新界」的思維定式，認為殖民者通過改變土地的歸屬，在「新界」發動了一場土地革命，從而影響了整個「新界」的傳統和習俗。[44] 此外，八十年代中後期，在《基本法》起草過程中，關於原居民權益是否應受保護曾引起廣泛討論。[45]

　　時序進入九十年代，隨着香港回歸局勢的明朗，海內外各界對香港的關注與日俱增，有關「新界」的學術研究亦進一步繁榮。在此期間，史學類的研究著作顯著增多，且華人學者的著述佔據了量的優勢。劉存寬梳理了 1942 年中英雙方就「新界」問題展開交涉的歷史過程，其後又評述了「新界」被強租的歷史資料。[46] 劉潤和根據第一手資料，整理了「新界」被強租前後的歷史，呈現出「新界」被殖民前後

41. David Faure, *The Structure of Chinese Rural Society: Lineage and Village in the Eastern New Territories*, Hong Kong: Oxford University Press, 1986.

42. Kuan Hsin-chi and Lau Siu-kai, *Planned Development and Political Adaptability in Rural Hong Kong*, The Chinese University of Hong Kong Social Research Center, 1980; Kuan Hsin-chi and Lau Siu-kai, Development and the Resuscitation of Rural Leadership in the New Territories, *Hong Kong Journal of Public Administration*, 1981, vol. 3, no. 1, pp. 72–89.

43. 鄭宇碩：《變遷中的新界》，香港：大學出版社印務公司，1983年。

44. 陳奕麟：《香港新界在二十世紀的土地革命》，《中央研究院民族學研究所集刊》1987年第1期，總第6期，第1–40頁。

45. 劉皇發：《新界原居民合法權益及傳統習俗之歷史淵源》，1986年7月25日，基本法起草委員會參考文件，資料來源：http://www.hyknt.org/img/data/009e.pdf，最後訪問日期：2018年10月12日；柳華川：《新界原居民的合法權益問題》，《廣角鏡》1986年6月號，總第165期；柳華川：《再談新界原居民的權益問題》，《廣角鏡》1986年11月號，總第170期；吳明欽：《特區應保護新界原居民權益嗎？》，《廣角鏡》1989年8月號，總第203期。

46. 劉存寬：《1942年關於香港新界問題的中英交涉》，《抗日戰爭研究》1991年第1期；劉存寬：《租借新界：香港歷史問題資料選評》，香港：三聯書店，1995年；劉存寬：《英國奪取香港地區的完成——強租新界》，《文史精華》1997年第6期。

的歷史全貌，並重點闡釋了殖民年代「一港兩制」的局面。[47] 不同於前期研究對殖民統治的默許和認同，這一時期華人學者對殖民性展開批評，體現出迥然相異的學術立場。除此之外，史維理研究了「新界」的習慣和法律，[48] 趙永佳和孔誥鋒考察了殖民年代港英政府在「新界」的「政權建設」問題。[49]

香港回歸後，「新界」研究繼續興盛，且因應時局的變化和需求，呈現出不同主線的發展。一方面，在中國內地崛起的背景下，香港經歷了一場身份危機，這種危機裏包含着「我是誰」的追問，由是催生了一批歷史學研究著作，如許舒的《新界百年史》、蔡思行的《戰後新界發展史》、劉智鵬的《展拓界址：英治新界早期歷史探索》、夏思義的《被遺忘的六日戰爭：1899年新界鄉民與英軍之戰》、施志明的《本土論述：新界華人傳統風俗》等。另一方面，隨着「新界」城市化進程加速，城（香港島和九龍半島）鄉（「新界」村落）矛盾日益突顯，「新界」原居民的「身份特權」引致社會的不滿，間接促成了一批解構和批判原居民身份的學術論文，如陳倩的《創造回憶、構建身份：「新界」的經濟和政治動態》和鄭家駒的《香港新界原居民特權身份的歷史建構過程》。隨着香港土地短缺問題的顯現，「小型屋宇政策」愈益成為各界關注的焦點。圍繞「丁權」問題，形成了系列橫跨歷史學、社會學、法

47. 劉潤和：《新界簡史》，香港：三聯書店，1999年。

48. Peter Wesley-Smith, Identity, Land, Feng Shui and the Law in Traditional Hong Kong, *Australian Journal of Law and Society*, 1994, vol. 10, pp. 213–239.

49. Stephen W. K. Chiu and Ho-fung Hung, The Paradox of Stability Revisited: Colonial Development and State Building in Rural Hong Kong, *China Information*, 1997, vol. 12, no. 1, pp. 66–95.

學和政治學的研究成果。[50]總體而言，就此主題的研究成果之數量相當可觀，體現出了學術研究對社會需求的回應性。然而，如學者所感歎，由於社會的需求過於迫切，許多論者都有「立場先行」的問題，大量的觀點和偏見令嚴肅的思考變得無比艱難。[51]

三、「新界」原居民權益的主要爭點

「新界」研究橫跨幾個學科，經過幾十年的發展和演進，已經積累了相當數量的學術成果。在眾多的學術專著和論文中，自然免不了分歧與爭鳴，其中直接涉及《基本法》第四十條的解釋的問題主要有三個：一是原居民所謂的傳統和習慣，是自然沿襲還是主觀構建的產物？二是原居民享有的權益，是一種政治特權還是對少數族裔的特殊保護？三是「小型屋宇政策」（俗稱「丁屋政策」），是一項臨時的政策安排抑或是固有的法定權利？

（一）　原居民的傳統：自然沿襲抑或主觀構建？

《基本法》第四十條規定：「新界」原居民的合法傳統權益受香港

---

50. See Yeung Shek-hang, *A Critical Examination of the Small House Policy in the New Territories of Hong Kong*, Thesis, University of Hong Kong, 1999; Lawrence Wai-chung Lai, Housing Indigenous Villagers in a Modern Society: An Examination of the Hong Kong Small House Policy, *Third World Planning Review*, 2000, vol. 22, no. 2, pp. 207–230; Man-chung Chiu, Negotiating Han-Chinese Legal Culture: Postcolonial Gender Political Discourse on Hong Kong's Small House Policy, *King's Law Journal*, 2006, vol. 17, no. 1, pp. 45–70; Kwok Wai Ma, Sustainable Development and Social Policy: A Case of Indigenous Villages in Hong Kong, *Asian Education and Development Studies*, 2016, vol. 5, no. 3, pp. 305–317; Ka-hung Yu and Eddie Chi-man Hui, Colonial History, Indigenous Villagers' Rights, and Rural Land Use: An Empirical Study of Planning Control Decisions on Small House Applications in Hong Kong, *Land Use Policy*, 2018, vol. 72, pp. 341–353; 劉家儀：《〈香港基本法〉第四十條的解釋——以「丁屋」政策為例》，中國人民大學碩士學位論文，2011年；聶致鋼：《以丁換權的收益和代價：香港丁屋政策利弊談》，《中國房地產》2015年第15期；薛浩然：《新界小型屋宇政策研究：歷史、現狀與前瞻》，香港：新界鄉議局研究中心，2016年；薛浩然：《香港新界「祖堂」土地問題——歷史、現狀與法理》，香港·新界鄉議局研究中心，2019年。

51. James Hayes, The Great Difference, The Great Rift, and The Great Need: The New Territories of Hong Kong and its People, Past and Present, *The Asia Pacific Journal of Public Administration*, 2008, vol. 30, no. 2, pp. 139–164.

特別行政區的保護。「新界」的定義在地理上有確切的界定,「原居民」的概念在法律上亦有明文規定（即「本人或父系為1898年前香港之原有鄉村居民」），有解釋空間的唯有「合法傳統權益」六個字。在這六個字之中,爭議較大的是「新界」原居民的「傳統」。保障原居民的傳統權益,一個重要的出發點是對「新界」一貫以來的傳統和習俗的尊重。陳文敏教授認為,所謂的傳統權益,須是1898年之前就存在的傳統權益。[52] 在主張傳統權益時,「新界」原居民及其代表也傾向於認為,這是在殖民者來「新界」之前就已經存在的習俗和權益。但是有台灣學者指出,儘管英國殖民者宣稱在「新界」實行一種「不干預」政策,但是殖民政府在施行有關政策時,已經潛移默化地改變了「新界」的傳統,而這種改變在無人意識到的情況下被逐漸制度化為當地風俗的一部分。[53] 陳倩的研究亦表明,在殖民時代構建出來的「原居民」身份是一個飄忽不定的概念,所謂的「傳統」被有關利益團體反復解釋、協商、操作和重新解釋,與1898年前的習俗和做法已經相去甚遠,香港回歸後原居民所謂的「傳統」是「捏造的傳統」,即主觀建構的產物,歷史和習俗也不過是原居民為爭取更多經濟利益的武器和工具。[54] 關於「新界」原居民的傳統,原生主義與建構主義之爭的意義在於:如果原居民的傳統是由明清自然沿襲而來的,那麼不論是港英政府、中國政府抑或特區政府,都有道德上的義務予以保存;而如果原居民的傳統純屬主觀構建,則特區政府沒有義務對其進行無限期的保護——至少能夠予以調適和更改。

---

52. Johannes Chan, Rights of New Territories Indigenous Inhabitants, in Chan, J and Lim, CL (eds.), *Law of the Hong Kong Constitution*, Hong Kong: Sweet & Maxwell, 2011, pp. 883–911.

53. 陳奕麟:《香港新界在二十世紀的土地革命》,《中央研究院民族學研究所集刊》1987年第1期,總第6期,第1–40頁。

54. Selina Ching Chan, Politicizing Tradition: The Identity of Indigenous Inhabitants in Hong Kong, *Ethology*, 1998, vol. 37, no. 1, pp. 39–54; Selina Ching Chan, Colonial Policy in a Borrowed Place and Time: Invented Tradition in the New Territories of Hong Kong, *European Planning Studies*, 1999, vol. 7, no. 2, pp. 231–241; Selina Ching Chan, Memory Making, Identity Building: The Dynamics of Economics and Politics in the New Territories of Hong Kong, *China Information*, 2003, vol. 17, no. 1, pp. 66–91.

（二）　原居民的權益：身份特權抑或特殊保護？

在主張其傳統權益時，原居民傾向於自比為美國的印第安人、新西蘭的毛利人、澳大利亞的土著人或是中國內地的少數民族，認為《基本法》對「新界」原居民的保護屬於對少數族裔的特殊保護，合情亦合理。[55]鄭赤琰認為，從國際經驗來看，「新界」原居民的權益受到保護，不是特例，而是通行的做法；這樣做，不是賦予了他們什麼權益，而是承認了他們本身原有的權益；原居民的權益，不能給予剝奪，不是仁慈，不是慷慨，而是應得，應得的不是什麼特權，而是人權。[56]陸緋雲將「新界」原居民比作少數民族，認為作為香港的少數族群，「新界」原居民享有某種專屬的權利無可厚非。[57]反對者認為，不論「新界」原居民的傳統權益是否包括政治權利，只要涉及財產權益，即是政治特權，因為財產權益本身就是一種政治特權；在同一個公共政策下，原居民比起其他香港人較獲優待，這種特別優待的權益，即是「特權」，只不過是換上了一個有法律及社會效力的符號「合法傳統權益」。[58]陳文敏認為，原居民的傳統權益涉嫌對非原居民及女性原居民的歧視，違反了《基本法》第二十五條規定的平等原則，只不過在普通法的解釋下，對原居民群體的特殊保護優先於平等原則。[59]李芄紫認為，原居民享有的傳統權益，並非殖民政府的恩賜，而是當年殖民政府對於剝奪原居民土地的補償，補償正義並非歧視或特權。[60]

---

55. 劉皇發：《新界原居民合法權益及傳統習俗之歷史淵源》，1986年7月25日，基本法起草委員會參考文件，資料來源：http://www.hyknt.org/img/data/009e.pdf，最後訪問日期：2018年10月12日。

56. 鄭赤琰：《基本法與原居民合法傳統權益——從國際經驗談起》，《族群研究論叢5》，香港嶺南大學，2000年。

57. 陸緋雲：《宗族、民族—國家與現代性——宗族作為政治共同體在現代社會存在的空間與張力》，《中國鄉村研究》2006年第00期。

58. 鄭家駒：《香港新界原居民特權身份的歷史建構過程》，《文化研究》2011年第1期，總第23期。

59. Johannes Chan, Rights of New Territories Indigenous Inhabitants, in Chan, J and Lim, CL (eds.), *Law of the Hong Kong Constitution*, Hong Kong: Sweet & Maxwell, 2011, pp. 883–911.

60. 李芄紫：《丁屋確屬新界傳統權益，解決出路不在否定丁權》，《端媒體》2017年2月2日。

（三）「丁屋政策」：臨時性政策安排抑或受《基本法》保護的傳統權益？

「小型屋宇政策」（Small House Policy，俗稱「丁屋政策」）是殖民政府於 1972 年推行的一項政策，根據該項政策，年滿 18 歲的「新界」原居民之男丁在其一生之中可以申請興建一所面積不超過 700 平方呎高度不超過 25 呎的小型屋宇。二十世紀八十年代，在中英談判及基本法起草之時，原居民代表機構鄉議局積極為原居民的傳統權益奔走呼號，將包括「丁權」在內的八項傳統權益稱作「新界」原居民的合法權益與傳統習俗，請求基本法起草委員會予以確認和保護。[61]原居民的這一訴求最終體現為《基本法》第四十條。2000 年，在一起有關原居民權益的案件（「陳華案」）中，終審法院指出，「毫無疑問，原居民的合法傳統權益受到（《基本法》）第四十條保護。我等現在所關注的，並非第四十條所指的『權益』的廣泛定義。該等權益包括多項財產權益，例如原居村民持有的某些物業可免繳地稅及差餉，以及男性原居民根據所謂丁屋政策而獲批的土地有關的利益，這點並無爭議。」[62]雖然原居民及其代表據此主張，「丁權」是受《基本法》保護且為香港法院所承認的合法傳統權益，[63]但在隨後的兩起案件中，高等法院原訟法庭裁定，終審法院的此段表述只是宣判時提出的附帶意見（obiter dicta），該意見雖會被尊重，但在法律觀點上不具拘束力。[64]作為附帶意見，佳日思（Yash Ghai）在其著作中也提到，雖然《基本法》第四十條規定的「合法傳統權益」所指不明，但多數人承認，此類權益包括興建鄉村屋宇的權

---

61. 劉皇發：《新界原居民合法權益及傳統習俗之歷史淵源》，1986年7月25日，基本法起草委員會參考文件，資料來源：http://www.hyknt.org/img/data/009e.pdf，最後訪問日期：2018年10月12日。

62. *Secretary for Justice and Others v. Chan Wah and Others* (22/12/2000, FACV11/2000) (2000) 3 HKCFAR 459, [2000] 3 HKLRD 641.

63. Junius Ho, Small House Policy, Custom and Article 40 of the Basic Law, *Summary of Discussion at the University of Hong Kong on 15 January 2014*, retrieved 2019-03-10 from http://www.kcho-fong.com/attach/talk20140115zh.pdf.

64. *Koon Ping Leung v. The Director of Lands* (26/01/2012, HCAL14/2011); *Secretary for Justice v. Liu Wing Kwong* (02/07/2013, HCA5120/2001) [2014] 2 HKLRD 155.

利。【65】但反對者主張，「小型屋宇政策」不是受《基本法》第四十條保護的傳統權益。根據陳文敏的解釋，「傳統」須為1898年之前業已存在的傳統，而「小型屋宇政策」自1972年才得推行，前後不過幾十年，不應被視為受《基本法》保護的傳統權益，至少以「私人協約」方式申請興建「丁屋」不是「傳統權益」。【66】持這種觀點的人認為，香港法例並未賦予原居民興建小型屋宇的權益，所謂「丁屋政策」只是臨時的行政措施。【67】曾擔任殖民政府官員的許舒亦認為，「丁屋政策」只是政府對原居民作出的讓步，而非村民與生俱來的權利；但他承認，強行取消此項政策並不可行，且會招來大規模的對抗。【68】「小型屋宇政策」性質之爭的意義在於，倘若此項政策只是臨時的行政措施，則特區政府可逕行檢視及變更此項政策，而若此項政策為受《基本法》保護的傳統權益，而要取消此項政策非修改《基本法》不可。

　　綜上所述，「新界」研究經過數十年的發展，至今已經形成數量可觀的研究成果。從學科發展程度來看，有關「新界」的人類學研究歷時最長，規模最大，也最為健全；有關「新界」的歷史學研究和社會學研究也具備相當的規模，惟相關的法學研究仍然規模較小且分歧較大。從研究的趨勢來看，「新界」研究的重點逐漸由人類學轉向歷史學，再過渡到社會學和政治學；直到晚近，原居民的合法傳統權益，尤其是「小型屋宇政策」，愈來愈成為爭論的焦點，各界人士均對其發表了看法。從研究的主體來看，早期的「新界」研究者主要為西方的人類學

65. Yash Ghai, *Hong Kong's New Constitutional Order: The Resumption of Chinese Sovereignty and the Basic Law (Second Edition)*, Hong Kong: Hong Kong University Press, 1999, p. 425.

66. Johannes Chan, Rights of New Territories Indigenous Inhabitants, in Chan, J and Lim, CL (eds.), *Law of the Hong Kong Constitution*, Hong Kong: Sweet & Maxwell, 2011, pp. 883–911.

67. 劉敏莉：《小型屋宇政策Ⅱ：最新發展》，資料來源：https://civic-exchange.org/wp-content/uploads/2013/04/565-201304LAND_SHPUpdate_tc.pdf，最後訪問日期：2019年1月6日；姚政希、林芷筠：《不是傳統權益：丁屋政策的迷思與真象》，《明報》觀點版2016年1月28日；林芷筠：《丁屋政策的黑洞》，《眾新聞》2017年12月18日。

68. James Hayes, The Great Difference, The Great Rift, and The Great Need: The New Territories of Hong Kong and its People, Past and Present, *The Asia Pacific Journal of Public Administration*, 2008, vol. 30, no. 2, pp. 139–164.

家，到上個世紀80年代，香港本土及內地學者對「新界」的研究日漸增多，但是內地學者對「新界」的關注，尤其是對原居民合法傳統權益的研究，遠不及香港本土的學者。從研究的立場來看，原居民與非原居民、政府與非政府組織，對待原居民的合法傳統權益，尤其是「小型屋宇政策」的看法，大相逕庭，甚至存在某種程度上的「立場先行」。基於以上分析，針對「新界」原居民合法傳統權益的客觀的、中立的法學研究顯得十分迫切。

第二章

「新界」、原居民及傳統權益

❧❧❧❧❧❧❧❧❧❧❧❧❧❧❧❧❧❧

　　隨着香港土地資源匱乏問題的顯性化，作為香港土地主要來源的「新界」日益成為各界關注的焦點。近年來，「丁權」存廢問題引發了曠日持久的爭論，各界人士紛紛就「丁權」等問題表明立場，形成了兩極化的觀點和態度，儘管相當數量的論者對「新界」知之甚少。然而，缺乏事實的觀點歸根結底只是偏見，不僅無助於解決香港當下的問題，反而會加劇現有問題的複雜性。在對問題下任何定論之前，最重要的是梳理那些鮮為人知的事實，及重新審視那些被外界誤以為真的事實。就《基本法》第四十條的解釋而言，需要釐清的基本事實有：「新界」的過去與現在、原居民身份的來歷與意義以及傳統權益的基本內容。

一、「新界」的過去與現在

　　「新界」是不平等條約（《展拓香港界址專條》）的產物。這不是說「新界」租約從地理意義上憑空創造出了一個「新界」，而是說在歷史意義上原先並不單獨存在的「新界」從此有了今後的形態。這份為期99年的租約，將「新界」的歷史分為三段。在「新界」的歷史中，1898年和1997年是兩個關鍵的年份：前者意味着「新界」由中國地方縣治的部分成為英治香港在中國租借的新領土，而後者意味着「新界」由英國殖民治下的租借地重歸中國地方行政區域的部分。經歷了三個不同的歷

史階段，「新界」的面貌有了天翻地覆的變化，然而在這片傳統與現代並存的土地上，某些古代的風俗和習慣仍然沿用至今。

（一）　1898年之前的「新界」

「新界」（New Territories）意即「新領土」或「新版圖」，是英國為展拓香港界址從中國強租的領土。在1898年之前，中國疆域之內根本沒有「新界」之地名，今日之「新界」在古代中國只是作為一個地方縣治的部分而存在。[1] 根據考古發現，「新界」已有六千多年的歷史，然而遠古先民的活動因缺乏文字記載而不可考。史料記載，香港（包括香港島、九龍半島和「新界」）在秦朝（約西元前221年~西元前214年）便正式歸入中國版圖，屬南海郡番禺縣。[2] 東晉時期，香港改屬寶安縣，至唐朝開元二十四年（西元736年），香港改屬廣州府東莞縣，此後至明朝隆慶年再無改變。[3] 值得一提的是，唐代初期，朝廷在青山灣（位於今「新界」屯門區）設屯門鎮，有守提使駐紮指揮，當時的屯門鎮是廣州的外港，也是中國對外交通的一個要鎮。[4] 明朝中期，廣東地區兩度（西元1561年和西元1568年）爆發饑荒，因東莞縣府太遠無法保護居民，當地鄉紳請求朝廷在南頭設立縣府；在時任廣東參政劉穩和兩廣總督殷正茂的全力支持下，設立縣府的請求終於得到朝廷的批准。萬曆元年（西元1573年），新安縣正式設立，整個縣界的範圍包括今日深圳市的大部分地區、香港的全部和東莞市東部與南部的小部分地區。香港全部土地約佔新安縣五分之二的面積。[5]

清朝初期，反清勢力活躍於東南沿海。順治十八年（西元1661年），鄭成功退守台灣，並準備以此為反清複明的基地，因而成為清朝當政者的心腹大患。為切斷鄭成功與沿海民眾的聯絡，朝廷於順治十

---

1. 劉潤和：《新界簡史》，香港：三聯書店，1999年，第1頁。

2. 吳倫霓霞：《歷史的新界》，載鄭宇碩：《變遷中的新界》，香港：大學出版印務，1983年，第1頁。

3. 薛鳳旋、鄺智文：《新界鄉議局史：由租借地到一國兩制》，香港：三聯書店，2011年，第24–25頁。

4. 吳倫霓霞：《歷史的新界》，載鄭宇碩：《變遷中的新界》，香港：大學出版印務，1983年，第3頁。

5. 劉潤和：《新界簡史》，香港：三聯書店，1999年，第7頁。

八年頒佈遷海令，要求廣東等沿海居民向內陸遷撤50里，越界者以通賊論處死罪。康熙三年（西元1664年），朝廷頒佈第二次遷海令，命沿海居民再向內陸遷撤30里。兩次遷海之後，新安縣十之八九成為界外之地，「新界」全境皆在被遷之列。[6]康熙五年（西元1666年），新安縣被撤，併入東莞縣。兩次遷海令給當地帶來了災難性的打擊，居民流離失所、客死異鄉，本地區的經濟也受到非常嚴重的影響，原有的制鹽、採珠和種香業等都受到徹底的摧殘。[7]由於遷海令對於打敗鄭氏的意義不大，且給當地民眾帶來了深重的苦難，康熙八年（西元1669年），朝廷放棄遷海令，恢復了新安縣的建制。複界之後，在知縣的呼籲下，流散在外的居民陸續遷回，但人數已大不如前，多數土地依舊荒蕪。因而，朝廷鼓勵當地減輕賦稅，招徠各地農民重新開墾。當時招徠的客籍農民多來自江西、福建或廣東的惠州、潮州等地。遷海令之前定居於此的居民稱為本地人，而在遷海令之後遷入此地的居民稱為客家人，本地人與客家人不時有械鬥。[8]

　　由於地處邊陲，帝力有所不建，在清朝末年，新安縣的治安在很大程度上仰賴當地居民的自治。在建制層面，新安縣內設有知縣、縣丞、巡檢、胥役及差役，縣內有約1,000名士兵鎮守。官吏的職責是維持當地之治安，但他們甚少行使司法管轄權，除徵稅及安排科舉外，官吏在當地的作用和建樹微乎其微。[9]如許舒指出，就全國而言，事實上在帝國晚期，省政府的主要功能是監督而非行政，因為它並不管理鄉郊地區；在縣一級，縣衙資源匱乏，人手不足，若得不到協助，它無法履行正常的職責。[10]在非建制層面，新安縣有鄉、都、圖及村

---

6. 同上，第7–10頁。

7. 吳倫霓霞：《歷史的新界》，載鄭宇碩：《變遷的新界》，香港：大學出版印務，1983年，第6頁。

8. 薛鳳旋、鄺智文：《新界鄉議局史：由租借地到一國兩制》，香港：三聯書店，2011年，第20–31頁。

9. Maurice Freedman, Shifts of Power in the Hong Kong New Territories, *Journal of Asian & African Studies*, 1966, vol. 1, no. 1, pp. 3–12.

10. 許舒：《新界百年史》，林立偉譯，香港：中華書局，2016年，第39頁。

等地方自治團體，由官諭選舉區內紳耆或族中之德高望重者掌事。[11]
除極罕見的情況外，當地居民的日常生活主要依賴自治。當地的秩序
主要靠社區內部的自制、協商或小規模的武裝械鬥及當地居民對官府
的畏懼來維持。總體而言，清朝末年官府在新安縣的統治相當低效且
虛弱，但這並不是說官府對於維持治安可有可無，因為官吏仍然是社
會敬畏的對象，保有獎勵和懲處的權力和聲望，此外，當地的讀書人
必須與官府處理好關係，以便獲得科舉的資格和便利。[12]在英國人佔
領之前，「新界」是一個相對成熟的農業社會，人口約有 10 萬（一說 9
萬），當地主要的經濟活動為漁業、農業及定期的墟市。[13]

　　雖然「新界」在地理位置上與香港（此處指舊時作為「殖民地」的香
港）近在咫尺，但是在 1898 年之前，作為中國縣治之下的農業社會的
「新界」，與經過數十年殖民統治的港島和九龍，存在着巨大的差異。
一方面，以家庭經濟、農村房屋和社會習俗而論，1898 年「新界」普通
農戶的情況與 1920 年和 1930 年代的中國常態大同小異：維持生存所需
的金錢很少，糧食主要來自自營的家庭式農場，房屋簡陋，環境衛生
惡劣，傢俱簡樸，生活水準不高，物質條件匱乏，村民樂天知命、憨
厚善良；[14]另一方面，經歷了數十年殖民統治的香港島，道路寬敞、
經濟發達、風景秀麗、氣勢恢宏，在 1878 年即被譽為「東方最宏偉壯
觀的城市」。[15] 1898 年時，居於香港島和九龍半島的絕大部分華人居
民是流動人口，而且大多數都是男性，自英國統治香港以來，大部分
情況都是如此。人民來去自由，他們的去留取決於就業市場、親友的
意見，或中國內地的局勢。[16]在作為農業社會的「新界」，居民的生

---

11. 蕭國健：《香港新界鄉事組織及鄉約》，《法律文化研究》2016年第00期，第46頁。

12. Maurice Freedman, Shifts of Power in the Hong Kong New Territories, *Journal of Asian & African Studies*, 1966, vol. 1, no. 1, pp. 3–12.

13. 薛鳳旋、鄺智文：《新界鄉議局史：由租借地到一國兩制》，香港：三聯書店，2011年，第31–32頁。

14. 許舒：《新界百年史》，林立偉譯，香港：中華書局，2016年，第41頁。

15. 同上，第47頁。

16. 同上，第49頁。

活恬淡平靜；在商業社會的香港，居民的生活忙亂刺激。[17]此外，有學者指出，在英國租佔「新界」之時，「新界」有深厚的中國傳統農村文化，其鄉土、宗族的凝聚力，對朝廷、國家的向心力，遠超於背井離鄉，到香港謀生的勞工，和經營貿易的商旅。[18]

（二）　英治時期的「新界」

清朝末年，帝國風雨飄搖，列強趁機掀起瓜分中國的狂潮。甲午戰爭後，日本、德國、俄國等紛紛強佔中國領土，在港的英國軍政商界亦要求展拓香港界址。[19]1898年3月，法國向清政府提出租借廣州灣，而英國借機以防衛為由，要求展拓香港界址，並迫令清政府與其簽訂《展拓香港界址專條》。[20]根據條約，展拓香港界址的目的在於防衛，而「新界」作為租借地（不同於被「永久割讓」的香港島和九龍半島），在99年之租期屆滿後，將歸還於中國。然而，英國後來的行為證明，其租借「新界」的目的既不在於防衛，亦無意於在租約屆滿後將「新界」歸還。如學者指出，所謂防衛香港，其實只是在港英商的一個幌子，背後真正的目的是窺準將來所謂「新界」地區土地的升值潛力。[21]此外，英國人在香港的統治方式，長期都以「殖民地」部分為主，多於以「租借地」部分為主，並於實在的統治過程中往往力求永久，多於只圖暫時。[22]但無論如何，為減輕租借對當地居民的影響，《展拓香港界址專條》特別載明：「在所展界內，不可將居民迫令遷

17. 同上，第49頁。
18. 張偉國：《從新界歷史論原居民及原居民權益》，載鄭赤琰、張志楷主編：《原居民傳統與其權益》，香港：嶺南大學族群與海外華人經濟研究部、新界鄉議局，2000年，第58頁。
19. 薛鳳旋、鄺智文：《新界鄉議局史：由租借地到一國兩制》，香港：三聯書店，2011年，第32頁；余繩武、劉存寬、劉蜀永：《香港歷史問題資料選評》，香港：三聯書店，2008年，第247頁。
20. 劉潤和：《新界簡史》，香港：三聯書店，1999年，第13頁。有關不平等條約簽訂的始末，參見余繩武、劉存寬、劉蜀永：《香港歷史問題資料選評》，香港：三聯書店，2008年，第253–277頁；Peter Wesley Smith, *Unequal Treaty 1898 1997: China, Great Britain and Hong Kong's New Territories*, Hong Kong: Oxford University Press, 1983, pp. 29–44.
21. Steve Tsang, *A Modern History of Hong Kong*, Hong Kong: Hong Kong University Press, 2004, p. 36.
22. 張少強：《管治新界：地權、父權與主權》，香港：中華書局，2016年，第226頁。

移，產業入官，若因修建衙署、築造炮台等官工需用地段，皆應從公給價」。[23]此後，雖然殖民政府一直以不同的方式，以期以最少代價獲得「新界」的土地，但「新界」鄉民則以此條款與其周旋。[24]

《展拓香港界址專條》簽訂後，殖民地官員駱克（James Stewart Lockhart）奉英國殖民地大臣張伯倫（Joseph Chamberlain）之命勘查「新界」。經過一番實地考察之後，駱克向英國政府呈送了著名的《香港殖民地展拓界址報告書》。駱克注意到「新界」這片「租借地」與作為「殖民地」的港九之間的巨大差異，據此建議殖民政府在「新界」採用有別於「殖民地」的管治方式，盡可能地利用「新界」現存之機構，由英國政府委任一名熟悉當地情況的官員管理。[25]但倫敦方面認為，新租借地的行政應屬於香港政府的體制，須秉承港府的法令，同時亦要配合當地的民情風俗。[26]根據條約，英方可於1898年7月1日接收「新界」，但因準備不足、對「新界」地區所知有限以及企圖擴大「新界」的北面等，英方延至1899年4月才正式接收「新界」。[27]由於事先未知會清政府，且當地謠傳英方接管後會強佔民田，英國在接管「新界」時遇到當地村民有組織的反抗。4月15日，英軍香港團在大埔墟與鄉民交火，戰爭維持6日後，以鄉民的失敗而告終；據統計，是次戰爭中，鄉民的死亡人數達500之眾。[28]戰爭結束後，為平息鄉民的情緒，時任港督卜力（Henry Arthur Blake）在接收儀式上宣讀了一項重要的告示（史稱《安民告示》），向「新界」鄉民保證：「凡確屬爾等自置田產，仍歸爾等自行營業。爾等善美風俗利於民者，悉仍其舊，毋庸更改」。[29]

23. 蕭國健：《簡明香港近代史》，香港：三聯書店，2013年，第12頁。

24. 薛鳳旋、鄺智文：《新界鄉議局史：由租借地到一國兩制》，香港：三聯書店，2011年，第34頁。

25. 劉存寬：《駱克與香港新界》，《廣東社會科學》2001年第5期。

26. 吳倫霓霞：《歷史的新界》，載鄭宇碩：《變遷的新界》，香港：大學出版印務，1983年，第19頁。

27. 餘繩武、劉存寬、劉蜀永：《香港歷史問題資料選評》，香港：三聯書店，2008年，第337頁。

28. 對於是次戰爭造成的傷亡人數，英國官方的說法為「損失輕微」，而村民方面的說法各不相同，據學者的綜合分析，村民方面的陣亡人數多則六百人，少則四百五十人，五百這個數字可能最接近事實。見夏思義：《被遺忘的六日戰爭》，林立偉譯，香港：中華書局，2014年，第155-172頁。

29. 許舒：《新界百年史》，林立偉譯，香港：中華書局，2016年，第62頁。

英國人佔領「新界」後，倫敦殖民部對港英政府的指示是，「新界」不得成為殖民地或者大英帝國的財政負擔。在「新界」這樣一個農業社會，徵收土地稅顯然最能滿足殖民政府的財政目的。故，港英政府佔領「新界」後，即對「新界」的土地重新測量和登記業權。[30] 在租借初期，直至二戰之前，由於甚少直接管治「新界」，殖民政府被認為在「新界」採用了「間接管治」（或「不干預政策」），因而「新界」的面貌看似沒有太大的變化。[31] 但劉潤和指出，不論是表面上還是骨子裏，「新界」的變化都是急速而巨大的，因為幾乎在一夜之間，英國人在經濟上改變了「新界」的土地擁有形態，又在政治上改變了當地住民的國籍身份。[32] 在國籍身份與土地擁有形態之間，後者的改變之影響顯然更加深遠，有學者稱之為一場「土地革命」：英國佔領「新界」之前，土地大多為私有，根據習慣法，土地擁有權分為地骨權和地皮權，地主擁有地骨權，而佃農擁有地皮權，二者並行不悖；然而，英國佔領「新界」後，宣稱所有土地都是官地，將村民的永業權變為承租權，且在土地所有權登記中，將土地所有權一律判給佃農。[33] 1900年，殖民政府通過《1900年新界田土法庭法案》，以解決「新界」所有田土權利要求；同年，又通過《1900年官地收回條例》，規定政府可為公共用途收回「新界」土地；1904年，殖民政府宣告「新界」所有土地都

---

30. James Hayes, The Great Difference, The Great Rift, and The Great Need: The New Territories of Hong Kong and its People, Past and Present, *The Asian Pacific Journal of Administration*, 2008, vol. 30, no. 2, pp. 139–164.

31. 「間接管治」/「間接統治」（indirect rule），即通過當地制度的統治。英國在接管香港島初期，也曾實施過短暫的「間接管治」，即通過保甲制及當地耆老管治百姓，但這種英華二元統治方式於1861年宣告結束。參見王賡武主編：《香港史新編（上冊）》，香港：三聯書店，1997年，第94–97頁。在全球範圍內，1857年的印度兵變標誌着帝國主義「文明使命」和「自由主義改造」理念的挫敗；作為對「自由主義改造」反思的結果，以「不干預」為主要表現形式的「間接統治」，成為英國在亞洲和非洲殖民地的基本統治原則，並為法國、葡萄牙和德國的殖民實踐所效仿。有關「間接管治」的理論梳理，見[美]卡魯娜·曼特娜：《帝國的辯解——亨利·梅因與自由主義的終結》，何俊毅譯，上海·華東師範大學出版社，2010年。

32. 劉潤和：《新界簡史》，香港：三聯書店，1999年，第32–33頁。

33. 陳奕麟：《香港新界在二十世紀的土地革命》，《中央研究院民族學研究所集刊》1987年第1期，總第6期，第1–40頁。

是官地，任何對土地的要求必須由田土法庭加以訟裁；1905年，殖民政府給土地業權人發出集體官批，註明每一地段的用途，規定未得政府許可，承批人不得改變土地用途。[34]

土地向來都是「新界」的重點，亦是早年鄉民與殖民政府衝突的根源。1923年，港英政府推出《民田建屋補價條例》，規定村民把農地變屋地之時，要向政府補繳地價。村民認為，在農地上建屋，是其應有的權利，無須向政府補價。於是，「新界」一眾鄉紳成立「九龍租界維護民產委員會」來商討對策，繼而組成「新界農工商研究總會」來與殖民政府交涉，最終迫使港英政府撤回法例。[35] 1926年，在時任港督金文泰（Cecil Clementi）的建議下，農工商總會改名為鄉議局，成為官方認可的諮詢機構。成立之初的鄉議局是「新界」鄉民利益堅定的捍衛者，與殖民政府不斷就土地問題交手和斡旋。1941年，日軍佔領香港，實施殘酷的統治，給當地居民帶來了深重的災難。戰爭結束後，鄉議局恢復工作，但其影響力已不如戰前。1950年代，因選舉規則修訂，鄉議局內部發生分裂，「元朗派」（保守派）和「荃灣派」（開明派）僵持不下。1957年，港英政府以鄉議局內部分裂，喪失代表「新界」的價值為由，撤銷對鄉議局的承認。後在港英政府的支持下，「荃灣派」在權鬥中獲得勝利，而港英政府亦通過《1959年鄉議局法案》，承認鄉議局為「新界」最高民意諮詢機構。[36] 1959年的改制加強了政府對鄉議局的影響力，使鄉議局成員的選拔、任命均受政府監督，而部分議員亦由政府委任的非官守太平紳士出任。[37] 陳倩認為，自此之後，鄉議局對港英政府採取更加合作的態度以便換取更多的物質補償。[38] 儘管如此，鄉議局並沒有完全成為港英政府的橡皮圖章，其仍然在捍衛「新界」鄉民

34. 劉潤和：《新界簡史》，香港：三聯書店，1999年，第35頁。

35. 張少強：《管治新界：地權、父權與主權》，香港：中華書局，2016年，第32頁。

36. 劉潤和：《新界簡史》，香港：三聯書店，1999年，第59–63頁。

37. 薛鳳旋、鄺智文：《新界鄉議局史：由租借地到一國兩制》，香港：三聯書店，2011年，第101頁。

38. Selina Ching Chan, Memory Making, Identity Building: The Dynamics of Economics and Politics in the New Territories of Hong Kong, China Information, 2003, vol. 17, no. 1, pp. 66–91.

的權益中扮演着重要角色，且在1972年成功為「新界」原有鄉村居民爭取到「小型屋宇政策」。

　　1950年代，許多「新界」鄉村的外貌和生活方式，幾乎無異於租借「新界」初期；然而，到了1980年代，這片「租借地」在外觀上已與「殖民地」港九大同小異，除卻不適合發展的海域和山區，「新界」已經相當都市化。[39] 即是說，在短短三十年間，「新界」發生了天翻地覆的變化。「新界」的巨變有兩條主要的線索：一是傳統農業的衰亡，二是現代市鎮的興起。關於傳統農業衰落的原因，眾說紛紜，經得起推敲的主要有：1. 食水工程對農業水源的破壞：自1950年代末，由於市區人口日增，港英政府在「新界」各區建築引水道，將淡水引往水庫，令農民只能依賴天雨耕作，給水稻種植業帶來了致命的打擊；[40] 2. 殖民政府的干預：戰後香港的農產品嚴重依賴進口，大米之來源尚屬多元，蔬菜僅來源於中國內地，為減輕香港對中國內地的依賴，港英政府加重對農業的干預，鼓勵村民改種蔬菜，從而引發了一場「蔬菜革命」；[41] 3. 鄉民（尤其是女性）觀念的改變：工業成長推動了城市發展和現代化，帶來了工作機會、更高的工資以及更好的生活環境，繼鄉村男性遠赴海外之後，女性亦紛紛離家，尋找更好的機會。[42] 在傳統農業衰亡的大勢下，「新界」鄉民或將土地租予來自內地的菜農，或遠赴英國、荷蘭、德國、比利時、瑞典等地，尋找新的生計，[43] 大量農地被棄置荒蕪。村民遠離鄉郊正合時宜：港英政府為了改善房屋和居住環境，剛開展「十年建屋計劃」，同時推行郊野公園計劃。[44] 自1970

---

39. 許舒：《新界百年史》，林立偉譯，香港：中華書局，2016年，第86頁、第316頁。

40. 薛鳳旋、鄺智文：《新界鄉議局史：由租借地到一國兩制》，香港：三聯書店，2011年，第249頁。

41. Stephen W. K. Chiu and Ho-fung Hung, The Paradox of Stability Revisited: Colonial Development and State Building in Rural Hong Kong, *China Information*, 1997, vol. 12, no. 1, pp. 66–95; Christopher A. Airriess, Govermentality and Power in Politically Contested Space: Refugee Farming in Hong Kong's New Territories, 1945–1970, *Journal of Historical Geography*, 2005, vol. 31, no.4, pp. 763–783.

42. 許舒：《新界百年史》，林立偉譯，香港：中華書局，2016年，第164–170頁。

43. James Watson, Rural Society: Hong Kong's New Territories, *China Quarterly*, 1983, vol. 95, pp. 480–490.

44. 許舒：《新界百年史》，林立偉譯，香港：中華書局，2016年，第172頁。

年至1980年代，港英政府共在「新界」興建了三代「新市鎮」，緩解了城市人口壓力及工業用地緊張問題。[45]

1980年代，香港前途問題浮出水面，中英兩國於1982年正式展開談判。在談判期間，鄉議局一方面表明英國應將香港交還中國，另一方面持續行走於倫敦和北京，為「新界」原居民的傳統權益奔走呼號。在鄉議局的不斷遊說下，原居民的傳統權益終於為1984年的《中英聯合聲明》以及後來的《基本法》所承認。[46]與此同時，港英政府繼續忙於消除「租借地」與「殖民地」之間的差異。1981年3月，「新界」民政署[47]與港九民政署被合併為政務總署，從此全港的地區行政由以市區為重點的單一部門統管；1994年，分掌港九和「新界」兩區事務的兩個政務署署長的職位被取消——從純粹行政角度，「新界」已不復存在。[48]在回歸前的九十年代，「新界」尚有另一個值得關注的事件：時值1994年，距離英國將香港歸還中國只剩3年時間，港英政府驟然發現，其在處理「新界」土地之時，犯了重大過失。長期以來，港英政府誤認為《新界條例》只適用於「新界」的原居民村落，而未意識到這一法例實際上適用於所有「新界」土地和人口，這種失誤造成了大量違反法例的事實，危及殖民末期的統治。對此，港英政府擬推出《新界土地（豁免）條例》，以確保受《新界條例》統轄的「非農村土地」得到豁免。針對港英政府的法律修訂，時任立法局議員陸恭蕙要求將豁免的範圍由「非農村土地」延及「農村土地」，以使「新界」農村女性與男性

---

45. 參見劉潤和：《新界簡史》，香港：三聯書店，1999年，第145–174頁；薛鳳旋、鄺智文：《新界鄉議局史：由租借地到一國兩制》，香港：三聯書店，2011年，第239–246頁。

46. 參見薛鳳旋、鄺智文：《新界鄉議局史：由租借地到一國兩制》，香港：三聯書店，2011年，第282–303頁。

47. 「新界」民政署之前身為「新界」理民府，設立於1906年，殖民政府將「新界」分為南北兩約，荃灣以北歸北約，荃灣及離島之地歸南約。1948年，理民府改革為民政署，根據《新界（行政法例）》，「新界」設一個民政署長，總管整個「新界」的政務。1974年，港英政府在「新界」設政務司，負責協調有關「新界」政策的一切事務。有關「新界」理民府之歷史沿革，參見劉潤和：《新界簡史》，香港：三聯書店，1999年，第39–50頁；黃文江：《新界理民官：沿革與職權》，載劉智鵬主編：《展拓界址：英治香港早期歷史探索》，香港：中華書局，2010年，第64–70頁。

48. 許舒：《新界百年史》，林立偉譯，香港：中華書局，2016年，第310–311頁。

一樣有權繼承土地。陸恭蕙的動議得到港英政府的支持，卻遭到鄉議局及部分村民的激烈反對，但最後《新界土地（豁免）條例》與陸恭蕙的動議一同被立法局通過。[49]

（三）　回歸之後的「新界」

1997年7月1日，中華人民共和國恢復對香港行使主權。「新界」作為香港的一部分，與香港島及九龍半島一道，重新被納入中國治理體系。在「一國兩制」和《基本法》之下，「新界」是中國的特別行政區的一部分。在香港回歸初期，有學者曾預言，「新界」的特殊性會隨着香港回歸而逐步消失，因為一國只能有兩制，不可能有三制（即內地的社會主義、港九的資本主義及「新界」的殘餘清皇體制），所以「新界」的特殊性只能向一港的整體性融入進去，而不能由港九向「新界」倒流而去。[50]回歸後的情況部分地證實了學者的這種預測。以人口為例，根據2011年的人口普查，「新界」的人口達3,691,093，佔全港總人口的52.19%。[51]根據規劃署的預測，到2026年，「新界」人口佔全港人口比例將升至55%，屆時「新界」人口將達428萬。[52]數據和事實表明，回歸之後，「新界」更加融入香港，其對於香港的重要性有增無減。然而，「新界」融入香港，或曰「新界」在整體性上的發展，並沒有消弭其特殊性。在某種程度上，正是由於整體性的發展，「新界」的特殊性最終演化為香港的特殊性。「新界」的特殊性，除其他方面外，集中體現為其中的重重矛盾：回歸以來，儘管各方面都取得了較大的發展，「新界」始終是一片佈滿矛盾之地，其中一些關鍵性的矛盾，決定着香港未來的走向。

---

49. 參見張少強：《管治新界：地權、父權與主權》，香港：中華書局，2016年，第206–213頁。

50. 劉潤和：《新界簡史》，香港：三聯書店，1999年，第70–71頁。

51. 香港特別行政區政府統計處：《2011人口普查》，原文鏈接：https://www.census2011.gov.hk/tc/index.html，最後訪問日期：2018年9月25日。

52. 香港特別行政區政府規劃署：《人口分佈推算2018–2026》，原文鏈接：https://www.pland.gov.hk/pland_tc/info_serv/statistic/wgpd18.html，最後訪問日期：2018年9月25日。

　　第一重矛盾在於原居民與非原居民的矛盾。所謂「新界」原居民，即其本人或父系為 1898 年前香港之原有鄉村居民的人。在二戰之前，原居民始終都是「新界」的主要人群。在二戰之後，由於傳統農業的衰落，以及城鎮化的發展，相當數量的原居民流散在外，同時大量外來移民移居「新界」，及至二十世紀七十年代，原居民人口只佔「新界」人口的四分之一。[53] 原居民雖然不再是「新界」的主要人群，但由於一貫的傳統及政策的特殊保護，原居民群體仍然在「新界」佔有舉足輕重的地位，且享有非原居民群體所不能享有的種種權益，這也為原居民與非原居民的關係埋下了隱憂。回歸之初的「陳華案」，即是在這種背景下發生的。「陳華案」基本案情為：陳華及謝群生分別為西貢坑口布袋澳村和元朗八鄉石湖塘村之村民，二人因不符合香港法例對「原居民」的定義而分別被拒絕在村代表選舉中投票和參選。二人以選舉安排不符合《基本法》及香港本地法例為由提出司法覆核。二人在原訟法庭和上訴法庭均勝訴，原居民代表及政府上訴至終審法院。2000 年 12 月 22 日，終審法院作出裁決：在所有村民皆為原居民時，村代表代表原居民，然而，時過境遷，村代表實際上不再只代表原居民，而是代表着整個由原居民和非原居民所組成的鄉村，因而原有的選舉安排的確與法律相抵觸。終審法院指出：「毫無疑問，原居民的合法傳統權益受到第四十條保護……該等權益包括多項財產權益，例如原居村民持有的某些物業可免繳地稅及差餉，以及與男性原居民根據所謂丁屋政策而獲批的土地有關的利益，這點並無爭議。問題的所在是，第四十條所指的原居民合法傳統權益是否可派生出原居民所辯稱擁有的政治權利……」終審法院裁定，由《基本法》第四十條所指的權益派生出原居民所辯稱擁有的政治權利缺乏理據。[54] 終審法院判決後，特區政府與

53. Kuan Hsin-chi and Lau Siu-kai, Development and Resuscitation of Rural Leadership in the New Territories, *Hong Kong Journal of Public Administration*, 1981, vol. 3, no. 1, pp. 75–76.

54. *Secretary for Justice and Others v. Chan Wah and Others* (22/12/2000, FACV11/2000) (2000) 3 HKCFAR 459, [2000] 3 HKLRD 641.

鄉議局協商一致，決定採用「雙村長制」以解決問題。[55]

　　第二重的矛盾在於鄉村與城市的矛盾。雖然如上文所述，至80年代，「新界」在外貌上已與港九相差不大，但是由於某些觀念上的分歧，「新界」這片代表鄉村的土地與代表城市的港九之間嫌隙漸生。前殖民官員許舒將城鄉矛盾的根源歸結為身份認同的分歧：原有鄉村居民世代居於「新界」，加上某些身份特權的鞏固，早已有了穩定的身份認同感，而居於城市的多為外來移民和新移民，至1970年代才建立基於城市生活的身份認同感，二者本來就有不同。[56]其後，原有鄉村居民及其代表的種種行為和所享有的優待令城市居民對鄉村的觀感變壞，這些行為包括但不限於：80年代鄉議局（為鞏固原居民權益對政府）不斷的遊說活動、1978年港英政府對鄉村作出的有利的補償政策、鄉村居民為商業利益在「新界」儲存貨櫃等對環境和公益的破壞以及90年代鄉村居民為反對女性的繼承權對議員陸恭蕙作出的恐嚇行為。[57]與此同時，鄉村居民及其代表仍致力於擴大其權益，完全無視城市居民的怨念和歆羨。城市居民對鄉村缺乏認知和好感，[58]而鄉村亦不總是歡迎城市居民。令矛盾加劇的是外界對「新界」的冷漠：「新界」一直被視為香港「殖民地」的附屬品，即使到了今天，香港特區的核心地帶，仍然是香港島和舊英屬九龍。「新界」開始發展後，有各種各樣的項目在開展，但大多不是為了「新界」的利益而做。政府、私人發展商和廣大的市區社會，都視「新界」為市區的附屬品，這個附屬品很方便，而且愈來愈不可或缺。[59]

---

55. 薛鳳旋、鄺智文：《新界鄉議局史：由租借地到一國兩制》，香港：三聯書店，2011年，第179頁。

56. 許舒：《新界百年史》，林立偉譯，香港：中華書局，2016年，第318頁。

57. 參見許舒：《新界百年史》，林立偉譯，香港：中華書局，2016年，第320–322頁。

58. 有關城市（港島和九龍）居民對鄉村（「新界」）的陌生，可參見梁啟智：《香港不同社區居民的新界想像》[電子版]，張少強、馬傑偉、吳俊雄、呂大樂、張嘉輝主編：《香港社會文化研究系列》，2013年，資料來源：http://jcmotion.com.cuhk.edu.hk/eshop/index.php?route=product/product&product_id=95，最後訪問日期：2018年10月10日。

59. 許舒：《新界百年史》，林立偉譯，香港：中華書局，2016年，第334頁。

第三重的矛盾在於傳統與現代的矛盾。基於歷史原因（殖民政府對「新界」的「間接管治」及對華人傳統有選擇的保留），某些源自清代甚至更早的（主要是與土地有關的）習俗和習慣法一直沿用至今，令今日的「新界」成為一片傳統與現代並存之地。許舒指出，鄉村世界在1960-1970年代急劇變化，習慣法已經逐漸無法繼續沿用。進入1980年代，村代表和宗族耆老在處理問題時，愈來愈力不從心，但是，與土地有關的習慣法對於維持原居民社會（包括那些已居住在新村的人）和賦予他們認同感仍然很重要。[60] 在「新界」現代化進程中，鄉村所代表的「傳統主義」與城市所代表的「現代主義」頻繁發生衝突。[61] 在此之外，有兩種偏頗的觀點加劇了傳統與現代的衝突。一種觀點認為，傳統系自古沿用至今的祖宗之法，是維繫鄉村完整性的必要之舉，不可且不應輕易改變，如某些鄉民對土地「傳男不傳女」之傳統的堅持。另一種觀點認為，所謂傳統純屬捏造或主觀建構，「新界」鄉民捏造出所謂的傳統，只是為了獲得更多的經濟利益。[62] 這兩種觀點的偏頗之處在於將傳統絕對化，無視傳統的時間性和漸變性。如張少強指出，香港的「新界」村落從來都不是由單一時間而來的歷史殘跡，它一直都是蘊含群眾在不同時期的生活故事；任何沒有時間的詮釋都會是跟現實情況徹底脫節。[63] 事實上，對於傳統，一個更為可取的態度，是意識到傳統與現代的同在性，如此才有可能調和傳統與現代之間的矛盾。

---

60. 同上，第86–87頁。

61. 鄭赤琰：《基本法與原居民合法傳統權益——從國際經驗談起》，《族群研究論叢5》，香港嶺南大學，2000年。

62. See Selina Ching Chan, Politicizing Tradition: The Identity of Indigenous Inhabitants in Hong Kong, *Ethology*, 1998, vol. 37, no. 1, pp. 39–54; Selina Ching Chan, Colonial Policy in a Borrowed Place and Time: Invented Tradition in the New Territories of Hong Kong, *European Planning Studies*, 1999, vol. 7, no. 2, pp. 231–241; Selina Ching Chan, Memory Making, Identity Building: The Dynamics of Economics and Politics in the New Territories of Hong Kong, *China Information*, 2003, vol. 17, no. 1, pp. 66–91.

63. 張少強：《管治新界：地權、父權與主權》，香港：中華書局，2016年，第80頁。

二、原居民身份的來歷與意涵

　　根據香港法例（《地租（評估及徵收）條例》），所謂原居村民（Indigenous Villager）是指，1898年時是香港原有鄉村的居民或其父系後裔。[64] 對於何謂原有鄉村（Established Village），香港法例亦有詳細的規定。相較於其他民族學的判別標準，「新界」原居民的這一判別標準更易把握，因而也較少留下爭議空間。然而，與「新界」一樣，「原居民」（或「原居村民」）這一稱謂在英國人佔領之前並不存在。因此，理解原居民身份的來歷及意涵，與了解「新界」的過去與現在一樣重要。

（一）「新界」的人口構成

　　與其他現代市鎮一樣，今日的「新界」是一個移民社會，外來移民（非原居民）佔總人口之多數。早期「新界」的居民，有「五大氏族」和「四大民系」之說。為更好地理解「新界」之人口構成，此處先介紹「新界」的五大氏族。最早留意到「新界」有五大氏族的，或許是人類學家裴達禮（Hugh Baker），儘管當地人也會這樣自稱。和後來的人類學家一樣，裴達禮對宗族（Lineage）和氏族（Clan）作了區分：宗族是指有父系血緣關係的男性及其未出嫁的父系女性親屬以及男性之妻組成的共同體，他們共同生活在某一村莊或村落，作為一個政治共同體擁有共同的財產和經濟利益，服從同一個政治領導；而氏族是指有共同姓氏的宗族的集體，他們有着共同可考的祖先，但不必要有共同的財產或服從同一政治領導。[65] 據裴氏考證，「新界」的五大氏族分別為：鄧氏、侯氏、彭氏、廖氏和文氏。在五大氏族之中，鄧氏為最早的定

---

64. 應當指出的是，《地租（評估及徵收）條例》與「小型屋宇政策」文件，對「新界」原居民的界定稍有出入：前者將「新界」原居民定義為「1898年時是香港原有鄉村的居民或其父系後裔」，而後者將「新界」原居民定義為「年滿18歲，父系源自1898年時為新界認可鄉村居民的男子」。但這種定義上的差別並非爭論的焦點。

65. See Hugh D. R. Baker, The Five Great Clans of the New territories, *Journal of the Royal Asiatic Society of Hong Kong Branch*, 1966, vol. 6, pp. 25–48. 參見華琛：《中國宗族再研究：歷史研究中的人類學觀點》，《廣東社會科學》1987年第2期。

居者，他們遷入「新界」的時間可追溯至北宋初期（約西元973年），其祖先由江西吉安遷入，最早定居於錦田，其後散佈於屏山、夏村、大埔頭、龍骨頭。侯氏於南宋（十二世紀末期）由番禺遷入，最早定居於河上鄉，後散佈於燕崗、金線和丙崗。彭氏大約於南宋同一時間由江西遷入，作為相對貧困的氏族，最早定居於粉嶺。之後遷入的是文氏，其祖先由江西遷至寶安，再到「新界」，定居於新田和泰坑。最後遷入的是廖氏，他們於元朝末期由福建省遷入，最早定居於上水。[66]五大氏族均被稱為「本地人」，據考證，侯氏最早為客家人，後為科舉和本地化的需要，逐步放棄客家語言和習俗成為本地人。[67]

香港的人口結構分類，曾以本地、客家、疍家和鶴佬四大民系進行劃分。[68]據考證，在四大民系之前，居於「新界」的土著人群為古越族，後因漢人大量遷入及中原文化的影響而逐漸漢化。所謂廣府人，大多是宋元明清開始遷入，並且散居於「新界」大部分肥沃的中原地帶，從事農業耕種，亦有經營商業。遷海及複界之後，有客籍農戶遷入，形成主客之分，故廣府人又稱為本地人。以經濟的角度，將本地人定義為在清初遷海之前便在「新界」定居的居民，亦有一定的道理。[69]由於廣府人較其他民系入遷為早，所以在經濟及社會地位上取得優勢。所謂客家人，是相對於本地人的概念，主要是指清初遷海及複界之後來「新界」墾殖的客籍人士。[70]客家人操持一種有別於廣府話的客家話，而所謂客家話，大多是來自清代嘉應直隸州為中心及鄰近的惠潮兩地受嘉應方言影響的一種方言。[71]客家人與本地人常因土地等利益發生爭鬥。疍家人又稱水上人家，以船為家，靠出海捕魚為

---

66. Hugh D. R. Baker, The Five Great Clans of the New territories, *Journal of the Royal Asiatic Society of Hong Kong Branch*, 1966, vol. 6, pp. 25–48.

67. 在新安縣的科舉考試中，本地人與客家人有不同的府州試名額，其中本地人佔8個，而客家人只佔2個。參考資料同上。

68. 施志明：《本土論俗：新界華人傳統風俗》，香港：中華書局，2016年，第20頁。

69. 同上，第24頁。

70. 同上，第99頁。

71. 同上，第104頁。

生，其起源雖然與古越族有關，但實際上是經過歷代各種流散入江海之中的人群混合演變而成，是在社會上不斷流動的族群。[72] 由於來源分殊，疍家人社會與政治地位極低，飽受陸上居民的歧視，到近代才有所改善。所謂鶴佬，即潮汕地區人士，自宋朝以後，分批次由閩潮遷至「新界」。現「新界」的鶴佬人士，是古代中國北方「河洛」移民和福建土著通婚融合的結果。[73] 應當指出的是，以上四大民系不宜被視為民族（nation）或種族（race），因為他們皆屬漢族之下的支系。

　　以上所述五大氏族和四大民系皆為英國人佔領「新界」之前的居民。租借之後，尤其是二戰後，「新界」的人口與日俱增，人口結構亦發生了非常大的改變。據學者考證，1898年「新界」的人口，加上在水上生活的居民，大概在十萬左右。從租借之初至1941年，「新界」人口增長十分緩慢。日軍侵佔「新界」期間，大量本地人口外流。戰後因復員關係及1949年後國內政局轉變的直接影響，「新界」的人口才開始逐漸增加。1950年代，「新界」人口接近三十萬。到1960年代，由於市區發展已臻飽和，「新界」作為住宅和工業區的地位逐漸受到注意。1960年後的「新界」，不論在經濟、文化、交通和公共房屋建設方面，均呈現急激發展，大有一日千里之勢。在六十年代，荃灣已發展成一個相當規模的工業新市鎮。接着，政府在七十年代開闢沙田、屯門新市鎮，並着手把傳統農村集散地的墟市如大埔、元朗、上水、粉嶺等歸入新市鎮發展計劃內。1981年，「新界」的人口已超過一百三十萬。[74] 根據另一個文獻，至1970年代，原有鄉村居民人口只佔「新界」人口的四分之一。[75] 即是說，到七十年代末，原有鄉村居民已不是「新界」的主要人群。回歸後，「新界」的人口繼續增長，根據2011年

---

72. 同上，第157頁。

73. 同上，第195頁。

74. 參見吳仁德：《新界人口：增長、分佈及結構轉變》，載鄭宇碩：《變遷的新界》，香港：大學出版印務，1983年，第100頁。

75. Kuan Hsin-chi and Lau Siu-kai, Development and Resuscitation of Rural Leadership in the New Territories, *Hong Kong Journal of Public Administration*, 1981, vol. 3, no. 1, pp. 75–76.

的人口普查，「新界」的人口達 3,691,093，佔全港總人口的 52.19%。[76]
根據規劃署的預測，到 2026 年，「新界」人口佔全港人口比例將升至
55%，屆時「新界」人口將達 428 萬。[77] 與此同時，原居民人口維持
在八十萬左右。也就是說，在租借前後的百餘年間，原居民已由先前
的絕對主流變成現在的相對少數。現時，「新界」的主要人口是非原居
民，理解這一點對於平衡原居民與非原居民的利益十分重要。

（二） 原居民身份的獲得

原居民（Indigenous Inhabitants），從國際通用的語義來看，有土著人
的意思。但「新界」最早的土著應為古越族。現時所稱之原居民，多為
宋朝之後移居的中原人士，與所謂的土著居民相去甚遠。事實上，如
陳倩指出，「原居民」一詞，是 1972 年行政局意圖將「小型屋宇政策」
制度化才首次提出的術語。[78] 在此之前，原居民一直被稱為居民或村
民/鄉民（inhabitants/villager），與中國其他鄉村居民無異。那麼，「新界」
原有鄉村民如何由沒有特殊身份的華人居民，搖身一變成為殖民者
所謂的原居民，就是一個值得考究的問題。「新界」鄉民為何樂意接受
這個殖民者發明的概念，並且以此為其爭取權益的工具，又是另外一
個值得深思的問題。在開始討論之前，可以確定的是：1. 原居民是一種
與土地利益密切相關的身份；2. 原居民身份由「小型屋宇政策」正式確
定；3. 原居民身份是殖民者（港英政府）和受殖者（「新界」鄉民）合意
或曰合謀的結果。

如上文所述，在英國人佔領之前，「新界」已是一個成熟的農業社
會，「新界」之土地有明確的歸屬，當地亦有與土地相關的習慣法。《展

---

76. 香港特別行政區政府統計處：《2011人口普查》，原文鏈接：https://www.census2011.gov.hk/tc/index. html，最後訪問日期：2018年9月25日。

77. 香港特別行政區政府規劃署：《人口分佈推算2018-2026》，原文鏈接：https://www.pland.gov.hk/ pland_tc/info_serv/statistic/wgpd18.html，最後訪問日期：2018年9月25日。

78. Selina Ching Chan, Politicizing Tradition: The Identity of Indigenous Inhabitants in Hong Kong, *Ethology*, 1998, vol. 37, no. 1, pp. 39–54.

拓香港界址專條》明確規定：「在所展界內，不可將居民迫令遷移，產
業入官，若因修建衙署、築造炮台等官工需用地段，皆應從公給價。」
港督卜力的《安民告示》亦向鄉民承諾：「凡確屬爾等自置田產，仍歸
爾等自行營業。爾等善美風俗利於民者，悉仍其舊，毋庸更改。」然
而，英國人佔領之後，為實現有效管治及徵收土地稅等目的，於 1899
年 11 月開始在「新界」丈量土地並重新確認土地歸屬。[79] 在丈量土地
的過程中，英國殖民者不僅改變了土地擁有形態（推翻原有的地骨和地
皮雙重擁有權，把民地改為官地，將鄉民的永業權變為承租權），而且
以無主地等為由沒收了大量鄉民的土地。[80] 在確認土地歸屬權時，殖
民政府有意削弱大家族的勢力，將土地承租權判給先前擁有地皮權的
佃農，造成鄉民的不滿。[81] 此外，港英政府還多次利用收地法律程序
（《1900 年官地收回條例》）徵收鄉民的土地。因而，在租借早期，「新
界」鄉民頻繁因土地利益與當局發生衝突，「新界」鄉議局就是在此背
景下成立的。此後，如學者指出，就土地利益來說，鄉議局與殖民政
府的糾紛與鬥爭，在整個殖民時期，可謂從未止息。[82]

　　一方面，五十年代後，殖民政府在「新界」大量興建基礎設施。
六十年代後，為促進香港整體工業發展，以及改善市區居民的居住環
境，殖民政府開始加速「新界」的新市鎮發展，除荃灣、沙田及屯門
外，港英政府亦開始部署發展大埔、元朗及上水等地。由於大規模基
建及城市工程的增加，殖民政府對「新界」土地的需求有增無減。[83]
另一方面，自《1900 年官地收回條例》及 1906 年「集體官批」制定後，
殖民政府可任意收回鄉民之地，而鄉民須按照官批載明之用途使用土
地。自 1950 年起，由於「新界」受《建築條例》監管，「新界」居民建屋

---

79. 參見許舒：《新界百年史》，林立偉譯，香港：中華書局，2016 年，第 66–88 頁。

80. 參見薛鳳旋、鄺智文：《新界鄉議局史：由租借地到一國兩制》，香港：三聯書店，2011 年，第 62 頁。

81. Stephen W. K. Chiu and Ho-fung Hung, The Paradox of Stability Revisited: Colonial Development and State Building in Rural Hong Kong, *China Information*, 1997, vol. 12, no. 1, pp. 66–95.

82. 張少強：《管治新界：地權、父權與主權》，香港：中華書局，2016 年，第 33 頁。

83. 薛鳳旋、鄺智文：《新界鄉議局史：由租借地到一國兩制》，香港：三聯書店，2011 年，第 151 頁。

時須向殖民政府提交由畫則師繪製的圖則，遵守法例規定的面積（700平方呎）與高度（25呎），且在農地建屋時須補償地價。[84] 1955年，「新界」各區理民府突然宣佈，所有用混凝土建築的房屋，每呎需補地價兩至三角，其後又宣佈，凡於農地建屋者，除補地價外，還需和政府以3平方呎換1平方呎的比例換地。[85] 因收地、建屋、換地及補地價等問題，「新界」村民及其代表鄉議局不斷與殖民政府抗議和交涉，於1960年與港英政府就圖則及地價問題達成妥協。但補地價問題，一直未有進展，因此，鄉議局於1971年成立爭取「新界」人民合理權益特別委員會，宣洩對殖民政府「新界」土地政策的不滿。1971年，鄉議局發起超過1000人參與的村代表集會；1972年，鄉議局又聲言將發動萬人遊行，終於迫使港英政府出台「小型屋宇政策」（Small House Policy），即所謂「丁屋政策」。[86]

1972年11月，行政局通過「小型屋宇政策」。同月，立法局通過《建築物（新界適用）條例》，使原《建築條例》不再適用於「新界」。根據新政策，年滿18歲的原居村民（父系源自1898年時為「新界」認可鄉村居民的男子）得一生一次向當局申請，在其所屬鄉村內的合適土地上建造一間小型屋宇（不超過3層，高度不超過27呎，面積不超過700平方呎）。[87] 政策落實後，港英政府擬定了認可鄉村名冊，包括1898年已經存在的村落。不過，「小型屋宇政策」的推出，並不代表「新界」的村屋問題已經圓滿解決：當局仍以各種手段限制村民興建「丁屋」的權利，而村民亦因此不斷與港英政府交涉。[88] 前殖民官員許舒指出，涉及「丁屋政策」的各方都感到不滿，殖民政府視「丁屋」為特惠政策，原意是協助村民安置日漸增長的人口，而在村民方面，「丁屋」

---

84. 薛鳳旋、鄺智文：《新界鄉議局史：由租借地到一國兩制》，香港：三聯書店，2011年，第193頁。

85. 同上。

86. 同上，第196頁。

87. 參見香港特別行政區地政總署：《新界小型屋宇政策-如何申請批准建造小型屋宇》，原文鏈接：https://www.landsd.gov.hk/tc/images/doc/NTSHP_C_text.pdf，最後訪問日期：2018年9月27日。

88. 薛鳳旋、鄺智文：《新界鄉議局史：由租借地到一國兩制》，香港：三聯書店，2011年，第197頁。

申請人和鄉村領袖都認為土地是他們的主要資產，視「丁屋政策」為謀利的方法，借此在大擴張時期，補償被政府規定剝奪的機會。[89] 在此方面，村民有理由選擇與港英政府不同的立場，因為土地業權由永業權轉變為承租權，原居民的建屋權的確有所減損，確立「丁權」的原意是對 1898 年後原居民土地權益受損的認可，雖然政府未必同意其中含有補償的意思，卻不能抹煞個中的意味。[90] 原居民向來認為他們有權在自己的土地上興建房屋，容許村民一生之中在原村的土地上興建一間村屋，是一種補償，也是對原有政策的延續，既不算特權，也不是恩賜。[91] 值得一提的是，香港政府與「新界」原居民對「丁權」的認知分歧，由殖民年代一直延續到了特區年代：在特區政府看來，「丁屋政策」只是一項特殊的政策安排，並不代表政府承認「新界」原居民有任何興建丁屋的固有權利；而在「新界」原居民看來，興建丁屋的確是他們的固有權利，且特區政府不得予以修改或取締。[92]

（三） 原居民身份的意義

以上文字只是闡明了原居民身份從無到有的過程，但並不足以解釋殖民政府為何賦予「新界」村民這一特殊身份、「新界」村民為何樂意接受殖民者賦予的這一新身份以及原居民這一身份對於各方都意味着什麼。[93] 因而，在此方面，需要進一步的解釋和探討。

---

89. 許舒：《新界百年史》，林立偉譯，香港：中華書局，2016年，第216頁。

90. 劉潤和：《新界簡史》，香港：三聯書店，1999年，第109頁、第111頁。

91. 薛鳳旋、鄺智文：《新界鄉議局史：由租借地到一國兩制》，香港：三聯書店，2011年，第201頁、第442頁。

92. See *Kwok Cheuk Kin and Another v. Director of Lands and Others* (08/04/2019, HCAL260/2015) [2019] HKCFI 867, para. 11.

93. 值得說明的是，在香港特區的公共話語中，「原居村民」即「原居民」，已是一種約定俗成的表達。但二者能否完全畫上等號，仍是一個待澄清的問題。在「陳華案」中，代表陳華及謝群生的資深大律師戴啟思曾就此提出備忘，然而，終審法院認為此事對於該案而言並非關鍵問題，未予澄清。See *Secretary for Justice and Others v. Chan Wah and Others* (22/12/2000, FACV11/2000) (2000) 3 HKCFAR 459, [2000] 3 HKLRD 641, para. 3. 本文亦遵從約定的用法，將「原居村民」和「原居民」作為同義詞交替使用。

毫無疑問，就殖民政府而言，賦予「新界」村民以原居民身份並對原居民的權益予以特殊保護，並不是其本意。換句話說，這樣做是一種出於現實政治（使「新界」成為可供管治之物）需要的權宜之計。[94]時任「新界」民政署署長黎敦義（Denis Campbell Bray）在向立法局宣佈「丁屋政策」時強調，所謂「小型屋宇政策」只是一項中短期措施，也能從側面證明這一點。[95]在殖民早期，「新界」村民與殖民政府不斷因土地利益發生衝突，鄉事派團體在二戰前後及日佔期間經常提出的主題，無疑是因殖民政府的土地政策而出現，這個主題是：港府剝奪了「新界」居民在中國統治時期享有的權利。[96]1972年港英政府迫於鄉議局的壓力出台「小型屋宇政策」的另一個目的，就是要向社會表明，政府承認許多地方村民的土地，過去受到發展和規劃管制的影響，未來也將繼續如此。[97]在1980年代之前，殖民政府的安排都偏向有利於原居民，一方面是遵循舊有做法，另一方面是要在發展過程中，維持原居民繼續合作。[98]即是說，賦予「新界」村民以原居民身份，只是為了殖民統治之便。另外兩個可以證明保護原居民利益並非殖民者本意的事實是：1. 由於不佔有土地，1898年之前就居於「新界」的疍民並沒有被認定為原居民，也不享有原居民所享有的傳統權益；2.「新九龍」雖原為「新界」部分，其地理及歷史背景亦相同，同樣被港府剝奪權益的「新九龍」居民，因為沒有組織起來向殖民政府伸張權益而不被認定為原居民。[99]

就「新界」村民而言，接受殖民者賦予的原居民身份，是因為這樣有助於他們爭取權益。儘管港九居民視「新界」原居民享有的傳統權益

---

94. 張少強：《管治新界：地權、父權與主權》，香港：中華書局，2016年，第109頁。

95. See *Kwok Cheuk Kin and Another v. Director of Lands and Others* (08/04/2019, HCAL260/2015) [2019] HKCFI 867, para. 12–17.

96. 許舒：《新界百年史》，林立偉譯，香港：中華書局，2016年，第85頁。

97. 同上，第215頁。

98. 同上，第247頁。

99. 參見施志明：《本土論俗：新界華人傳統風俗》，香港：中華書局，2016年，第231頁。

為特權——殖民者在佔領香港和九龍後，同樣將土地一律宣稱為「官地」（Crown Land），卻沒有對利益受損的土地擁有者作類似的補償。但「新界」是「租借地」，與香港島和九龍有異，出現「一港兩制」的局面或多或少是因為兩種法律地位的不同。[100]《展拓香港界址專條》及港督卜力的《安民告示》先後保證「新界」鄉民的土地權益不會受到殖民政府的侵害。然而，殖民管治開始後，「新界」鄉民的權益（尤其是土地權益）相繼受收地、丈量土地、確認土地權歸屬、限制改變土地用途等官方行為的侵害。其後，「新界」為減輕香港人口和住屋壓力，舒緩香港的社會、環境和衛生問題，提供了大量土地資源，促成了香港在七、八十年代的經濟起飛；而港英政府為解決城市問題，犧牲了「新界」的農業，令不少持有土地的鄉民受到損失。[101]對此，「新界」鄉民有理由認為其權益受到侵害，並要求港府對其損失作出賠償或補償。以「小型屋宇政策」為例，「新界」鄉民認為他們本來就有權在自己的土地上建屋。至於原居民身份及其伴隨的權益，鄉民視之為原有政策的延續，不是任何特權或優恤。故此，當發現原居民的身份有利於其爭取權益時，「新界」鄉民毫不猶豫地接受了這一由殖民者賦予的特殊身份。就此而言，將原居民身份及權益視為殖民者和受殖者合謀的結果，[102]亦不失為正解。

雖然殖民者和受殖者就原居民身份達成了某種程度的合意，但是外界評論者傾向於對這種「特權身份」持批判態度。如有學者認為，「新界」原居民身份的內涵，如有，應當是「自由投機分子」，[103]因為原居民之身份是歷史事件的偶然構建，其意義和所指也漂浮不定——原居民對同一歷史事件，在不同的歷史時期有不同的書寫。這種批判

100. 劉潤和：《新界簡史》，香港：三聯書店，1999年，第118頁。

101. 薛鳳旋、鄺智文：《新界鄉議局史：由租借地到一國兩制》，香港：三聯書店，2011年，第273頁。

102. Selina Ching Chan, Colonial Policy in a Borrowed Place and Time: Invented Tradition in the New Territories of Hong Kong, *European Planning Studies*, 1999, vol. 7, no. 2, pp. 231–241. 張少強：《管治新界：地權、父權與主權》，香港：中華書局，2016年，第27頁。

103. 鄭家駒：《香港新界原居民特權身份的歷史建構過程》，《文化研究》2011年第1期，總第23期。

看似公允，實際上卻失之於偏頗，因為：其一，原居民的身份雖然是歷史事件的偶然構建，但是「新界」相對於港九和原新安縣其他地區有其獨特性（作為英治香港的「租借地」），「新界」原有鄉村居民的傳統權益的確因為殖民統治而受損，這一點是無可置疑的；其二，原居民的女兒是否屬於原居民，雖然是一個有爭議的議題，不同的村民有不同的解釋，然而，與原居民身份緊密相隨的是原居民傳統權益，在判別原居民身份時，可以是否享有原居民傳統權益為輔助判斷標準，更何況，當對某人是否具備原居民身份有疑問時，應當尋求有關當局就此問題作出澄清，而不是直接以此否定原居民身份的所指；其三，對同一歷史事件作不同的解讀（在殖民管治時期與殖民政府合作，而在殖民管治結束後又強調「新界」鄉民的反殖事蹟），是一種雖不高尚但可理解的行為。在整個殖民時期，鄉議局與殖民政府的關係，並非絕對的合作或衝突，而是不斷的交涉與協調。[104] 無論如何，鄉議局的目的不在於對抗或配合殖民統治，而在於在可能的框架下為「新界」鄉民爭取最大的利益。以「新界」鄉民在不同時期對待殖民政府的不同態度，來質疑他們的反殖立場及作為原居民獲得補償的資格，並不公平。

三、傳統權益的內容與分類

由於尚未有具體化的立法或法律解釋，《基本法》第四十條規定的「合法傳統權益」向來是爭議的焦點。鑑於「合法」是一個有待釐清的標準，為避免「未審先判」帶來的弊端，此處僅討論「傳統權益」（可能涵蓋）的基本內容。為更好地理解「新界」原居民的傳統權益，在列舉可能的傳統權益之基本內容的基礎上，仍有必要對傳統權益進行分類並分析總結各界對傳統權益的看法和立場。

---

104. 薛鳳旋、鄺智文：《新界鄉議局史：由租借地到一國兩制》，香港：三聯書店，2011年，第152頁。

（一） 傳統權益的基本內容

1986 年 7 月 25 日，《基本法》尚在起草過程中，時任鄉議局主席劉皇發代表「新界」原居民發表了《新界原居民合法權益及傳統習俗之歷史淵源》一文。[105]文章梳理的原居民傳統權益後得到「新界原居民權益研討會」確認，並形成報告呈送基本法起草委員會及基本法諮詢委員會，[106]對《基本法》的起草及後來者對於「新界」原居民傳統權益的理解產生了重要影響。現將文章所列舉的「新界」原居民之傳統權益抄錄如下：

1. 鄉議局的合法地位

「新界」鄉議局成立於 1926 年。1959 年，香港政府制定香港法例第 1097 章《鄉議局條例》，承認鄉議局為香港政府諮詢「新界」民意的唯一的法定組織。1981 年，香港政府制定香港法例第 366 章《區議會條例》，明文規定各區鄉事委員會主席出任有關區議會的當然議員。1985 年，香港政府制定香港法例 NO. 39/1985《區域市政局條例》，規定鄉議局主席及兩位副主席成為區域市政局的當然議員。

2. 興建鄉村小型屋宇

在 1898 年之前，「新界」仍受中國政府管轄時，土地持有人有關土地之地契，並無限制土地使用之條款。港府在 1898 年接管之後，也是採取慎重的政策給予「新界」特別待遇，盡力保存「新界」原居民的傳統習俗。惟 1905 年，港府單方面訂立「新界」集體官批，限制土地用途，「新界」原居民在其土地上建屋之自由，業已受到侵蝕。後經鄉議局據理與港府交涉，始於 1972 年 12 月 1 日施行「新界鄉村小型屋宇政

---

105. 劉皇發：《新界原居民合法權益及傳統習俗之歷史淵源》，1986年7月25日，基本法起草委員會參考文件，資料來源：http://www.hyknt.org/img/data/009e.pdf，最後訪問日期：2018年10月12日。

106. 《新界原居民權益研討會—— 新界原居民原有之合法權益及傳統習慣》，文件編號：CCBL-SG/RDI-INTI-01-RP01-861220，資料來源：http://ebook.lib.hku.hk/bldho/pdf/L011.pdf，最後訪問日期：2018年10月12日。

策」，規定「新界」原居民在其一生之中，可獲一次興建一所面積700方呎高25呎的鄉村小型屋宇。

3. 搬遷特惠補償

港府為解決港九市區居民的居住問題而強迫大量徵收「新界」土地，逼令「新界」村民清拆搬村，這不但破壞了他們和睦相處、守望相助的田園生活，更逼使他們改變以農牧為業的傳統習俗，使他們遭受失業痛苦。因此當局才釐定了「新界」搬村的特惠補償政策，允許凡有屋地的原居民在搬村時，以一分屋地補償一間700方呎的鄉村小型屋宇，藉以賠償他們受搬村的損失。

4. 土地契約及相關權利

這一項已經在《中英聯合聲明》附件三「關於土地契約」的部分作了明確的規定：「舊批約地段、鄉村屋地、丁屋地和類似的農地，為該土地在1984年6月30的承租人或該日以後批出的丁屋地的承租人，其父系為1898年在香港的原有鄉村居民，只要該土地的承租人仍為該人或其合法父系繼承人，租金將維持不變」。同時，對於已由香港英國政府批出的1997年6月30日以前滿期而沒有續期權利的土地契約，也規定了可續期五十年不補地價，只是每年交納相當於土地應課差餉值百分之三的租金。

5. 鄉村屋宇豁免差餉

根據香港政府於1973年制定的香港法例第116章《差餉條例》，凡鄉村發展範圍內的鄉村屋宇及鄉村發展範圍外的自住鄉村屋宇，可豁免差餉。同時，對「新界」的村公所、鄉事委員會會所及祠堂、廟宇也一律豁免差餉。

6. 安葬權利

自1898年以來，政府一向尊重「新界」原居民及其家屬安葬於山邊的傳統習俗，並對此等山墳清拆時給予特惠津貼。以本區為根據地之

漁民的山墳，同樣獲得承認。「新界」原居民可根據1977年香港政府訂立的香港法例第132章《公共衛生及市政事務條例》，向各區政務處領取安葬許可書，將其去世的家屬葬於鄉村附近山邊，而無須在公眾墳場安葬。

7. 遺產繼承權

「新界」原居民的遺產一向是依循傳統習俗由男丁繼承，1910年香港政府訂立的香港法例第97章《新界條例》亦訂明，凡處理的屋宇及土地案件，地方法院及最高法院有權承認及執行中國習俗及傳統權利，即在無遺囑的情形下，遺產的繼承權屬男丁所有。該條例亦規定「新界」家族堂及祖等名下的物業系由司理人管理，而按照傳統習俗，凡家族、堂、祖等名下的物業，系由男丁才有權享受之。

8. 僑居海外的新界原居民的權益

旅居海外的「新界」原居民，他們是為生活而外出謀生，雖然有些是持外國護照，這無非是為工作的特殊情況使然，他們當稍有積蓄時即回鄉置業安居。因此，居留的權利和分享祖業等的權利，僑居海外的原居民應享有與「新界」原居民的同等權益。

(二)　傳統權益的幾種分類

必須説明的是，以上列舉之傳統權益僅為鄉議局一方的解釋，既不代表官方認可的「新界」原居民傳統權益，又未窮盡所有「新界」原居民之傳統習俗及權益。因此，為更好地理解及討論「新界」原居民的傳統權益，有必要對所有列舉及未列舉之傳統權益加以分類。根據不同的分類標準，可將「新界」原居民的傳統權益歸納如下：

1. 財產權益 政治權益及傳統習俗

財產權益即任何與經濟相關的權利或利益。事實上，「新界」原居民的傳統權益大多為財產權益，如興建「丁屋」、搬遷特惠補償、鄉村屋宇豁免差餉、土地契約及相關權益以及男性原居民的繼承權。政治

權益即任何與選舉及被選舉等參與政治生活相關的權益。當鄉議局被視為「新界」原居民的代表機構（儘管這一點存有爭議）時，鄉議局的合法諮詢地位就代表了「新界」原居民的政治權益。而傳統習俗系指未必與財產或政治特權有關，但為鄉民長期反復實踐且為特區政府尊重的傳統習慣，如山邊安葬的權益。

2. 原生權益及派生權益

所謂原生權益，即明確受《基本法》第四十條保護（儘管這也是一個有待釐清的問題）的權益。而派生權益，系指非為《基本法》第四十條明確保護，但系為確保《基本法》第四十條所指的原居民權益得到充分保護而引申出來的權益。在「陳華案」（FACV 11/2000）中，代表原居民一方的律師主張，「原居民在村代表選舉中，可享有投票及參選的政治權利，而其他人士則沒有該等權利……《基本法》第四十條雖然沒有涵蓋這一政治權利，但其系由《基本法》第四十條所派生之權益。」當然，這一主張沒有得到終審法院支持。

3. 法定權益及非法定權益

現時「新界」原居民的傳統權益，大多有法律明文規定（如鄉村屋宇豁免差餉的權益），小部分為政府政策明文確定（如興建小型屋宇的權益）。儘管如此，這些權益並沒有涵蓋所有「新界」原居民的傳統權益，因為「新界」原居民的傳統權益是幾百年來歷史所形成的事實，有些是沒有法律規定的，例如祖堂物業問題。[107] 據此，在《基本法》起草過程中，鄉議局曾主張，「合法權益」並不足夠，應當加上「傳統權益」，將《基本法》第四十條改寫為「新界原居民的合法及傳統權益受香港特別行政區的保護」，但這一主張最終未被採納。

---

107. 薛鳳旋、鄺智文：《新界鄉議局史：由租借地到一國兩制》，香港：三聯書店，2011年，第297頁。

（三） 各方對傳統權益的立場

「新界」原居民的傳統權益向來是爭議的焦點，而爭議的論題，不止在於原居民的傳統權益應當為何，而且在於原居民的傳統權益應否予以保護。對於這些議題，原居民與非原居民、政府官員與非政府人士，有着迥然相異的看法和主張。在原居民一方看來，傳統權益不僅應當繼續存在，而且應以立法的方式予以具體化。鄉議局一貫的主張是：「新界」原居民擁有這些權益，完全是與歷史背景、風俗習慣和民生福利分不開的，這些權益獲得保障不是任何特權，而是現有政策的延續。[108]在此基礎上，鄉議局主張，《基本法》第四十條應當具體化，因為現時第四十條只是表達了指導性原則，並不是具體的法例，而如果沒有具體的立法，第四十條只會成為「沒有靈魂的軀殼」，既不能保障原居民利益，又不能令香港市民了解所謂的原居民利益具體是什麼，令原居民的地位難以得到認同，有違立法原意。[109]就具體化立法對《基本法》第四十條的靈活性帶來的影響，鄉議局認為，所謂的傳統權益必然會因社會變遷而有所改動，因此就算將原居民權益以法律界定後，仍可於適當時候由法律改革委員會修改有關法律，使之符合現實情況，配合時代轉變。[110]但是，對於近期爭議較大的「小型屋宇政策」，身為原居民的立法會議員何君堯認為，其系由《基本法》第四十條保障的權益，非修改《基本法》不得予以更改或取締。[111]

然而，在非原居民一方看來，「新界」原居民的身份本身就是可疑的，遑論尚待釐清的原居民傳統權益。社會人類學者陳倩指出，所謂原居民只是1898年歷史偶然的產物，在殖民期間，原居村民曾與殖民政府合謀捏造傳統，而所謂的歷史只不過是與政府討價還價的籌碼，

---

108. 薛鳳旋、鄺智文：《新界鄉議局史：由租借地到一國兩制》，香港：三聯書店，2011年，第442頁。

109. 同上，第313頁。

110. 同上，第313頁。

111. Junius Ho, Small House Policy, Custom and Article 40 of the Basic Law, *Summary of Discussion at the University of Hong Kong on 15 January 2014*, retrieved 2019-03-10 from http://www.kcho-fong.com/attach/talk20140115zh.pdf

因為原居村民群體總是為經濟和政治利益而重塑記憶。[112] 鄭家駒認為，雖然終審法院將合法傳統權益限定於財產權益，否定了政治權益作為合法傳統權益的正當性，但財產權益本身就是一種政治特權——在同一個公共政策下，原居民比起其他香港人較獲優待，這種特別的權益即是「特權」，只不過換上了一個有法律及社會效力的符號「合法傳統權益」；這種特別權益來自「原居民」的身份，但原居民之身份是歷史事件的偶然建構，其本身所擁有的鄉村社區文化意涵，早已被掏空得只餘下一些空有形式的傳統習俗。[113] 對於近期爭議較大的「小型屋宇政策」，非原居民的一方認為，其只是殖民政府的一個中短期政策，而非千秋萬世的傳統權益；[114]《基本法》第四十條並沒有明文保護「丁權」，倘若將「丁屋政策」視為港英政府對原居村民土地利益受損的補償，那更加證明所謂「丁權」並不是原居村民的傳統權益；[115] 除此之外，「套丁」行為氾濫，扭曲立法原意，「丁屋政策」令土地問題惡化，且有損社會公平，因而應當儘早予以終結。[116]

在特區政府一方，傳統權益是一個亟待澄清又十分棘手的問題。一方面，為了維持有效管治和開發土地資源，特區政府不得不處理好與「新界」鄉紳的關係，並在必要時對原居民一方作出政策上的讓步和妥協。另一方面，特區政府與「新界」鄉紳常因土地問題產生歧見，政府開發「新界」土地的計劃屢受「新界」鄉紳的阻撓，近年來雙方在徵用土地、檢討「丁屋政策」、打擊「丁屋」僭建等問題上頻繁發生衝

112. Selina Ching Chan, Politicizing Tradition: The Identity of Indigenous Inhabitants in Hong Kong, *Ethology*, 1998, vol. 37, no. 1, pp. 39–54; Selina Ching Chan, Colonial Policy in a Borrowed Place and Time: Invented Tradition in the New Territories of Hong Kong, *European Planning Studies,* 1999, vol. 7, no. 2, pp. 231–241; Selina Ching Chan, Memory Making, Identity Building: The Dynamics of Economics and Politics in the New Territories of Hong Kong, *China Information*, 2003, vol. 17, no. 1, pp. 66–91.

113. 鄭家駒：《香港新界原居民特權身份的歷史建構過程》，《文化研究》2011年第1期，總第23期。

114. 姚政希、林芷筠：《不是傳統權益：丁屋政策的迷思與真象》，《明報》觀點版2016年1月28日。

115. 林芷筠：《丁屋政策的黑洞》，《眾新聞》2017年12月18日。

116. 陳紹銘：《丁屋霸權 理應終結》，《信報》2015年12月22日，第A15版。

突。[117]可以確定的是，特區政府如觸動原居民的土地利益，雙方必將產生重大衝突，甚至可能導致管治危機。因而，面對社會上要求檢討「小型屋宇政策」的聲音，特區政府一方面承認該項政策施行超過40年，確有檢討之需要，另一方面又表明「小型屋宇政策」涉及法律、環境、土地規劃及土地需求等複雜問題，拖延檢討及修改「小型屋宇政策」。面對香港社會對「小型屋宇政策」長期規劃的詰問，特區政府以「小型屋宇政策」正面臨司法覆核挑戰為由，拒絕就「小型屋宇政策」的詳細考慮作出進一步的回應。[118]事實上，早在1995年，港英政府就宣佈，要檢討「小型屋宇政策」，但多年來的檢視並沒有太多實際的成效。迄今為止，除依法打擊「套丁」和僭建等問題外，特區政府未就「丁屋政策」作出任何實質的決定，一切都有待法院的判決來釐清。[119]

在非政府的一方，看法和立場相當分殊，有關傳統權益的共識非常有限。香港嶺南大學鄭赤琰教授認為，保護原居民的權益，是國際通行的做法，保護「新界」原居民的權益，不是賦予他們什麼權益，而是承認了他們原有的權益，原居民的權益，不是仁慈，更不慷慨，而是應得，應得的不是什麼特權，而是人權，因而侵犯原居民的權益就是侵犯人權，這是國際社會所不能容許的。[120]思匯政策研究所劉敏莉認為，「小型屋宇政策」帶來歧視、環境、違法等種種問題，其本身是不能持續的，因此特區政府應當發起公眾論壇及座談會，以讓社會大眾對政策進行討論，並設定政策的時間表，在諮詢所有利益相關團

---

117. 黃海：《香港社會階層分析》，香港：商務印書館，2017年，第192頁。

118. 香港特別行政區政府新聞公報：《立法會二題：小型屋宇政策及丁權事宜》，2016年12月14日，原文鏈接：https://sc.isd.gov.hk/gb/www.info.gov.hk/gia/general/201612/14/P2016121400458.htm，最後訪問日期：2018年10月15日。

119. 在「丁權」司法覆核案中，特區政府主張，「小型屋宇政策」符合《基本法》，但強調，在現行法律和政策下，「新界」原居民無權興建「丁屋」，只是有權申請興建「丁屋」，即是說，「丁屋」申請批准與否，完整和絕對的裁量權在於政府。See *Kwok Cheuk Kin and Another v. Director of Lands and Others* (08/04/2019, HCAL260/2015) [2019] HKCFI 867, para. 11.

120. 鄭赤琰：《基本法與原居民合法傳統權益──從國際經驗談起》，《族群研究論叢5》，香港嶺南大學，2000年。

體後就政策的改變提出建議，如因原居民傳統權益產生糾紛，政府應積極尋求法院對《基本法》第四十條的解釋。[121]香港大學陳文敏教授主張，所謂「合法傳統權益」須滿足「合法」與「傳統」兩個條件，「傳統」意味着可追溯到1898年前，而「合法」意味着：1.「法」須是1997年7月1日《基本法》生效時有效的香港本地法例；2. 傳統權益必須符合《基本法》；3. 傳統權益必須符合普遍的正義標準，基於此，先前支撐「小型屋宇政策」的理據在現時已經不再適用。[122]前殖民官員許舒認為，由於缺乏長期規劃，「丁屋政策」的前景堪憂，若要維持下去，一些改變是必要的，但是強行取消現時的政策並不可行，且只會帶來大規模的對抗。[123]

小結

「新界」是不平等條約的產物。成為英治香港的「租借地」後，「新界」逐漸由中國縣治之下的傳統農業社會過渡為英國殖民治下的現代商業社會。在此期間，港英政府以其統治利益為出發點，對「新界」的華人傳統有選擇地予以保留，並審時度勢地對「新界」的鄉民進行拉攏和賄賂。儘管如此，「新界」鄉民與港英政府的關係並不總是親密無間，相反，雙方屢次因土地等利益發生衝突。即是說，99年的殖民史不止是殖民者對受殖者的單向改造，也包含着受殖者對殖民者的反向影響。「新界」的殖民史是殖民者與受殖者不斷互動、衝突、交涉與妥協的產物，也正是這個曲折的過程令「新界」的問題變得複雜難解。

---

121. 劉敏莉：《小型屋宇政策 II：最新發展》，2013年4月，資料來源：http://www.civic-exchange.org/Publish/LogicaldocContent/201304LAND_SHPUpdate_tc.pdf，最後訪問日期：2018年10月15日。

122. Johannes Chan, Rights of New Territories Indigenous Inhabitants, in Chan, J and Lim, CL (eds.), *Law of the Hong Kong Constitution*, Hong Kong: Sweet & Maxwell, 2011, pp. 883–911.

123. James Hayes, Some Suggestions for Research Studies in the Present Day New Territories of Hong Kong, 《田野與文獻》，第52期，2008年7月。

　　不論從哪個角度來看，原居民的身份無疑是殖民者與受殖者合謀的產物。在殖民早期，由於土地等利益受損，「新界」鄉民不斷對港英政府的殖民統治發起挑戰。後港英政府為爭取「新界」鄉民對其開發「新界」計劃的支持，有策略地賦予「新界」鄉民以「原居民」的身份。以 1972 年的「小型屋宇政策」為契機，殖民者和受殖者就原居民的身份及其附隨的傳統權益達成初步的合意。對於港英政府而言，原居民身份及所謂華人傳統是一個有效的統治工具；對於「新界」鄉民而言，原居民身份及所謂華人傳統是一種有用的鬥爭工具。這也是為何「新界」原居民的身份總是被批評充滿了殖民意味。

　　「傳統權益」與「原居民」身份有着千絲萬縷的關係。沒有原居民身份，就無法享有傳統權益；反過來，如無傳統權益，原居民身份的意義也要大打折扣。雖然仍然有待釐清，傳統權益的內容相對廣泛，令具備原居民身份的村民獲益頗多，也是「新界」原居民堅決捍衛的對象。但這種權益不僅備受城市居民的攻訐，也在某種程度上給特區政府的施政設置了障礙。就現時的情況來看，從法律上界定傳統權益的具體內容，澄清「丁權」是否為《基本法》第四十條所保障的傳統權益，是解決香港土地短缺問題的一個不可迴避的難題。這個難題暫時被轉交給特區法院，不論法院最終裁決如何，都將對香港的未來產生重大影響。

第三章

比較視野下的「新界」原居民權益

❖❖❖❖❖❖❖❖❖❖❖❖❖❖❖❖❖

　　在主張其權益時,「新界」原居民傾向於自比為內地的少數民族或海外的土著居民。事實上,由界定標準來看,「新界」原居民之身份顯然具有地域(原有鄉村)和時間(1898年前)的雙重內涵。較之於港九居民,「新界」原居民是鄉村居民;較之於英國殖民者,「新界」原居民又是早期定居者。地域標準令「新界」原居民與內地農村居民有某種程度上的可比性,而時間標準又使得「新界」原居民與海外土著人群有相似性。基於此,對原居民及鄉村居民權益的橫向對比,有助於揭示「新界」原居民權益的普遍性和特殊性。

一、「新界」原居民權益與內地農民權益

　　在《基本法》起草期間,為證明其權益應得特殊保護,「新界」原居民曾援引《憲法》主張其作為少數民族的特殊權益。[1]然而,從民族識別來看,「新界」之四大民系屬漢族之下的支系,並非漢族之外的少數民族;從文化認同來看,「新界」原居民雖有基於鄉村的認同,但其與香港主流華人社會沒有根本的差異;從國家政策來看,少數民族的含義及標準相對嚴格;因而,「新界」原居民不同於新疆、西藏等地的少

---

1. 《新界原居民權益研討會——新界原居民原有之合法權益及傳統習慣》,文件編號:CCBL-SG/RDI-INTI-01-RP01-861220,資料來源:http://ebook.lib.hku.hk/bldho/pdf/L011.pdf,最後訪問日期:2018年10月12日。

數民族，亦不宜被比作香港的少數民族。[2] 由原居民身份之地域標準來看，「新界」原居民是香港原有之鄉村居民，故將其與內地農村居民對比更為適宜。

（一） 內地農民及其權益概述

傳統中國是一個農業社會，農民是傳統中國的主流人群。近代以來，工業及服務業所佔比重日益增多，但時至今日，農業仍然是國民經濟體系的重要組成部分，廣大的農民群體亦是不可忽視的主流群體。在當代中國，農民被認為有三重含義：一是職業意義上的農民，即直接從事農業生產的勞動者；二是階級意義上的農民，即與地主相對的身份概念；三是戶籍意義上的農民，即現行戶籍管理制度下擁有農村戶口的人。[3] 新中國的成立意味着地主階級逐漸退出歷史舞台，作為階級意義的農民身份亦開始消亡。在新中國成立初期，農民的職業身份與戶籍身份基本一致，但改革開放後，隨着城市化的推進，大量農民開始離地，不再從事農業生產，農民的職業身份與戶籍身份也由此分離。如今，學界對農民的定義（亦為本書所採用的定義）即戶籍意義上的農民。戶籍制度是我國的一項基本國家行政制度。1958年1月，以《中華人民共和國戶口登記條例》為標誌，中國政府第一次明確將城鄉居民區分為「農業戶口」和「非農業戶口」兩種不同的戶籍，並對人口自由流動實行嚴格限制和政府管制。此後，雖幾經改革和鬆動，城鄉二元制仍繼續存在，農民（農村居民）成為與市民（城市居民）相對的概念。二十世紀九十年代中後期，「三農問題」（農業、農村、農民）成為國家的重要議題，引起廣泛的關注和討論。學界普遍認

---

2. 劉家儀：《〈香港基本法〉第四十條的解釋——以「丁屋」政策為例》，中國人民大學碩士學位論文，2011年，第18頁。事實上，在司法裁判中，香港法院也拒絕承認「新界」原居民為少數民族。See *Lau Wong Fat v. Attorney General* (06/05/1997, CACV247/1996) [1997] HKLRD 533, para. 4.

3. 祁曉玲、鄺先慧等：《維護農民權益機制研究——基於新中國成立以來黨和政府政策分析》，北京：科學出版社，2013年，第1頁。

為，「三農問題」的核心，就在於農民問題，即農民權益如何得到保障的問題。[4]

　　所謂農民權益，即農民根據法律和政策所享有和應當享有的權利和利益。由縱向可將農民權益分為生存權益和發展權益，由橫向可將農民權益分為經濟權益、政治權益、社會權益和文化權益。[5]現時之通說主要將農民權益分為經濟權益、政治權益、社會權益和文化權益。經濟權益被認為是農民權益最核心的內容，其主要包括農民的土地權益（土地承包經營權和宅基地使用權）及其他一般公民應當享有的經濟權益（投資權益和消費者權益），主要法律依據為《農村土地承包法》、《土地管理法》、《物權法》和《消費者權益保護法》等。[6]政治權益也是農民權益的重要內容，其主要包括農民作為國家公民所享有的選舉權、政治參與權、政治監督權、政治訴願權和政治知情權，[7]主要法律依據為《憲法》、《選舉法》、《村民委員會組織法》、《國務院信訪條例》等。[8]農民的社會權益包括農民作為國家公民所享有的勞動權、遷移權、教育權和社會保障權，[9]其中社會保障權的核心內容在於農村最低生活保障制度、農村合作醫療制度及農民社會養老制度等。[10]農民的文化權益是指農民作為公民所享有和應當享有的文化權益，其主要內容為：農民有權享受政府提供的文化公共設施、農民有

---

4. 李長健：《論農民權益的經濟法保護──以利益與利益機制為視角》，《中國法學》2005年第3期。

5. 祁曉玲、酈先慧等：《維護農民權益機制研究──基於新中國成立以來黨和政府政策分析》，北京：科學出版社，2013年，第1頁。

6. 汪青松主編：《農民權益保護法律問題研究》，武漢：華中科技大學出版社，2014年，第88–114頁。

7. 祁曉玲、酈先慧等：《維護農民權益機制研究──基於新中國成立以來黨和政府政策分析》，北京：科學出版社，2013年，第13頁。

8. 汪青松主編：《農民權益保護法律問題研究》，武漢：華中科技大學出版社，2014年，第47頁。

9. 高林遠、祁曉玲等：《新時期中國農民權益保障問題研究──基於城鄉一體化改革背景的理論與實踐反思》，北京：科學出版社，2017年，第3 5頁。

10. 汪青松主編：《農民權益保護法律問題研究》，武漢：華中科技大學出版社，2014年，第131–132頁。

權享受各種文化產品和政府提供的公共文化服務、農民有權進行文化藝術創造、農民對其創造的文化成果的權利以及農民享有文化利益的分享權。[11]

總體而言，雖然內容相對豐富，且保護力度逐年加大，但是內地農民權益保護的情況並不理想，這主要表現為：在政治上，內地農民遲至2010年才與城市居民享有同等的人民代表選舉權，旨在保障農民自治權的村民委員會定位不明，農村選舉中賄選等舞弊狀況頻出；在經濟上，內地農民的土地承包經營權性質模糊，宅基地使用權被嚴格限制流轉，失地農民的權益得不到有效保障；在社會上，內地農民作為公民的教育權、勞動權和遷徙權低於城鎮居民的平均水準，農民社會保障的覆蓋面相對較小，多數農民沒有被納入社會保障範圍內；在文化上，農村文化基礎設施無法滿足農民的需要，農民可享有的文化產品和服務亦低於城鎮居民的平均水準。一個無可否認的事實是，相對於城市居民，農民在經濟、政治、社會和文化方面處於劣勢的地位。[12]對此，不少學者作了思考和討論，有學者將農民權益受損的原因歸結於國家的剝奪，即在工業化和城市化過程中，國家通過剪刀差政策對農業剩餘的索取；[13]有學者認為農民權益受損的原因在於制度的歧視，即城鄉二元制對農民應當享有的國民待遇的剝奪；[14]有學者認為農民權益受損的制度根源在於虛幻的集體所有制，即生產資料名義上的集體所有和實際上的國家控制；[15]也有學者認為，內地農民權益保障困境的根源在於社會組織建構的缺陷：現有的產權制度本身就對農民極為不公，由於缺乏有效的利益表達組織，在權益受損時，

11. 高林遠、祁曉玲等：《新時期中國農民權益保障問題研究——基於城鄉一體化改革背景的理論與實踐反思》，北京：科學出版社，2017年，第6–7頁。

12. 汪青松主編：《農民權益保護法律問題研究》，武漢：華中科技大學出版社，2014年，第130頁。

13. 華生：《城市化轉型與土地陷阱》，北京：人民出版社，1992年，第56頁。

14. 羅大蒙、任中平：《現代化進程中的中國農民權利保障——從國家與鄉村社會關係的視角審視》，《西華師範大學學報（哲學社會科學版）》2009年第5期。

15. 高林遠、祁曉玲等：《新時期中國農民權益保障問題研究——基於城鄉一體化改革背景的理論與實踐反思》，北京：科學出版社，2017年，第37頁。

農民無法有效地組織起來主張其權益。[16]針對農民權益頻頻受損的情況，有學者呼籲制定《農民權益保護法》以切實保障農民的權益。[17]

（二）「新界」原居民權益與內地農民權益的相同點

在1898年之前，「新界」居民是華南的鄉村居民，與中國其他地區的鄉村居民無異。時至今日，多數的「新界」原居民依舊居於鄉郊，且被外界視為香港的鄉村居民，這一點與內地的農民並無二致。除共同的鄉村生活外，「新界」原居民與內地農民在權益上也有諸多相同點，具體可總結為：其一，「新界」原居民權益與內地農民權益的內容都相對廣泛，且以土地權益為核心。「新界」原居民的權益涵蓋財產權益、政治權益及傳統習俗等。在傳統權益之中，興建「丁屋」的權益顯然最為重要，也最受爭議。內地農民權益的內容也相對廣泛，涵蓋政治、經濟、社會和文化等方面，而其中最為重要的就是以土地為核心的經濟權益。城市化發展到今天，對於鄉村居民而言，土地仍然是一切權益的核心，也是其他權益的基礎。在土地權益之中，「新界」原居民與內地農民都有權（申請）在鄉村興建房屋，這類鄉村屋宇在「新界」稱為「鄉村小型屋宇」，而在內地稱為「小產權房」，二者都具有社會保障性質，且在買賣流通上都受到政策的限制。[18]

其二，「新界」原居民權益和內地農民權益都是城鄉分治的特殊產物。在殖民年代，由於特殊的法律地位及社會結構，「新界」被殖民者以一種異於香港島和九龍半島的方式管治，這種基於「新界」之特殊性而採用的差別治理方式被稱為「　港兩制」。[19]在這種制度安排下，「新界」原居民遵從與城鎮居民不同的法律與政策，並享有不同於城鎮居民的傳統權益。香港回歸後，這種傳統權益因《基本法》的承認而得

16.　朱新山：《中國農民權益保護與鄉村組織建構》，上海：上海大學出版社，2011年，第1頁。

17.　汪青松主編：《農民權益保護法律問題研究》，武漢：華中科技大學出版社，2014年，第47頁。

18.　張開澤：《香港「丁屋政策」與內地農村住房制度之比較》，《理論與改革》2006年第2期。

19.　劉潤和：《新界簡史》，香港：三聯書店，1999年，第70頁。

以保全。而在內地，城鄉二元制將擁有城鎮戶口的居民和擁有農業戶口的居民區分對待，這種制度安排被形象地稱為「城鄉分治，一國兩策」，[20]在這種制度安排下，農村居民的權益與城鎮居民的權益也大不相同。基於城鄉差異和歷史慣性，今日的「新界」不是香港的核心地帶，農村亦不是內地的核心區域。

其三，在城市化和工業化進程中，「新界」原居民權益和內地農民權益都曾受到不同程度的侵害。就「新界」而言，儘管有《展拓香港界址專條》和港督卜力《安民告示》的承諾，鄉民的權益仍然一再受到收地、土地確權、限制更改土地用途等政府行為的侵害。二戰後，「新界」的農業水源因港英政府的食水工程遭到破壞，再加上城市與鄉村之間的巨大差異，大量「新界」原居民被迫離開土地，到城市尋找新的生計。而就內地而言，在新中國成立後，農民的土地重新被收歸國有。在現行制度安排下，內地農民對土地只有使用權而無所有權，土地使用權的流轉也受到政策的嚴格管控。在徵地過程中，失地農民的權益很難得到保障。在巨大的城鄉差異下，大量的內地農民被迫背井離鄉，成為城市裏的「農民工」。從某種程度上講，「新界」原居民和內地農民都是城市化進程中的犧牲者。

其四，「新界」原居民權益和內地農民權益都存在一定的模糊空間，因而被都要求制定具體化的法律加以規範和保護。就「新界」原居民而言，何謂《基本法》第四十條保障的傳統權益，長期以來都是一個具有高度爭議性的話題，外界對「新界」原居民權益的質疑和攻訐，令鄉議局認為有必要制定一個具體化的立法來保障「新界」原居民的傳統權益，並爭取外界對「新界」原居民傳統權益的理解和支持。[21]而在內地，大多數所謂農民權益都為農民作為公民所應當享有的權益（如選舉權、勞動權、教育權、社會保障權等），農民因其特殊身份所應當享有的權益卻又語焉不詳（如土地承包經營權的法律性質、村民委員會的

---

20. 陸學藝：《走出「城鄉分治，一國兩策」的困境》，《讀書》2000年第5期。

21. 薛鳳旋、鄺智文：《新界鄉議局史：由租借地到一國兩制》，香港：三聯書店，2011年，第313頁。

法律定位）且受到各類國家和地方政策的限制（如小產權房的流轉），因而在內地出台一部《農民權益保護法》的呼聲也日漸高漲。

（三）「新界」原居民權益與內地農民權益的不同點

雖然同為鄉村居民，「新界」原居民與內地農民在權益上又有許多的不同，這些不同之處主要在於：其一，「新界」原居民的權益是基於獨特的憲制身份，而內地農民的權益卻是基於不同的法律和政策安排。就「新界」原居民而言，《基本法》第四十條明確賦予原居民以獨特的憲制身份，並承諾對其傳統權益加以保護。《基本法》第一百二十二條又規定，只要承租人依舊為「新界」原居民或其父系繼承人，則原舊批約地段、鄉村屋地、丁屋地和類似農村土地的租金維持不變。香港本地法例亦對「新界」原居民的身份有着清晰的界定，「新界」原居民的權益因而得到更為有效的保護。而在內地，《憲法》沒有賦予農民以任何公民之外的憲制身份，更沒有就農民權益的保護作出任何特殊的規定。法律和政策也沒有就內地農民的身份作確切的規定，作為農民身份識別的農業戶口之獲得和喪失亦欠缺規範。這就導致了，在多數時候，「新界」原居民可根據《基本法》主張其作為原居民的權益，而內地農民只能依據《憲法》主張其作為公民的權益。

其二，「新界」原居民的權益有着充分的表達機制，而內地農民的權益卻欠缺此類表達機制。在香港特區，「新界」原居民與其他香港市民享有無差別的選舉權，不論是立法會還是區議會都有足夠的「新界」原居民代表。除此之外，鄉議局一直扮演着「新界」原居民利益的堅定捍衛者。雖然隨着時間的推移，鄉議局不再只是代表原居民，而是代表整個由原居民和非原居民所組成的「新界」鄉村，但是現行的「雙村長制」仍然是一個對「新界」原居民有利的安排。這些安排確保了「新界」原居民的權益有足夠的表達機制。而在中國內地，農民的政治權益長期處於公民標準之下，遲至2010年，農村居民才享有與城市居民同等的人民代表選舉權。雖然《憲法》將村民委員會界定為基層自治組織，但是農村的村民委員會本質上與城市的居民委員會沒有區別，且

現行《村民委員會組織法》也無法充分保障村民委員會的自治性質，更難以有效表達農民的利益。[22]除此之外，從事各種行業的人士都有其專屬的行業組織，如工會、商會、教師協會等，但是內地農民卻沒有專屬於其自身的行業組織。由於沒有專屬的利益表達組織，內地農民在利益受損時也很難組織起來表達利益。

其三，「新界」原居民的權益高於一般香港市民權益水準，而內地農民的權益低於一般中國公民權益水準。《基本法》賦予香港居民廣泛的自由和權利，這些自由和權利無一不向「新界」原居民開放。在此基礎上，「新界」原居民還享有許多其他香港市民所不能享有的權益，如興建「丁屋」、山邊安葬以及搬遷特惠補償。總體而言，「新界」原居民的權益處於一般香港市民權益的水準之上，這也是為何某些非原居民的香港居民自視為被法律和政策歧視的一方。而在中國內地，情況恰恰相反，農民屬於賦權不足的一方。雖然《憲法》賦予所有中國公民以平等權，但是農民的政治、經濟、文化和社會權益長期處於一般水準之下。在很長的一段時間裏，內地農民甚至是被剝奪了其作為一般公民所應享有的國民待遇。此後，雖然政策和法律幾經調整，時至今日，內地農民的土地權益也不足以引起城市居民的歆羨。也正是因此，在中國內地，農民被認為是被法律和政策歧視的一方。如果以一般市民/公民的權益為標準，「新界」原居民的權益顯然處於一般水準之上，而內地農民的權益處於一般水準之下。

其四，「新界」原居民的某些權益將女性排除在外，而內地農民的權益卻沒有此類性別門檻。作為傳統宗族體系的繼承者，許多「新界」原居民仍然踐行着某些父權社會的傳統。在這種父權體系之下，部分「新界」原居民的權益並不向女性原居民開放。甚至在某些情況下，原居民的女兒是否具備原居民之身份也是有爭議的。[23]以「小型屋宇政策」為例，只有年滿18歲的男性原居民才有權申請興建「丁屋」，女性

---

22. 汪青松主編：《農民權益保護法律問題研究》，武漢：華中科技大學出版社，2014年，第39頁。

23. 鄭家駒：《香港新界原居民特權身份的歷史建構過程》，《文化研究》2011年第1期，總第23期。

原居民被排除在此項政策安排之外。此外，在很長的一段時間裏，女性原居民的（土地）繼承權也被法律和政策否定，[24] 這也是為何「新界」原居民權益屢被指責涉嫌歧視女性。而在中國內地，經過社會主義改造後，原有的宗族和父權體系被連根拔起，男女平等作為一項憲法原則，被無差別地適用於城市和農村，農村女性所受的法律和政策歧視因此也較少（或者說並不明顯）。[25] 以宅基地使用權為例，內地住房用地之申請以戶為單位，沒有對申請者的性別作明文限制。[26] 在繼承權方面，《繼承法》規定的男女平等也同等地適用於城市和鄉村，未見對鄉村女性的歧視。

其五，「新界」原居民的權益得到了相對充分的保障，而內地農民的權益卻沒有得到充分的保障。除法律賦權的程度不同外，「新界」原居民的權益和內地農民的權益的受保障程度也大相逕庭。自《基本法》實施以來，特區政府將「新界」原居民的權益作為一項憲制安排來尊重和保護，回歸二十餘年來沒有出現特區政府侵害「新界」原居民權益的情形。當發生利益衝突時，在多數情況下，特區政府選擇向「新界」原居民作出妥協。以搬遷補償為例，相較於其他非原居民村落，「新界」原居民村落並不會成為特區政府清拆的首選；即使村落被清拆或搬遷，「新界」原居民也總是能夠得到特惠補償。[27] 可以說，相較於其他香港市民而言，「新界」原居民屬於被嫉妒的「特權階級」，因而社會上要求削減「新界」原居民的呼聲較高。而在中國內地，在法律賦權不足的情況下，農民的權益更頻繁受到政策的侵害，且農民權益被侵害

---

24. 魯比·沃森：《婦女的權利和香港原住民權之爭：挑戰「殖民地」理念》，周彥譯，《廣西民族大學學報（哲學社會科學版）》2009年第6期。

25. 當然，應當指出的是，在規範上，雖然內地法律和政策要求，在農村/農民權益中貫徹男女平等，但是在實踐中，基於某些歧視性的傳統觀念及民間習俗，內地農村女性，尤其是出嫁女性，容易成為歧視的對象。參見程雪陽：《農村女性土地權益保護制度迷宮的破解及其規則再造》，《清華法學》2019年第4期；曲相霖：《農村土地財產權男女平等保障機制探討》，《法學》2019年第9期；陳端洪：《排他性與他者化：中國農村「外嫁女」案件的財產權分析》，《北大法律評論》2003年第00期。

26. 張開澤：《香港「丁屋政策」與內地農村住房制度之比較》，《理論與改革》2006年第2期。

27. 鄭家駒：《香港新界原居民特權身份的歷史建構過程》，《文化研究》2011年第1期，總第23期。

後可以尋求的法律救濟也十分有限。相較於城市居民而言，內地農民是被歧視的「弱勢群體」，因而社會上要求強化農民權益的呼聲較高。

二、 「新界」原居民權益與台灣「原住民」權益

自「一國兩制」被率先用於解決香港問題以來，香港與台灣這兩片東南沿海的中國領土常常被當作比較的對象。事實上，除地理上的毗鄰之外，香港與台灣確有諸多相似之處，譬如兩地都曾經受相當時間的殖民統治、兩地都行異於祖國大陸的資本主義制度以及近來兩者都受地方分離主義的困擾。除此之外，兩地都有一個特殊的群體——「新界」的原居民與台灣的「原住民」。當下，這兩個群體都享受着各自社會中其他群體無法享受的權益。對比兩個群體的權益有助於把握二者的共性和特性，從而更好地理解本書的主旨。

(一) 台灣「原住民」及其權益概述

台灣「原住民」，即大陸所稱的高山族，是台灣地區的少數民族，也是台灣所謂「四大族群」(即「原住民」、「閩南人」、「客家人」和「外省人」) 之一。[28]「原住民」據信是台灣最早的住民；關於台灣「原住民」的起源，學界作了不少猜想和考證，其中被廣泛接受的學說有「大陸起源說」、「中南半島起源說」、「亞洲大陸東南沿海地區起源說」、「西新畿內亞起源說」和「台灣起源說」等。[29] 雖然並非所有證據都指向台灣「原住民」來自祖國大陸，但考古學以及現代基因科學都證明台灣「原住民」的確是中華民族的血緣親裔。[30] 值得指出的是，台灣「原住民」並非一個單一的民族，截至目前，台灣地區共有16個官方認定的「原住民族」：阿美族、泰雅族、排灣族、布農族、卑南族、魯

---

28. 郝時遠：《台灣的「族群」與「族群政治」析論》，《中國社會科學》2004年第2期。

29. 陳傑主編：《台灣原住民概論》，北京：台海出版社，2008年，第10–12頁。

30. 同上，第13頁。

凱族、鄒族、賽夏族、雅美族以及邵族、噶瑪蘭族、太魯閣族、撒奇萊雅族、賽德克族、拉阿魯哇族、卡那卡那富族。[31] 由於當前台灣當局的「民族識別」工作仍在進行中，因而可以預測將來還會有新的族群被核定為台灣「原住民族」。[32] 台灣「原住民」有自己的語言但沒有文字；根據語言發聲學可將「原住民」的語言歸為南島語系。同樣地，南島語系也並非一種語言，而是可細分為23種或更多的龐雜語系。[33] 早期的「原住民」多數居於山區，但是近代化和都市化以來，相當數量的「原住民」移居到都會地區，融入城市生活。[34] 根據台灣當局的統計數據，截至2017年底，台灣「原住民」人口為559,426，佔台灣總人口數的2.37%。[35]

　　漢文史料有關台灣「原住民」的記載最少可上溯至三國時期。據載，孫權曾於黃龍二年（西元230年）譴魏溫、諸葛直將士萬人至台灣。[36] 此後，大陸間或與台灣往來。朝廷於南宋乾道六年（西元1170年）派水軍駐守澎湖，又於元朝至元二十九年（西元1292年）設澎湖巡檢司。明朝崇禎十四年（西元1641年），荷蘭侵佔台灣全島；清朝順治十八年（西元1661年），鄭成功率兵收復台灣，此後大量中原漢人移居台灣。康熙二十二年（西元1683年），福建水師提督施琅受命統一台灣。清政府依照歸化程度，將台灣少數民族分為「生番」和「熟番」，在一段時間的民族隔絕政策之後，選擇「劃界立石」和「開山撫墾」並舉的民族政策。[37] 1895年，日本侵佔台灣，當局將台灣的少數民族

31. 台灣「原住民族委員會」官方網站：https://www.apc.gov.tw/portal/index.html，最後訪問日期：2018年10月16日。

32. 彭紅軍：《中華民族共同體建構的法律保障——以台灣原住民族的法律地位為例》，《重慶社會主義學院學報》2016年第4期。

33. 陳傑主編：《台灣原住民概論》，北京：台海出版社，2008年，第43-46頁。

34. 黃樹民、章英華：《台灣原住民政策變遷與社會發展》，台北：中央研究院民族學研究所，2010年，第15頁；郝時遠：《當代台灣的「原住民」與民族問題》，《民族研究》2003年第3期。

35. 「中華民國內政部」官方網站：https://www.moi.gov.tw/stat/news_detail.aspx?sn=13334，最後訪問日期：2018年10月16日。

36. 陳建樾：《台灣「原住民」歷史與政策研究》，北京：社會科學文獻出版社，2009年，第25頁。

37. 同上，第26-29頁。

稱為「蕃族」，後又將「蕃人」改稱為「高砂族」，對「高砂族」進行「皇民化」教育，日本學者在清代「生番」和「熟番」的基礎上，將台灣「原住民」分為「高砂族」和「平埔族」。【38】1945年，國民黨政府接管台灣，當局一度將台灣的少數民族稱為「高山族」，1947年又飭令將「高山族」改稱為「山地同胞」。在1980年之前，國民黨當局之「原住民」政策的重點在於使「原住民」由「化外」變為「化內」，將「原住民」同化為漢人的「山地同胞」，沒有把「原住民」政策作為民族政策來處理，而這種試圖抹煞台灣族際關係的做法引起了「原住民」的不滿和民族主義情緒。【39】1983年，以民間出版物《高山青》為標誌，台灣「原住民」的族群意識開始覺醒，得到「黨外編輯作家聯誼會」支持後，《高山青》的理念逐漸成為一股有影響力的社會思潮，隨之掀起了一波又一波的「原住民」權利運動。【40】

　　台灣「原住民」運動的興起恰逢台灣省籍矛盾暗潮湧動、國民黨威權統治鬆動、黨外反對運動風起雲湧之際。由於「原住民」自帶的悲情色彩及道德資本，「原住民」精英很快成為鼓噪「台獨」的黨外勢力（尤其是民進黨）拉攏和利用的對象，而「原住民」運動也因此走上了一條「族群化」和「民粹化」之路。【41】1984年12月，「台灣原住民權利促進會」（簡稱「原權會」）成立，自此「原住民」的稱謂為台灣傳媒界、宗教界和學術界廣泛運用。【42】1987年，「原住民權利促進會」改名為「原住民族權利促進會」，一字之差表明「原住民」運動訴求的焦點由個體權利轉移到群體權利、由社會議題轉移到政治議題。【43】次年，更

38. 郝時遠：《當代台灣的「原住民」與民族問題》，《民族研究》2003年第3期。

39. 陳建樾：《台灣「原住民」歷史與政策研究》，北京：社會科學文獻出版社，2009年，第42頁。

40. 周典恩：《台灣原住民運動的訴求與困境》，《重慶社會主義學院學報》2013年第6期。有關台灣「原住民」運動之詳情，參見汪明輝：《台灣原住民族運動的回顧與展望》，載張茂桂、鄭永年主編：《兩岸社會運動分析》，台北：新自然主義，2003年，第95-135頁。

41. 郝時遠：《台灣的「族群」與「族群政治」析論》，《中國社會科學》2004年第2期。

42. 郭家翔：《「原住民」概念在台灣的應用及其歷史過程》，《滿族研究》2017年第2期；周典恩：《台灣原住民運動的訴求與困境》，《重慶社會主義學院學報》2013年第6期。

43. 陳建樾：《台灣「原住民」歷史與政策研究》，北京：社會科學文獻出版社，2009年，第57頁。

名後的「原權會」對外發表了《台灣原住民族權利宣言》，宣稱台灣「原住民」屬於南島民族，而非炎黃子孫，是台灣的「唯一主人」。台灣「原住民」運動最主要的三大訴求是：「正名」、「還我土地」以及「原住民族自治」。據統計，自1987年至2001年，「原住民」街頭抗爭共計279起，訴求涉及政治、經濟、教育、環境、社會、法制、醫療等。[44]由於「原住民」的頻密抗議及民進黨的民粹操作，台灣當局不得不在「原住民」政策方面作出調整。1994年，「國民大會」在「修憲」中將被視為對「原住民」有污名化之嫌的「山地同胞」改為「原住民」；1996年，「行政院」正式設立「原住民委員會」；1997年，第四次「修憲」再次將「原住民」改為「原住民族」，承諾保障「原住民族」的各種權益；1998年，「原住民族教育法」出台；2001年，「原住民身份法」頒行；2005年，「原住民族基本法」通過。

　　不得不承認的是，持續十餘年的「原住民」運動在爭取「原住民」權益方面的確取得了一些成就。然而，進入21世紀後，由於「原住民」團體組織鬆散及外部勢力的操縱和干預，「原住民」運動逐漸成為強弩之末，在許多議題上都是「只聞雷聲，不見雨點」。[45]截至目前，台灣「原住民」權益的主要法律依據為「中華民國憲法」、「原住民族教育法」、「原住民族身份法」、「原住民族基本法」、「原住民族工作權保障法」、「原住民族語言發展法」等，權益範圍涵蓋了政治、經濟、語言、就業、文化、教育等多個方面。[46]從「原住民」運動的三大訴求來看，「正名」的訴求基本已經實現，然而另外兩個訴求——「還我土地」和「原住民族自治」雖然得到台灣當局的承諾，但是限於歷史條件和現實情況，將不可避免成為空洞的口號和承諾。[47]事實上，2016

44. 黃玲華：《台灣原住民族運動的國會路線》，台北：財團法人國家發展文教基金會，2005年，第61頁。

45. 周典恩：《台灣原住民運動的訴求與困境》，《重慶社會主義學院學報》2013年第6期。

46. 筆者查閱台灣地區「全國法規資料庫」，以「原住民」為檢索關鍵字，共檢索到59項現行「中央法規」，詳情見：https://law.moj.gov.tw/Index.aspx，最後訪問日期：2018年10月18日。

47. 郝時遠：《當代台灣的「原住民」與民族問題》，《民族研究》2003年第3期。

年蔡英文上台之後，雖提出「轉型正義」和「原住民史觀」等美麗的口號，但是在落實「原住民」自治權方面的建樹乏善可陳。[48]與此同時，大陸官方繼續以「高山族」或「台灣少數民族」指稱台灣的「原住民」，這一方面是因為「五十六個民族是一家」的觀念已經深入人心，大陸方面早已完成民族識別的工作，而「高山族」已經被國家認定為少數民族之一，[49]另一方面是因為中國政府在土著問題上的既定立場是——「中國雖然沒有土著人問題，但一直積極支持和參與國際社會對土著人權利的保護行動。」，[50]至於將來台灣「原住民」及其權益會否得到大陸官方的承認，尚有待觀察。

(二) 「新界」原居民權益與台灣「原住民」權益的相同點

作為香港和台灣的兩個特殊群體，「新界」原居民與台灣「原住民」都享有各自社會中其他群體所不能享有的特定權益；這些權益有着諸多的相似之處，主要可總結為：其一，「新界」原居民的權益與台灣「原住民」的權益都有明確的「憲制依據」。作為兩地的特殊群體，「新界」原居民和台灣「原住民」都擁有獨特的「憲制身份」。在香港，《基本法》第四十條明文規定：「新界」原居民的合法傳統權益受香港特別行政區的保護。而香港本地法例（如《地租（評估及徵收）條例》）也對原居民之含義作了清晰的界定。在台灣，「中華民國憲法」第十條明文規定：「國家」肯定多元文化，並積極維護發展「原住民族」語言及文化」；「國家」應依民族意願，保障「原住民族」之地位及政治參與，並對其教育文化、交通水利、衛生醫療、經濟土地及社會福利事業予以

---

48. 曹瑞泰：《台灣原住民族權益與自治區發展的法制規劃研究》，《統一論壇》2017年第6期。

49. 彭紅軍：《中華民族共同體建構的法律保障——以台灣原住民族的法律地位為例》，《重慶社會主義學院學報》2016年第4期。

50. 陳建樾：《台灣「原住民」歷史與政策研究》，北京：社會科學文獻出版社，2009年，第23頁；《常駐聯合國代表團姚紹俊在土著人問題常設論壇亞洲地區專題對話中的發言》，載中華人民共和國常駐聯合國代表團官網，原文鏈接：https://www.fmprc.gov.cn/ce/ceun/chn/zgylhg/shhrq/t1164596.htm，最後訪問日期：2018年10月17日。

保障扶助並促其發展，其辦法另以「法律」定之。有關台灣「原住民」身份的認定，「原住民身份法」亦有詳細的規定。

其二，「新界」原居民的權益與台灣「原住民」的權益都是由不懈的抗爭得來的。作為歷史上的「被剝奪者」，「新界」原居民與台灣「原住民」都為其權益展開過艱難的鬥爭。在香港，不像許多後來者認為的那樣（「新界」原居民與港英政府之間只有勾結和共謀），「新界」原居民為其權益與港英當局進行了長達數十年的鬥爭、交涉與斡旋，直至七、八十年代才與殖民政府達成妥協，這種由鬥爭和妥協得來的權益最終為《基本法》所確認。在台灣，「原住民」群體同樣為其權益與當局作了長達十餘年的鬥爭，最終才換來當局承認的各種政治、經濟、文化、社會等權益。尤其值得一提的是，在爭取權益的過程中，作為「關鍵的少數」，「新界」原居民與台灣「原住民」都曾得到互為競爭對手的雙方提出的「權益競價」：在中英談判期間，為爭取「新界」原居民的支持，中英雙方都就「新界」原居民的權益作出過承諾；[51]而在台灣的政黨競爭中，為爭取台灣「原住民」的支持，國民黨和民進黨競相與「原住民」建立合作關係，並就「原住民」權益作出各種承諾。[52]

其三，「新界」原居民的權益與台灣「原住民」的權益都有相應的代表機制。在香港，除地區直選分配給「新界」的18個議席外，立法會的功能界別還專門為鄉議局留出1個席位。這種安排保證了立法會裏有足夠的「新界」原居民代表。此外，作為法定諮詢機構的鄉議局也是「新界」原居民權益的忠實代表。多年來，鄉議局為「新界」原居民的權益不停奔走呼號，在維護「新界」原居民權益方面取得了不少的成效。而在台灣，「行政院」設有專門的「原住民族委員會」（簡稱為「原民會」），負責統籌規劃「原住民」事務；「原民會」在推進「原住民」權益方面亦作出了不少貢獻。「立法院」選舉專門劃出「原住民選舉區」，

---

51. 薛鳳旋、鄺智文：《新界鄉議局史：由租借地到一國兩制》，香港：三聯書店，2011年，第286–292頁。

52. 周典恩：《台灣原住民運動的訴求與困境》，《重慶社會主義學院學報》2013年第6期。

確保有足夠的「原住民」擔任「立法委員」。2000年之前,「原住民族權利促進會」長期致力於推進台灣「原住民」權益;2016年蔡英文上台後又成立了所謂的「總統府原住民族歷史正義與轉型正義委員會」(簡稱「原轉會」)以實現「原住民」的「轉型正義」。此外,台灣境內還有各種大大小小的「原住民」宗教組織、「部落會議」及「聚落組織」。

其四,「新界」原居民的權益與台灣「原住民」的權益中都包含了關鍵的土地訴求。在香港,1898年之前,「新界」的土地大多為私有,且土地用途不受官方限制。殖民管治之後,當局宣佈「新界」之土地為「官地」,並嚴格限制鄉民改變土地用途。儘管如此,「新界」原居民仍然自視為「新界」的主人,且認為在祖傳的土地上建屋是其固有權益。香港回歸後,「新界」原居民的某些土地權益得到法律和政策的承認,且這些土地權益成為「新界」原居民權益的核心要素。而在台灣,據稱,在被納入國家統治之前,「原住民」是台灣全境之土地及自然資源的「唯一主人」。在國家統治建立之後,尤其是日本殖民統治後,「原住民」的土地開始因沒收、租讓、開發、佔用、保育等原因而大量流失。八十年代以來,經過「原住民」運動的不懈抗爭,台灣「原住民」的土地及自然資源權利重新得到當局的承認(見「原住民族基本法」第11條、第16條)。雖然「歸還土地」及「恢復原住民族部落及山川傳統名稱」的訴求暫時未(或許永遠都無法)充分實現,但土地被認為是關乎台灣「原住民」之生存、認同與發展的關鍵權益。[53]

(三) 「新界」原居民權益與台灣「原住民」權益的不同點

作為香港和台灣的特殊群體,「新界」原居民與台灣「原住民」在權益方面又有諸多不同之處,具體可歸結為:其一,「新界」原居民權益與台灣「原住民」權益的本質不同:前者是一項特殊的地域政策,後者是一種特殊的民族政策。儘管特殊身份有憲制保障,「新界」原居民畢

---

53. 杜韻如:《還我土地 保障生計》,《原住民族季刊》2013年第3期,總第20期,第12–13頁。

竟不是香港的少數民族，而是香港主流社會的組成部分。因此，當局對「新界」原住民權益的保護只是一種特殊的地域政策，這種安排即使得到了憲制性文件的承認，也不足以成為一種民族政策。而在台灣，「原住民」是無可爭議的少數民族，是一個異質性較高的群體，有別於台灣主流的漢人社會。因而，對「原住民」權益的保護不單純是一種地域政策，而是一種民族政策。此外，作為台灣的「土著人」（儘管大陸方面不承認有土著問題），「原住民」還可援引《聯合國原住民族權利宣言》等國際性文件主張權益，而「新界」原住民由於不是少數族裔，只能援引國內（包括香港本地）法例和政策主張權益。

其二，「新界」原居民權益與台灣「原住民」權益背後的理念不同：前者是出於對傳統的尊重，而後者是為了對正義的補償。「新界」原居民世代居於「新界」，沿襲着千百年來的農耕傳統。即使在殖民年代，當局剝奪了原居村民的某些傳統權益，但這些傳統權益沒有喪失殆盡，且經數十年的鬥爭和交涉，原居村民的傳統權益重新得到當局的承認。對於「新界」原居民，當局的這種承認不是恩賜，不是優待，不是為他們創設了什麼權益，而是承認了他們固有的權益，是對原有政策的延續，是出於對傳統的尊重。而在台灣，在大陸移民抵達之前，「原住民」確是台灣的「唯一主人」，然而在此後的數百年裏，「原住民」被當作「番」來征服、壓迫和同化，他們的土地及其他權益在歷史進程中大量流失，直到今日，「原居民」喪失土地及傳統生活領域已成事實。1990 年後，台灣當局對「原住民」權益的保護和推進，是為了恢復「原住民」已經喪失的權益，目的在於補償在歷史上作為「受害者」的「原住民」，是一種補償的或矯正的正義。

其三，「新界」原居民權益與台灣「原住民」權益的核心訴求不同：前者主要在於經濟權益，而後者側重於政治權益。由於「新界」原居民不是香港的少數民族，也不是通常意義上的土著居民，因而「新界」原居民可主張的特殊政治權益並不多，他們至多能根據香港本地法例主張經濟及其他傳統權益。換言之，「新界」原居民權益之核心在於經濟利益，這也是為何「新界」原居民屢被指責為了經濟利益而「捏造傳

統」。[54]而在台灣，「原住民」運動的三大訴求「正名」、「還我土地」和「原住民族自治」都遠不止於經濟權益。雖然「還我土地」明顯是為了土地等經濟利益，但是要求承認「原住民」作為台灣的「唯一主人」、恢復他們對土地的「自然主權」，實現「原住民族」的自治，不可避免地是一種政治訴求。尤其是近期醞釀甚久但成效甚少的「原住民族自治」運動，「原住民」提出的自主、自決、自治等訴求明顯是為了確認「原住民」的政治權益。正是因為政治訴求當中包含的道德資本與國際空間，「原住民」權益才成為「台獨」勢力裏挾的對象。

其四，「新界」原居民權益與台灣「原住民」權益的實現程度不同：前者大部分已經落實，而後者多淪為空洞的宣示。「新界」原居民權益多為經濟權益，大多是由歷史傳承下來的傳統權益，且有法律和政策的明文保障，所以大多數已成為事實。而在台灣，「原住民」權益在二十世紀九十年代才得到當局的承認，現時多數的「原住民」權益仍停留在政策宣示階段。以「原住民」運動的三大訴求為例，雖然這些訴求陸續得到了當局的承認，但是到目前為止，真正實現的唯有「正名」一項。不論台灣當局是否付出真誠的努力，「還我土地」和「原住民族自治」的可實現性都是可疑的：就「還我土地」而言，理論上講，在大陸移民到達台灣前，整個台灣島都是「原住民」的「傳統領域」，即使將時間推至日本侵佔台灣之時，佔台灣人口2%左右的「原住民」對台灣近一半的土地都有「自然主權」，然而歷史造成「原住民」失去土地已經是既成事實，此時要求恢復「原住民」的「自然主權」無異於要求時間倒流；就「原住民族自治」而言，無論是「民族自治」或是「區域自治」，都無可避免地涉及「自治區」的劃定和政治權力結構的設計，而這些問題都具有高度爭議性和複雜性。[55]自2001年至今，醞釀了十餘年的「原住民族自治法」仍未出台，即是一個很好的例證。

---

54. Selina Ching Chan, Colonial Policy in a Borrowed Place and Time: Invented Tradition in the New Territories of Hong Kong, *European Planning Studies*, 1999, vol. 7, no. 2, pp. 231–241.

55. 郝時遠：《當代台灣的「原住民」與民族問題》，《民族研究》2003年第3期。

其五，「新界」原居民權益與台灣「原住民」權益的開放程度不同：前者僅向原居民的父系後裔開放，而後者同時向「原住民」的父系和母系後裔開放。在香港，根據《地租（評估及徵收）條例》（香港本地法例第515章）第2條，「原居村民」（indigenous villager）指在1898年時是香港原有鄉村的居民或其父系後裔。也就是説，只有父系後裔才有可能享有「新界」原居村民的各項權益，母系後裔因不具備原居村民之身份而無法享受此類權益。而在台灣，「原居民身份法」第4條規定：「原住民」與「原住民」結婚所生子女，取得「原住民」身份；「原住民」與「非原住民」結婚所生子女，從具「原住民」身份之父或母之姓或「原住民」傳統名字者，取得「原住民」身份。這意味着，只要父母之一方具備「原住民」身份，子女就可取得「原住民」身份，從而可以享受各種「法律和政策」規定的「原住民」權益。此外，在香港，特定的「新界」原居民權益（如興建「丁屋」的權利）僅向男性原居民開放，而在台灣，「原居民」的權益沒有（或者説較少見）此類性別限制。

其六，「新界」原居民權益與台灣「原住民」權益中蘊含的政治風險不同：前者之政治風險程度低，後者之政治風險程度高。由於「新界」原居民不是香港的少數民族，且與香港主流社會沒有本質性的差異，故保障「新界」原居民的權益不會牽涉任何民族主義情緒，更不會帶來分離主義的風險。「新界」原居民也總是在現有的憲制框架下爭取其權益，沒有實現「憲政顛覆」的野心和可能。事實上，「新界」鄉議局是香港重要的建制派力量之一。然而，在台灣，儘管保障「原住民」權益帶有「道德光環」，但是「原住民」始終是一個異質性程度高的群體，其與主流的漢人社會有着較大的差異。在歷史上，「原住民」是受壓迫和同化的族群。現時，「原住民」的稱謂有着強烈的受害者意味，暗含著對壓迫者和後來者的控訴。[56]「原住民」作為「土著人」的道德正當性，及其與國際「土著人運動」的關聯，令其成為台灣「四大族群」之中唯一具有「國際空間」的群體。在民進黨等「台獨」勢力的操控之

---

56. 郭家翔：《「原住民」概念在台灣的應用及其歷史過程》，《滿族研究》2017年第2期。

下，「原住民」的「自決」等政治訴求成為謀求「台獨」和爭取「國際空間」的資本。[57]在這種背景下，台灣「原住民」權益很容易被「台獨」勢力裹挾，淪為分離主義的借詞。

三、「新界」原居民權益與加拿大土著人權益

在主張其權益應受《基本法》保護時，「新界」原居民曾自比為海外土著居民。[58]事實上，相對於1898年後抵達的英國殖民者，「新界」原居民的確是某種程度上的「先住民」，因而將「新界」原居民與海外土著居民對比也未嘗不可。有學者就曾將「新界」原居民的權益放置國際語境下考察，[59]但是各國之國情及政策各不相同，這種籠而統之的討論未免因過於寬泛而失焦，故選取特定國家的土著居民政策作為參照物更為適宜。放眼世界，美國、加拿大、新西蘭和澳大利亞都面臨突出的「原住民」問題；[60]而在四國之中，加拿大在少數人權利保障方面又獨樹一幟，不僅有成功的經驗，而且有失敗的教訓。[61]因此，綜合以上考慮，將加拿大土著人確定為比較對象較為適宜。對比「新界」原居民與加拿大土著人，揭示兩個群體享有權益的異同，有助於更好地理解本書的主旨。

---

57. 郝時遠：《當代台灣的「原住民」與民族問題》，《民族研究》2003年第3期。

58. 《新界原居民權益研討會——新界原居民原有之合法權益及傳統習慣》，文件編號：CCBL-SG/RDI-INTI-01-RP01-861220，資料來源：http://ebook.lib.hku.hk/bldho/pdf/L011.pdf，最後訪問日期：2018年10月12日。

59. 劉家儀：《〈香港基本法〉第四十條的解釋——以「丁屋」政策為例》，中國人民大學碩士學位論文，2011年，第15–24頁。

60. 馬戎：《民族研究中的原住民問題（上）》，《西南民族大學學報（人文社會科學版）》2013年第12期；馬戎：《民族研究中的原住民問題（下）》，《西南民族大學學報（人文社會科學版）》2014年第1期。

61. 耿焰：《少數人的差別權利——以加拿大為對象》，山東大學博士學位論文，2011年，第5–6頁。

（一）　加拿大土著人及其權益概述

加拿大土著人（Aboriginal Peoples），根據加國憲法規定，包括印第安人（Indians）、因紐特人（Inuit）和梅蒂斯人（Metis）。[62] 在晚近的中文研究中，也有學者將加拿大土著人稱作「原住民」，[63] 但考慮到「原住民」稱謂的特殊政治意涵，本書選擇遵從漢語言習慣，將加拿大的這一特殊群體稱為「土著人」。作為典型的多民族國家，加拿大有超過100個民族，這些民族大致可分為四大族群：英裔加拿大人、法裔加拿大人、土著加拿大人以及新移民加拿大人。[64] 相較於後來的殖民者和新移民，土著人是美洲大陸最早的主人，他們在當地居住的時間少則幾百年，多則上萬年。印第安人據信是美洲最早的居民，他們於25,000年前由亞洲遷徙至美洲，過著原始的部落生活。在歐洲移民進入加拿大時，印第安人共有40多個部落和20多個民族。印第安族群內部有不同的語言和文化，但他們的語言被統一稱為印第安語，其下又可劃分為10個語族和58種語言。[65] 因紐特人，舊稱愛斯基摩人，多居於海灣與河口，其抵達加拿大的時間稍晚於印第安人，但據考證也有四五千年的歷史。因紐特人是單一民族，可分為5個支系；雖有不同方言，但不同支系可以交流。[66] 梅蒂斯人是歐裔男性與土著女性結合所生後裔，19世紀後半葉因獨特的混合文化而成為單一民族，於二十世紀八十年代獲加拿大當局承認為土著民族。[67] 據加拿大官方統計，截至2016

---

62. 1982年《加拿大聯邦憲法》第35條。參見加拿大聯邦司法部官網，原文鏈接：https://laws-lois.justice.gc.ca/eng/Const/page-16.html#h-52，最後訪問日期：2018年11月3日。

63. 參見吳江梅、朱毓朝：《加拿大原住民自治政府：聯邦主義下制度構建與政治文化相背離的困境》，《民族研究》2003年第4期；董雪梅、於宏博：《加拿大原住民語言保護因素分析及其對中國的啟示》，《遼寧師範大學學報（社會科學版）》2015年第5期；鄒磊磊、付玉：《北極原住民的權益訴求——氣候變化下北極原住民的應對與抗爭》，《世界民族》2017年第4期；徐輝、楊琴：《加拿大原住民高等教育範式及其合理性分析》，《教育理論與實踐》2018年第15期。

64. 周少青：《淺析加拿大聯邦的民族（族群）結構》，《貴州民族研究》2017年第10期。

65. 阮西湖：《加拿大民族志》，北京：民族出版社，2004年，第23–34頁。

66. 同上，第103–113頁。

67. 同上，第121–122頁。

年，加拿大土著人口為 1,673,785，佔加拿大聯邦總人口的 4.9%。[68]

加拿大當局的土著政策因時而異，迄今經歷過種族同化、民族熔爐和多元主義等階段。[69]據學者梳理，加拿大土著群體的政治身份共經歷了五個階段的歷史變遷：第一階段為殖民者抵達後至 1763 年：在此期間，土著人周旋於英法殖民者之間，其權利和地位取決於與殖民者簽訂的條約，總體而言，有關土著人權益的條約做到了公平互利；第二階段為 1763 年至 1867 年：七年英法戰爭後，英國殖民者取得北美大陸的控制權，於 1763 年發佈《王室宣言》（Royal Proclamation），與土著人簽訂了系列條約，並將土著人確立為受政府監護群體；第三階段為 1867 年至 1969 年：此階段的土著政策以剝奪和同化為主，政府一面通過大量不平等條約從土著人處攫取土地，一面強制區隔/同化土著人與主流社會，1876 年的《印第安人法》集中體現了殖民者對土著人的壓迫和剝削；第四階段為 1969 年至 1971 年：1969 年特魯多政府出台「印第安人白皮書」，主張廢止印第安人的特別權利，將印第安人納入平等的公民框架之下，但遭到印第安人的強烈反對；第五階段為 1971 年至今：以 1971 年的「多元文化」政策為標誌，加拿大土著人的權益進入了新紀元，此後，土著人不僅鞏固了平等的公民權，而且獲得了非土著人所不能享有的土地權利和自治權利等，形成了一種獨特的「加權公民」身份。[70]現時，在多元文化政策的保護下，土著人享有某種程度上的「超國民待遇」，但就總體的政治經濟狀況而言，土著居民仍然是加拿大無可否認的弱勢群體。

---

68. 《加拿大2016年人口普查》，參見加拿大聯邦統計局官網，原文鏈接：https://www12.statcan.gc.ca/census-recensement/2016/dp-pd/index-eng.cfm，最後訪問日期：2018年11月3日。值得說明的是，有學者指出，在加拿大，正式登記在冊的土著人才被視為有土著身份的土著人。但是，在人口普查時，土著人的統計依據居民自報，而不依據登記在冊的土著人情況。因而，人口普查所得的土著人口，與登記在冊的土著人口有出入，通常前者要比後者高出一倍。參見王助：《加拿大土著人身份法律確認的演變及現狀》，《世界民族》2007年第5期。

69. 劉麗麗：《加拿大：從「同化」到「多元文化主義」》，《中國民族報》，2016年8月19日，第008版；徐利英：《從契約與法案看加拿大土著民族的權利演變》，《科學經濟社會》2013年第1期。

70. 周少青、馬俊毅：《加拿大印第安人政治身份的歷史變遷及「加權公民」之困境》，《民族研究》2016年第2期。

　　近百年來，尤其是上個世紀六、七十年代後，隨著土著民族意識的覺醒，加拿大土著人為權益進行了不懈的抗爭，而加拿大政府亦因應時勢及時調整土著政策，確保土著居民在聯邦的框架下安居樂業乃至融入主流社會。[71] 現時，涉及土著人權益的法案主要有 1982 年《加拿大憲法》、1982 年《印第安人法》、1985 年《C-31法》以及 1763 年《王室宣言》等。由於這些法案只是籠統地規定了土著人權益應受保護，而未指明土著人受保護的權益具體為何，再加上加拿大又是一個普通法國家，因此土著人權益的內容主要靠各級法院的司法判例闡明。自 1970 年至今，加拿大法院就土著居民的權益作了系列判決，確定了土著人的權益涵蓋文化權利、歷史權利、條約權利、土地權利及自治權利等方面。[72] 有學者將加拿大土著人的權益分為三個層次：原生權（generic rights）、次原生權（intermediate generic rights）和特殊權（specific rights）。原生權是土著人固有的權利，在加拿大主權設定之前即存在，包括土著人土地權、保持文化完整權、訂立條約權、保持習俗法律權、政府合理待遇權及自治權；而次原生權則是加拿大主權設定之後，在原生權之下由特殊狀況衍生的信託權；特殊權則是由原生權或次原生權衍生的關乎具體事例的權利。原生權之下有次原生權，次原生權下又有特殊權，三者之間的關係類似於憲法、法律與命令。[73] 由於加拿大土著人權益的內容主要靠司法判例來確定，而司法判例又總是有調整或變動的空間，故加拿大土著人的權益存在一定的不確定性。

（二）「新界」原居民權益與加拿大土著人權益的相同點

　　作為香港和加拿大的特殊群體，「新界」原居民與加拿大土著人都享有各自社會其他群體所不能享有的權益，這些權益有諸多共同之

---

71. 參見董德順：《加拿大土著民艱辛的維權之路》，《世界民族》2007年第5期；郭躍：《加拿大土著民族土地權利問題的歷史與現狀》，《大連大學學報》2011年第4期。

72. 周少青：《加拿大多民族國家構建中的國家認同問題》，《民族研究》2017年第2期。

73. 李憲榮：《加拿大的法定原住民權》，《台灣原住民族研究學報》2011年第1卷第2期，第1-20頁。

處，具體可概括為：其一，「新界」原居民的權益與加拿大土著人的權益都是基於獨特的憲制身份。在香港，《基本法》第四十條明文規定：「新界」原居民的合法傳統權益受香港特別行政區的保護。而對於原居民身份的界定，香港本地法例（如《地租（評估及徵收）條例》）也有明確的規定。在加拿大，1982年《加拿大聯邦憲法》第35條規定：（1）本法承認並確認加拿大土著人現有的土著及條約權利；（2）本法所稱加拿大土著人，包括加拿大的印第安人、因紐特人和梅蒂斯人；（3）本條第（1）款所稱「條約權利」包括現有的因土地條約或類似方式取得的權利；（4）不論本法有無其他規定，本條第（1）款所稱土著及條約權利，不分男女，一律平等。就土著人身份的取得和喪失，1985年頒行的《C-31法》也有明確而細緻的規定。

其二，「新界」原居民的權益與加拿大土著人的權益都是某種程度上的「超國民權益」。在香港，《基本法》規定香港居民享有廣泛的權利與自由，這些權利與自由無一不向「新界」原居民開放；在此之外，「新界」原居民還享有其他香港居民所不能享有的原居民權益。也正因如此，有人將「新界」原居民稱為香港的「特權階級」。[74] 而在加拿大，自多元文化政策實施以來，加拿大土著人不僅獲得了完整的加拿大公民權，並且主張基於其自身差異性的群體權利。經過不懈的抗爭，土著權利逐漸得到加拿大政府和社會的承認，加拿大土著人也因此被稱為加拿大的「加權公民」（citizen plus）：除公民的權利和責任以外，他們作為加拿大社會的憲章成員，享有某種附加的權利。[75]

其三，「新界」原居民的權益與加拿大土著人的權益都有某種歷史的延續性。在香港，作為先於殖民者的定居者，「新界」原居村民世代生活和耕作於此；在1898年之前，就有相對成熟的農業社會。其後簽訂的不平等條約，及依據條約管治「新界」的港英政府，都對「新界」

---

74. 鄭家駒：《香港新界原居民特權身份的歷史建構過程》，《文化研究》2011年第1期，總第23期。

75. 周少青、馬俊毅：《加拿大印第安人政治身份的歷史變遷及「加權公民」之困境》，《民族研究》2016年第2期。

原居村民的這種歷史權益予以承認和保護。因而,「新界」原居民的權益,在某種程度上,可以説是基於歷史和傳統的權益。而在加拿大,土著人在此生活已有上千上萬年的歷史。其後抵達的英法殖民者不得不承認,土著人作為這片土地最早的主人,享有某種固有的歷史權益。加拿大土著人主張,其權益形成於殖民者抵達美洲大陸之前,並不依賴於加拿大政府的恩賜或讓與。[76] 1982年的加拿大憲法也只是「承認並確認」(而非「創設或賦予」)土著人「現有的」權利;由此可見,加拿大土著人的權益也是基於歷史和傳統的權益。

其四,「新界」原居民的權益與加拿大原居民的權益獲殖民當局承認都涉及某種利益交換。雖然「新界」原居民和加拿大土著人都堅持認為,他們的權益是先在的,不是殖民當局恩賜的,但是兩個特殊群體政治身份的獲得都有既定的政策背景。在「新界」,原居民的身份由1972年的「小型屋宇政策」正式確定;殖民當局企圖通過賦予鄉民特定身份和權益,換取「新界」原村居民對其殖民政策的支持。換句話說,「新界」原居民的身份是一種「以特權換取合作」的殖民策略。[77] 而在加拿大,土著人身份獲當局承認也包含類似的目的。1876年《印第安人法案》是加拿大第一個專門針對土著民族的法案,[78] 這部法案雖因盤剝土著人而備受批評,但其在嚴重侵害土著民族權益的同時,又規定了政府對土著民族的補償責任;這部法案因而被比作土著人的「金鎖鏈」:一面是剝奪,另一面是特權。[79] 即是說,土著人須以土地、自由乃至主體性為對價,換取殖民當局許諾的保留地、免稅和年金等特權。

---

76. 吳江梅、朱毓朝:《加拿大原住民自治政府:聯邦主義下制度構建與政治文化相背離的困境》,《民族研究》2003年第4期;徐利英:《從契約與法案看加拿大土著民族的權利演變》,《科學經濟社會》2013年第1期。

77. 張少強:《管治新界:地權、父權與主權》,香港‧中華書局,2016年,第100頁。

78. 徐利英:《從契約與法案看加拿大土著民族的權利演變》,《科學經濟社會》2013年第1期。

79. 周少青、馬俊毅:《加拿大印第安人政治身份的歷史變遷及「加權公民」之困境》,《民族研究》2016年第2期。

其五，「新界」原居民的權益與加拿大原居民的權益都是抗爭的結果，且在抗爭的過程中，兩個群體的自治組織都發揮了重要作用。在管治「新界」早期，港英當局肆意充公、徵收、徵用鄉民的土地。這種情況在1926年「新界」鄉議局成立後有所好轉；鄉議局作為「新界」鄉民的代表，不斷與殖民政府就土地等問題交手、斡旋和鬥爭，1972年「小型屋宇政策」的出台在很大程度上就得益於鄉議局向殖民政府施加的壓力。而在加拿大，土著人在擁有自己的組織之前，同樣也是任由殖民政府盤剝的對象。情況在二十世紀土著居民組織起來反抗當局的歧視政策後才逐漸有所改觀。[80] 自1916年起，土著民族開始結成部族聯盟，要求當局解決土著人的土地問題；雖然早期的土著民權運動被當局壓制，但二戰後土著民權運動再次興起，這波運動不僅喚醒了土著人的民族意識，也迫使加拿大當局改變土著政策。[81] 此外，在司法實踐中，加拿大法院也以有無組織為判斷土著人是否享有權益的標準。[82]

其六，「新界」原居民的權益和加拿大土著人的權益都帶有某種模糊性，而這種模糊性有待憲法解釋或司法裁決的澄清。在香港，《基本法》只是原則性地規定了「新界」原居民的合法傳統權益受香港特別行政區的保護。但是，何謂原居民的合法傳統權益，《基本法》和香港本地法例並無明確規定。在「陳華案」中，特區法院本有機會就此問題作出澄清，但是終審法院只是指明，原居民的權益不包含派生的政治權益，迴避了原居民權益具體為何的問題。當下，「丁權」問題正在司法覆核中，原居民的權益有望在此案中得到澄清。而在加拿大，涉及土著人權益的法案同樣只是原則性地承認土著人的土著及條約權利應受保護；對於何謂土著權利及土著人是否享有其他權利（如自治權）的問

---

80. 徐利英：《從契約與法案看加拿大土著民族的權利演變》，《科學經濟社會》2013年第1期。

81. 郭躍：《加拿大土著民族土地權利問題的歷史與現狀》，《大連大學學報》2011年第4期。

82. 李憲榮：《加拿大的法定原住民權》，《台灣原住民族研究學報》2011年第1卷第2期，第1–20頁。

題，加拿大憲法及法律未作明確規定。[83]在1970年以來的系列土著民權指標性案件中，加拿大法院逐步明確了土著人權益的範圍，然而現時加拿大土著人的權益仍有進一步解釋的空間。[84]

其七，「新界」原居民的權益和加拿大土著人的權益都包含關鍵的土地權益。雖然「新界」早已步入現代社會，農牧業只佔「新界」經濟比重的毫釐，但是基於農耕文明的歷史慣性，土地對於「新界」原居村民仍有超乎一般財產的意義。[85]事實上，「新界」原居民的多項權益（如興建「丁屋」和山邊安葬）都與土地有關。加拿大土著人的權益則更是如此。作為美洲大陸最早的主人，土著人對幾乎所有土地都享有先佔權，在其後的歷史進程中，英法殖民者以條約等手段從土著人處攫取大量土地，土著居民的生存空間因之日益萎縮。[86]作為加拿大的文化少數群體，土著人對土地有著強烈的訴求；在發佈於1970年的加權公民「紅皮書」中，印第安人協會強調，「保護我們的地位、權利、土地和傳統，是保護我們的文化的必要條件」，「沒有土地權利的印第安人將一無所有」。[87]對於加拿大的土著人，土地不是一般的財產或出賣的對象，而是生存的基礎和文化的載體。

（三）「新界」原居民權益與加拿大土著人權益的不同點

作為香港和加拿大較早期的定居者，「新界」原居民與加拿大土著人在權益方面又有諸多不同之處，這些不同具體可總結為：其一，「新界」原居民權益與加拿大土著人權益的身份識別標準不同：前者只承認

---

83. 郭躍：《加拿大土著民族土地權利問題的歷史與現狀》，《大連大學學報》2011年第4期。

84. 李憲榮：《加拿大的法定原住民權》，《台灣原住民族研究學報》2011年第1卷第2期，第1-20頁。

85. See Allen John Uck Lun Chun, *Land is to Live: A Study of the Concept of Tsu in a Hakka Chinese Village, New Territories, Hong Kong*, Thesis (Ph. D.), University of Chicago, 1985.

86. 徐利英：《從契約與法案看加拿大土著民族的權利演變》，《科學經濟社會》2013年第1期；郭躍：《加拿大土著民族土地權利問題的歷史與現狀》，《大連大學學報》2011年第4期。

87. Indian Chiefs of Alberta, Citizens Plus, *Aboriginal Policy Studies*, 2011, vol. 1, no. 2, pp. 188–281; 周少青、馬俊毅：《加拿大印第安人政治身份的歷史變遷及「加權公民」之困境》，《民族研究》2016年第2期。

原居民的父系後裔，而後者承認土著人的雙系後裔。在香港，根據《地租（評估及徵收）條例》，「新界」原居民的母系後裔無法取得原居民身份，因而無法享有原居民的各種權益。而在加拿大，根據《C-31法》，依法被承認或獲准恢復身份的土著人可登記為 6.1 土著人（即血統純正的土著人），6.1 土著人與土著人所生子女可登記為 6.1 土著人，6.1 土著人與非土著人所生子女可登記為 6.2 土著人（即血統混雜的土著人），6.2 土著人與 6.2 土著人所生子女可登記為 6.1 土著人，6.2 土著人與非土著人所生子女不可登記為土著人。[88] 由此可見，「新界」原居民的身份識別體現了父權社會的特徵，而加拿大土著人的身份識別則體現了男女平等的精神。值得一提的是，長遠來看，現行「新界」原居民身份識別標準，並不必然導致原居民人口增多或減少，而加拿大土著人身份識別標準卻能在維持土著人血統純正的同時，達致逐步減少登記在冊的土著人口總數的目的。

其二，「新界」原居民權益與加拿大土著人權益的核心要素不同：前者之核心要素在於經濟權益，而後者之核心要素在於經濟和政治權益。由於「新界」原居民並非香港的少數民族，他們無法主張作為少數民族或獨立民族的政治權益（如「自治」或「自決」），因而「新界」原居民的權益多體現為經濟權益，例如興建「丁屋」和搬遷特惠補償。而加拿大土著人，尤其是印第安人（他們被稱為「第一民族」），則是毋庸置疑的少數民族，他們得根據《聯合國憲章》、《國際人權公約》和《土著人民權利宣言》[89] 等國際性文件主張作為土著民族的自治乃至自決權。事實上，在二十世紀七十年代後的土著民權運動中，土地權利和自治權利逐漸成為加拿大土著人追求的兩個核心權利。[90] 在土著人

---

88. 王助：《加拿大土著人身份法律確認的演變及現狀》，《世界民族》2007年第5期。

89. 2007年9月13日，聯合國大會以壓倒性多數正式通過了《土著人民權利宣言》（United Nations Declaration on the Rights of Indigenous Peoples）（在台灣地區譯為「原住民族權利宣言」），而美國、加拿大、新西蘭和澳大利亞都對《宣言》投了反對票。2009年，澳大利亞政府宣佈改變立場，支持《土著人民權利宣言》。

90. 周少青、馬俊毅：《加拿大印第安人政治身份的歷史變遷及「加權公民」之困境》，《民族研究》2016年第2期。

的權利實踐中，土地權利和自治權利被發展成為要求與聯邦政府對等的「自決權」或「主權」，某些土著民族甚至宣佈建立自己的「國家」或「公民權利」體系。[91] 在司法實踐中，加拿大最高法院也承認，自治政府是土著人固有權利的內容之一。[92]

其三，「新界」原居民土地權益與加拿大土著人土地權益的權利類型不同：前者為使用權，而後者為所有權。1904 年，港英政府宣佈「新界」所有土地都是「官地」，村民對土地的「永業權」從此變為「承租權」，這是一個不可逆的歷史過程。換言之，自 1904 年起，「新界」村民不再享有土地的所有權，而只能享有土地的使用權。隨着 1997 年香港回歸，「新界」土地的控制權重歸中國政府；[93] 根據《基本法》第七條，香港特區境內的土地屬於國家所有，由特區政府負責管理、使用、開發、出租或批給個人、法人或團體使用或開發。即是說，如果「新界」原居民享有任何土地權益，那麼這種土地權益也只能是使用權，而非所有權。就加拿大土著人而言，雖然在 1701 年至 1923 年間，英法殖民者不斷通過條約等方式從土著居民處攫取土地，但是土著人對土地的所有權並未喪失殆盡。[94] 1970 年代後，加拿大政府開始以保留地等安排來保障土著人的土地權益，土著人與當局有關土地的談判仍在進行中。[95] 加拿大政府若要使用土著人的土地，須徵得土著人的同意；而在「新界」，情況正好相反：原居民要興建「丁屋」，須先取得特區政府的許可。

---

91. 周少青：《加拿大多民族國家構建中的國家認同問題》，《民族研究》2017年第2期。

92. 吳江梅、朱毓朝：《加拿大原住民自治政府：聯邦主義下制度構建與政治文化相背離的困境》，《民族研究》2003年第4期。

93. 此處必須作出説明：其一，《展拓香港界址專條》只是一份為期99年的「租約」，即是説，嚴格來講，港英政府對「新界」土地的權利也是一種承租權；其二，由於《展拓香港界址專條》是一份不平等條約，中華人民共和國政府不承認此條約的效力，因而，在法律上，港英政府從未取得「新界」土地的所有權。

94. 參見徐利英：《從契約與法案看加拿大土著民族的權利演變》，《科學經濟社會》2013年第1期。

95. 參見郭躍：《加拿大土著民族土地權利問題的歷史與現狀》，《大連大學學報》2011年第4期。

其四，「新界」原居民權益與加拿大土著人權益的推進方式不同：前者主要靠請願和諮詢，而後者主要依賴談判和協議。香港是中國的地方（此處的「地方」與「中央」相對），「新界」是香港的地方（按18個行政分區的劃分，「新界」共佔9個分區）；根據單一制國家理論，地方與中央之間並無對等關係。即是說，儘管在殖民年代，鄉議局策劃過無數的抗爭，現時「新界」原居民作為被管轄的對象，只能以請願或諮詢等方式向特區政府表達訴求，而無與特區政府對等談判之資格。而加拿大土著人的情況則完全不同：早在「新法蘭西」時期，殖民者與土著人之間就確立了平等的盟友關係，1763年《王室宣言》也確認了殖民者與土著人之間是平等的「民族與民族」（nation and nation）關係；雖然1876年《印第安人法》將土著人由「盟友」變為「臣民」，此後加拿大政府亦將土著人置於其管治之下，但是《印第安人法》確定的歧視政策後被糾正，1763年《王室宣言》也獲加拿大法院承認為現行有效的法律文件。[96] 即是說，今時今日，土著人仍可主張與加拿大聯邦同等對等的法律地位。[97] 這也是為何土著人可就土地及自治等問題與加拿大政府展開談判。

其五，「新界」原居民權益與加拿大土著人權益的「孳生力」不同：前者不能派生出其他權益，而後者可衍生出其他權益。在香港，《基本法》第四十條原則性地規定了「新界」原居民的合法傳統權益受香港特別行政區的保護，但未指明「合法傳統權益」的具體內容為何。在「陳華案」中，終審法院判定：《基本法》第四十條已為原居民的合法傳統權益提供了憲法保護，再要從第四十條所指的權益派生出原居民所辯稱擁有的政治權益，缺乏理據。[98] 即是說，「新界」原居民的權益不能派生出其他的權益。而在加拿大，1982年《加拿大聯邦憲法》第三十

---

96. 周少青、馬俊毅：《加拿大印第安人政治身份的歷史變遷及「加權公民」之困境》，《民族研究》2016年第2期。

97. 周少青：《加拿大多民族國家構建中的國家認同問題》，《民族研究》2017年第2期。

98. *Secretary for Justice and Others v. Chan Wah and Others* (22/12/2000, FACV11/2000) (2000) 3 HKCFAR 459, [2000] 3 HKLRD 641.

五條概括性地承認並確認了土著人的土著權利及條約權利，至於土著
權利和條約權利的具體內容，同樣有待司法裁決作出澄清。在1996年
的R. v. Van der Peet案中，加拿大最高法院放寬了土著人特殊權的認定，
將接觸的日期改為加拿大主權開始的日期，且認為土著人權可隨時代
進化衍生，[99]也正是因為這個判決，學者才將加拿大土著人權利分為
原生權、次原生權和特殊權三個層次。[100]

其六，「新界」原居民權益與加拿大土著人權益的認受程度不同：
前者認受程度相對較低，而後者認受程度相對較高。「新界」原居民並
非香港的少數民族，在香港社會中的異質化程度不高，也稱不上香港
社會的弱勢群體，因而香港社會對原居民權益的認可度不高：以「丁屋
政策」為例，雖然原居民希望儘量延續此政策，但是有相當數量的非
原居民不滿政策被濫用，不少政黨人士、環保團體及專家學者都認為
有必要限制此政策。[101]總體而言，香港社會對「新界」原居民權益的
態度稱不上積極，而原居民也只能援引《基本法》及歷史傳統來為其權
益辯解。加拿大土著人的情況則完全不同：土著人先於殖民者抵達美
洲，對美洲大陸享有歷史的先佔權；土著人與殖民者所簽訂的條約亦
對土著人的權益予以承認；各種國際性文件都支持土著人行使民族自
決權；土著人在歷史上遭遇殖民者的嚴重剝奪，從補償正義的角度也
應受當局的特殊照顧；土著人是加拿大的少數民族，也是無可否認的
弱勢群體，其少數文化應受特殊保護。[102]可以説，不論從國際法或
國內法、歷史或現實、法理或情理來看，加拿大土著人的權益都有十

---

99. *R. v. Van der Peet*, [1996] 2 R. C. S.

100. Brian Slattery, A Taxonomy of Aboriginal Rights, in Foster, Hamar, Heather Raven, Jeremy H. A. Webber (eds). *Let Right Be Done: Aboriginal Title, the Calder Case, and the Future of Indigenous Rights*, Vancouver: University of British Columbia Press, 2007; 李憲榮：《加拿大的法定原住民權》，《台灣原住民族研究學報》2011年第1卷第2期，第1–20頁。

101. 劉敏莉：《小型屋宇政策II：最新發展》，2013年4月，資料來源：http://www.clvlc-exchange.org/Publish/LogicaldocContent/201304LAND_SHPUpdate_tc.pdf，最後訪問日期：2018年10月20日。

102. 參見吳江梅、朱毓朝：《加拿大原住民自治政府：聯邦主義下制度構建與政治文化相背離的困境》，《民族研究》2003年第4期。

足的正當性。這也是為何，對土著民權運動持批判態度的學者也不得不表態，全身心支持土著人為其政治、經濟及文化權益而鬥爭。[103]

其七，「新界」原居民權益與加拿大土著人權益的實現程度不同：前者大抵已經實現，而後者仍在推進中。「新界」原居民的權益多是基於歷史傳統的權益，換言之，多數權益在《基本法》制定之時已是既成事實，《基本法》第四十條只是概括性地予以承認，[104]所以「新界」原居民權益不存在欠缺實施機制的問題。然而，就加拿大土著人而言，雖然他們的許多權益也是基於歷史傳統，但是他們的核心權益——土地和自治權利，仍需透過與加拿大政府談判來實現，而這些權益的許多內容尚未成為現實。此外，加拿大土著人的核心訴求裏暗藏著幻滅的隱憂：就自治權利而言，土著人一方面認同加拿大聯邦，積極爭取公民權利，另一方面又自視為與聯邦政府平起平坐的主權民族，要求超越公民的民族權力/利；就土地權益而言，土著人一方面要求改善生活處境，提高生活水準，過體面的生活，另一方面又固守集體所有制，禁止個人財產私有，以致個體無法通過經營和努力擁有私有財產。[105]矛盾之處就在於，加拿大土著人謀求在聯邦框架之外爭取聯邦框架之內的權利——這樣雖然充滿了道德正當性，但是實踐起來非常困難，甚至可以說是幾乎毫無可能。[106]

小結

「新界」原居民既是香港的鄉村居民，又是「新界」的早期定居者，這種雙重身份令他們與內地農民、台灣「原住民」及加拿大土著人

---

103. 道格拉斯·丹尼斯：《土著人權利運動危機：從殖民主義、新殖民主義到復興》，王麗芝譯，《民族譯叢》1993年第1期。

104. 當然，必須承認的是，《基本法》對「新界」原居民權益的這種承認，將原居民的權益由行政安排提升至憲制安排。

105. 周少青、馬俊毅：《加拿大印第安人政治身份的歷史變遷及「加權公民」之困境》，《民族研究》2016年第2期。

106. 參見吳江梅、朱毓朝：《加拿大原住民自治政府：聯邦主義下制度構建與政治文化相背離的困境》，《民族研究》2003年第4期。

有了某種可比性。對比「新界」原居民、內地農民、台灣「原住民」及加拿大土著人的權益，或許能給我們以下啟示：

一是行之有效的組織對於維護權益的重要性。在四個群體之中，「新界」原居民、台灣「原住民」與加拿大土著人，由於有專屬的組織和利益代表機制，其權益因此能夠得到當局的承認、尊重與保護；內地農民卻因為沒有專屬的組織和利益代表機制，而淪為「被剝奪」或「賦權不足」的弱勢群體。這或許對於推進內地農民的權益保護有所啟發。

二是土地對於鄉村居民的特殊意義。四個群體都是某種程度上的鄉村居民，雖然不少成員已經融入城市生活。對於城市居民而言，土地只是一般的財產。但是對於這些延續傳統文化的鄉村居民而言，土地兼具財產屬性與文化屬性；土地不僅是生活保障的基礎，更是文化的載體乃至維繫傳統認同的紐帶。這一點值得引起決策者的重視。

三是現代觀念對傳統文化的滲透。四個群體都有相對古老的文化傳統（儘管內地農民經歷過社會主義革命的洗禮），傳統文化或多或少都帶有父權色彩。然而，在中國內地、台灣地區及加拿大，對鄉村/土著居民的權益保護，都做到了男女平等，這說明平等觀念對傳統文化的衝擊，不像某些群體誇張的那麼大。由此，不得不說的是，「新界」原居民權益保護在男女平等方面仍有進步的空間。

四是法院在保護特殊群體權益中的角色。不論是在大陸法地區，還是普通法地區，法律的明確性都是有限的，再縝密的法律規範都有解釋的空間，這意味着許多特殊群體保護規範都仰賴司法判決來澄清。在此方面，香港法院和加拿大法院都曾在個案中，對概括性的原居民/土著人權益保護憲法規範，作出權威解釋。將來《基本法》第四十條的具體內涵，或許還是要靠香港法院的司法解釋來闡明。

五是少數群體權益的認受基礎。不論少數人權益的歷史淵源如何，少數人權益保障的實踐似乎說明了，是否為弱勢群體，是社會評價少數人權益應否得到特殊保護的重要標準：若某個少數群體為弱勢群體，則社會對這個群體的特殊保護的認可度相對較高，反之亦然。

但少數人權益保護實踐也在另一個方面提示我們，保護少數人的權益應以（在不傷害或歧視少數人文化的前提下）幫助少數人融入主流社會為目標，若少數人政策有助長分離主義之虞，決策者就應當重新考慮這個少數人政策。這一點對於少數人推進其權益同樣有借鑒意義。

第四章

「新界」原居民權益與《基本法》第四十條

❧❧❧❧❧❧❧❧❧❧❧❧❧❧❧❧❧

　　在《基本法》頒行之前，「新界」原居民的某些權益雖然受港英政府保護，但當局的這些保護措施充其量可稱為行政安排；在《基本法》頒行之後，「新界」原居民的傳統權益成為受憲制性文件保護的法定權益。不論香港居民是否樂見，一個不可否認的事實是，《基本法》將「新界」原居民的權益由行政安排提升至憲制安排。[1]涉及「新界」原居民權益的關鍵條款，即是《基本法》第四十條。[2]了解《基本法》第四十條的起草過程、法理基礎和實施機制，有助於探明《基本法》的立法原意與內在邏輯，從而有助於科學、合理且忠實地解釋《基本法》第四十條。

一、《基本法》第四十條的起草過程

　　香港前途問題浮出水面後，香港居民（包括「新界」原居民）的權利和自由一度前景不明。所幸，經過22輪談判達成的《中英聯合聲明》及其後歷時4年零8個月起草的《基本法》為香港居民的權利和自由提

---

1. Selina Ching Chan, Politicizing Tradition: The Identity of Indigenous Inhabitants in Hong Kong, *Ethology*, 1998, vol. 37, no. 1, pp. 39–54.

2. 事實上，除《基本法》第四十條外，涉及「新界」原居民權益的，還有《基本法》第一百二十二條。《基本法》第一百二十二條規定：原舊批約地段、鄉村屋地、丁屋地和類似的農村土地，如該土地在一九八四年六月三十日的承租人，或在該日以後批出的丁屋地承租人，其父系為一八九八年在香港的原有鄉村居民，只要該土地的承租人仍為該人或其合法父系繼承人，原定租金維持不變。但是就綜合性和全面性而言，《基本法》第一百二十二條不及《基本法》第四十條。

供了法律保障。作為「新界」原居民的忠實代表,「新界」鄉議局自二十世紀八十年代起,即為「新界」原居民的權益奔走呼號。在鄉議局的努力和各方的諒解下,「新界」原居民的權益訴求最終載入《基本法》。回訪「新界」原居民權益載入《基本法》的歷史過程,有助於查明《基本法》第四十條的立法原意。

(一) 《基本法》的起草與原居民議題的提出

由於 1898 年簽訂的「新界」租約將於 1997 年屆滿,自 1978 年起,英國政府和香港政府即試圖與中國政府探討香港前途問題;同年,中國政府亦成立了中央港澳領導小組和國務院港澳辦公室,研究處理香港前途問題。起初,英方提議訂立新的租約,將港島、九龍和「新界」作為一個整體租予英國 50 年,然後再一併歸還,但中方拒絕考慮此建議。[3] 1982 年 9 月,英國首相柴契爾夫人訪華,中英就香港問題的談判正式拉開序幕;對於英方提出的「三個條約有效論」,中方堅決表示「主權問題不可討論」;經過艱難的 22 輪談判後,中英雙方終於就香港前途問題達成一致,並於 1984 年 12 月 19 日簽訂《中英聯合聲明》,確定中國政府將於 1997 年 7 月 1 日恢復行使對香港的主權。[4] 作為有法律效力的國際條約,《中英聯合聲明》載明了中華人民共和國對香港的基本方針政策,並在第三條第(十二)項載明:關於中華人民共和國對香港的上述基本方針政策和本聯合聲明附件一對上述基本方針政策的具體說明,中華人民共和國全國人民代表大會將以中華人民共和國香港特別行政區基本法規定之,並在五十年內不變。1985 年 4 月 10 日,第六屆全國人民代表大會第三次會議批准《中英聯合聲明》,並作出《關於成立中華人民共和國香港特別行政區基本法起草委員會的決定》。1985 年 6 月 8 日,根據全國人民代表大會的決定,第六屆全國人民代表大會常

---

3. 薛鳳旋、鄺智文:《新界鄉議局史:由租借地到一國兩制》,香港:三聯書店,2011年,第285頁。

4. 有關中英談判始末,請參見陳佐洱:《交接香港:親歷中英談判最後1208天》,長沙:湖南文藝出版社,2012年;陳敦德:《廢約:中英香港問題談判始末》,北京:中國青年出版社,2013年;齊鵬飛:《鄧小平與香港回歸》,北京:華夏出版社,2004年。

務委員會第十一次會議任命了59名香港特別行政區基本法起草委員會（以下簡稱「基本法起草委員會」）委員，其中有內地委員36名，香港委員23名。[5]

　　1985年7月1日，香港特別行政區基本法起草委員會正式成立並開始工作；1990年4月4日，第七屆全國人民代表大會第三次會議正式通過並頒佈《中華人民共和國香港特別行政區基本法》。《基本法》從起草到通過，前後歷時4年零8個月；在此期間，基本法起草委員會共召開過九次全體大會。[6]「一國兩制」總工程師鄧小平稱《基本法》為「一部具有歷史意義和國際意義的法律」和「一個具有創造性的傑作」。[7]曾擔任基本法起草委員會委員的肖蔚雲教授將《基本法》的起草分為四個階段：1. 準備階段（1985年7月–1986年4月）：在此階段，基本法起草委員會確定了起草工作的大體規劃和步驟，並委託委員會的香港委員共同籌組了基本法諮詢委員會，徵求香港各界人士對起草基本法的意見和建議；2. 形成基本法徵求意見稿階段（1986年5月–1988年4月）：基本法起草委員會分為5個小組，分別就5個專題進行起草工作，經總體工作小組調整和修改後，基本法起草委員會於1988年4月24日審議了總體工作小組提交的香港基本法徵求意見稿；3. 形成基本法草案階段（1988年5月–1989年1月）：基本法徵求意見稿公佈後，基本法起草委員會花費5個月時間，在全國範圍內開展徵詢工作，至香港聽取各界人士的意見，又在北京、上海、廣州、福州等地參加座談會，在此基礎上，對基本法徵求意見稿作出百餘處修改，於1989年1月15日至

---

5. 基本法起草委員會設主任委員1人，副主任委員8人，秘書長1人，副秘書長2人。內地委員共計36名，其中有關部門負責人15人，各界知名人士10人，法律界人士10人；香港委員共計23名，分別來自工商、文化教育、法律、工會、宗教各界，其中有香港工業、商業、金融、地產、航運界知名人士8人。值得一提的是，香港回歸後，有人質疑基本法起草委員會的組成是否合理，因為內地委員多過香港委員，對此，內地學者從《基本法》的宗旨、性質和效力以及《基本法》起草過程中的民主性和和融治性等角度予以反駁。參見郝鐵川：《香港基本法爭議問題評述》，香港：中華書局，2013年，第102–104頁。

6. 愷悅：《香港基本法起草歷程》，《時代潮》1997年第7期。

7. 《鄧小平文選（第三卷）》，北京：人民出版社，1993年，第352頁。

19日第八次全體會議逐條表決通過了基本法草案；4. 從草案到通過階段（1989年2月-1990年4月）：基本法起草委員會主任姬鵬飛向全國人大常委會作關於基本法草案的報告後，全國人大常委會審議和公佈了基本法草案及相關文件，並在全國範圍內徵求意見，在此基礎上，基本法起草委員會各專題小組又對基本法草案進行修改，至1990年2月，基本法起草委員會第九次全體會議通過修訂後的基本法草案，1990年4月4日，全國人民代表大會通過《中華人民共和國香港特別行政區基本法》。[8]

　　1986年4月18日至22日，基本法起草委員會第二次全體會議通過了基本法結構草案、基本法起草委員會工作規則和關於成立5個專題小組的決定。5個專題小組分別為：中央和香港特別行政區的關係專題小組，居民的基本權利和義務專題小組，政治體制專題小組，經濟專題小組，教育、科學、技術、文化、體育和宗教專題小組。[9]居民的基本權利和義務專題小組的負責人為李福善和王叔文，成員包括鄺廣傑、劉皇發、陳欣、林亨元、釋覺光和譚耀宗。[10]其中，劉皇發為時任「新界」鄉議局主席。事實上，「新界」鄉議局和劉皇發本人對《基本法》第四十條的制定可謂居功至偉。早在1983年1月，中英談判期間，中國政府即邀請「新界」人士組成訪問團訪問大陸，會晤僑辦主任廖承志，討論香港前途問題；1984年4月，24名鄉議局成員在主席劉皇發的率領下組團訪問北京，於同年5月獲國務院港澳辦公室主任姬鵬飛接見，期間，鄉議局代表團向國務院港澳辦公室表明對香港前途的看法，並要求保留「新界」原居民之傳統風俗習慣；1986年8月，鄉議局再次就香港市民的權益向基本法諮詢委員會提交意見，要求保障港人的權利和自由並保護「新界」居民享有的合法權益；與此同時，

---

8. 肖蔚雲：《論香港基本法》，北京：北京大學出版社，2003年，第805-808頁。

9. 姬鵬飛：《關於〈中華人民共和國香港特別行政區基本法（草案）〉及其有關文件的說明》。

10. 《專題小組名單》，資料來源：http://ebook.lib.hku.hk/bldho/articles/BL0011.pdf，香港大學圖書館香港基本法起草過程資料庫，最後訪問日期：2018年12月5日。

自 1985 年基本法起草委員會成立起，鄉議局即通過其在基本法起草委員會的成員劉皇發來表達局方對保障「新界」原居民合法傳統權益的要求。[11] 在《基本法》起草過程中，劉皇發多次就「新界」原居民的權益據理力爭，要求將「新界」原居民的合法傳統權益寫入《基本法》。正是由於劉皇發的堅持，《基本法》第四十條才在一片爭議聲中得以保留；也正因如此，時任港澳辦基本法起草委員會秘書處司長陳佐洱曾戲言「《基本法》第四十條等於劉皇發，劉皇發等於《基本法》第四十條。」[12]

（二）《基本法》第四十條起草期間的爭議

1986 年 4 月 22 日，基本法起草委員會第二次全體會議確定了基本法結構（草案）；1990 年 4 月 4 日，第七屆全國人民代表大會第三次會議通過了《基本法》。從最初列為基本法結構（草案）第三章第十五項「新界原居民的合法權益受保護」，到最終定稿為《基本法》第四十條「『新界』原居民的合法傳統權益受香港特別行政區的保護」，「新界」原居民權益條款經歷了諸多爭議和多次修改。現根據歷史資料，將《基本法》第四十條起草期間的爭議和討論整理如下：[13]

就《基本法》第四十條而言，最大的爭議在於，「新界」原居民的權益應否得到《基本法》的保護。反對將「新界」原居民權益寫入《基本法》的理據主要在於：其一，「新界」原居民與其他在港居民都是香港居民，1997 年後，對所有香港居民都應一視同仁，否則便違反了《基本法》第二十五條規定的「香港居民在法律面前一律平等」；其二，「新界」原居民的權益，是歷史遺留問題的結果，帶有濃厚的殖民和封建

---

11. 薛鳳旋、鄺智文：《新界鄉議局史：由租借地到一國兩制》，香港：三聯書店，2011年，第286–292頁。

12. 文軒：《「劉皇發等於基本法第40條」》，《大公報》2017年7月24日，第A2版；廖書蘭：《你不知道的劉皇發》，《香港商報》2015年6月25日，第N5版。

13. 李浩然主編：《香港基本法起草過程概覽》（上冊），香港：三聯書店，2012年，第362–371頁。下引《基本法》第四十條相關的觀點及理據，均出自《香港基本法起草過程概覽》第362–371頁，為行文方便，具體頁碼不再一一列出。

色彩，承認和保護這種權益是一種歷史的倒退，何況中國政府向來不承認三個不平等條約，既然如此，對不平等條約產物「新界」原居民權益，也不應承認；其三，「原居民」的概念來自土地被借用，政府對當地居民給予某些特權作補償，但實際上，港島及九龍被割讓與「新界」被租借並無分別，但港島和九龍的居民並沒有任何特權，因而，香港回歸後，「新界」原居民也不應享有任何特權，否則便會造成「一制兩政」或「一港兩制」；其四，「新界」原居民的權益涉嫌對女性和非「新界」原居民的雙重歧視，維護這種特權不符合平等原則和普世人權；其五，原先對「新界」原居民作特殊保護，是基於「新界」與港島和九龍的巨大差異，但隨着時間的推移，「新界」日漸城市化，與港島和九龍的差異已經不那麼明顯，「新界」原居民與其他香港居民的界分也日漸模糊，因而沒有必要對「新界」原居民的權益作特殊保護；

其六，「新界」原居民的權益多涉及土地利用，從長遠來看，香港土地有限，難以滿足「新界」原居民的「丁權」訴求，保留「丁權」勢必會減少香港土地供應，給「新市鎮計劃」增添障礙，會限制香港未來的發展，此外，「新界」原居民的「丁屋」可豁免物業稅、地稅和差餉，保留這些權益會令香港政府收入減少，且有人認為，保留「新界」原居民的特權會令某些男性原居民遊手好閒、不務正業；其七，「新界」原居民享有特別權益，對其他香港居民不公平，會造成社會內部的矛盾和隔閡，因為「新界」原居民坐享政府的權利，但在義務承擔上卻比其他香港居民少；其八，「新界」原居民的權益多是傳統權益，但是傳統應當與時俱進，不合時宜的傳統應予淘汰，否則便與現代中國格格不入，即便《中英聯合聲明》強調現行法律不變，也不應理解為1997年前的香港社會，僵化地移入香港特別行政區社會，對於帶有封建意識和殖民地色彩的不合理制度，應逐步消除；其九，「新界」原居民之權益只是政策性或習慣引申出來之權益，並非憲法性的，故不應由《基本法》處理，或曰「新界」原居民的傳統權益在香港原有法律中已經得到保障，無須在《基本法》中規定。

而支持將「新界」原居民權益寫入《基本法》的主要理據則在於：

其一,新界」原居民祖祖輩輩居於「新界」,原居民的權益是根據清代的慣例和習俗遺留下來的,1898 年港英政府租借「新界」後也採取慎重政策,保護「新界」原居民的各種權益和傳統習俗,還接受原居民爭取不少合情合理及對香港繁榮安定有利的各種安排,這是歷史的淵源,不是封建遺物,更不是什麼特權;其二,「新界」原居民的土地、房產繼承權由男丁享有(有遺囑者例外)是數百年的傳統習俗,而且受到香港法例第九十九章《新界條例》保障,地方法院或高等法院也予以執行;其三,「新界」原居民享有的各種權益,例如興建「丁屋」的權利,是港英政府對「新界」原居民土地權益受損所作的補償,例如「丁屋」豁免差餉,是因為「新界」原居民得不到「居者有其屋」計劃的照顧,且「新界」絕大部分鄉村地區,水電、交通及公共建設遠遠追不上市區和新市鎮地區的水準,豁免差餉可說是不公平施政的對價,例如山邊安葬的權益,正如香港其他宗教慈善團體各有其所屬專用墳場,「新界」原居民的喪葬權益也應受香港政府保護,這些都稱不上是特權;其四,「新界」原居民權益是歷史遺留問題,既然接受「一國兩制」的構想,就應在尊重歷史的原則下工作,所以制度設計者既要從整體統一的角度看問題,也要從歷史發展的角度看問題,對特殊情況特殊處理,確保「新界」原居民享有的權利在過渡期間得到妥善安排;

　　其五,倘若要對所有香港居民一視同仁、無分你我,依此邏輯,對所有中國公民也要一視同仁、無分你我,那麼「一國兩制」也就沒有必要實施了,事實上,「一國兩制」的現實基礎在於香港的特殊性,而「一港兩制」的現實基礎在於「新界」的特殊性,即「新界」原居民與港九市區居民,有着不同的背景、歷史和風俗習慣;其六,《中英聯合聲明》規定香港原有法律、社會經濟制度和生活方式不變,其附件三也載明舊批約地等租金不變,因而,將「新界」原居民的合法傳統權益列入《基本法》,完全符合《中英聯合聲明》的精神;其七,「新界」原居民所擁有的權益,與其歷史背景、風俗習慣及民生福利有着不可分割的關係,《基本法》對「新界」原居民的權益給予保障,對維持香港未來的繁榮穩定將會有積極作用,因為這樣不但可以穩定「新界」原居民及海

外「新界」人士對未來的信心，且使各階層人士的利益得到公平合理的照顧和應有的保障；其八，原有的法律和政策對「新界」原居民的權益加以保護，一向享有之權利被刪去，一定會使權利享有者產生反感，倘若擔心「新界」原居民權益令香港未來的發展受限，只要允許香港政府在未來應因社會的改變對相關政策予以調整即可；其九，《基本法》是香港特區的根本大法，香港市民想盡量爭取得到的權益，要明確地寫進《基本法》，同樣道理，「新界」原居民的基本權益和要爭取未來的各種合情合理的權益，也應該要寫進《基本法》。

除原居民權益條款的必要性外，《基本法》第四十條的措辭也是爭議的焦點：一是「新界」一詞應否保留：有意見認為，「新界」一詞帶有殖民色彩，不應出現在《基本法》裏；有意見認為，為避免使用「新界」，可將其改為「深圳河以南和現界限街以北」；有意見認為，「新界」的界限未規定清楚，故應明確為界限街以北地區；也有意見認為，「新界」一詞可予保留，但打上引號為好；有意見認為，應將「新界」改為「香港」，因為香港所有原居民的合法傳統權益，都應受保護，不應只局限在「新界」原居民身上。

二是「原居民」一詞應否保留：有意見認為，「原居民」的稱謂與《基本法》第一百二十二條用語不統一，改成「其父系為一八九八年在香港的原有鄉村居民」為好；有意見認為，「原居民」的界定不清，可能會引致以後有人以「原居民」之名要求各種特權，故建議將「原居民」改為「其父系為一八九八年在香港的原有鄉村居民」；有意見認為，應將「原居民」改為「原有鄉村居民及其後裔」，因為「新界」一詞定義不清，當時香港地方行政的劃分，未將獅子山以南至界限街一帶列作「新界」，而該地亦存在原有鄉村及原居民。

三是「合法權益」的寫法：有意見認為，應將「合法權益」改為「合法傳統權益」；有意見認為，有應改為「合法和傳統習俗權益」，因為傳統與習俗有分別，原居民的鄉土習俗也應加以保護；有意見認為，應將「合法權益」改為「合法及傳統權益」，因為「新界」原居民的傳統權益是幾百年歷史所形成的事實，有些是沒有法律規定的，例如祖、堂物業

的繼承問題等，只寫「合法權益」不夠完善；有意見認為，應刪去「傳統」二字，以消除封建意識的影響，實現男女平等；有意見認為，「傳統」兩字含義模糊；有意見認為，應在「合法」前面加上「合理」二字。

四是「保護」的寫法：有意見認為，應將「保護」改為「尊重」；有意見認為，條文應清楚寫明具體執行和保障「新界」原居民權利的機關；有意見認為，應寫明原居民權益受「香港特別行政區政府的保護」；有意見認為，應注明原居民權益受「香港特別行政區的法律的保護」。

與此同時，「新界」原居民權益在《基本法》中的位置也是爭議的焦點：有意見認為，「新界」原居民的權益，不是香港居民的基本權益，不應列入第三章，甚至不應列入《基本法》；有意見認為，應將原居民權益的規定移入《基本法》第六章；有意見認為，可將第四十條併入土地契約一節中，因為「新界」原居民的合法權益主要是土地方面的權益；有意見認為，應將本條的規定列在附件而非《基本法》內；也有意見認為，可將有關新界原居民權益的文件，列入《基本法》的附件，作為香港特別行政區將來立法定策時參考。

此外，有意見認為，應為「新界」原居民爭取更多的權益；有意見認為，應規定在外國的「新界」原居民及其配偶子女的權益；有意見認為，應規定女性原居民與男性原居民享有同等的權益；有意見認為，應恢復在「新界」各海灣捕魚者的原居民身份；有意見認為，應為保護「新界」原居民的權益設定一個時間限制，即「直至其情況與香港其他地方居民一致為止」，因為「新界」原居民享有特殊權益的現實基礎在於「新界」與其他地區差別太大。

在此之外，也有人質疑《基本法》第四十條的必要性，因為一方面，所有人的「合法權益」，不論「傳統」與否，都應得到保護，因此條文並無意義；另一方面，《基本法》第四條已為所有香港居民的權利和自由提供保障，第六條又保障私有財產權，第七條也規定土地和自然資源歸國家所有，第二十四條規定香港居民在法律面前一律平等，第一百二十二條明確舊批約地等租金不變，有了這些規定，《基本法》第四十條顯得沒有意義。

(三)《基本法》第四十條就有關爭議的決斷

上文梳理了《基本法》起草過程中，各界對「新界」原居民權益的不同意見。1990年4月4日，全國人民代表大會通過《基本法》，以最權威的方式就「新界」原居民權益的爭議作出決斷。根據這個決斷，「新界」原居民權益條款的存在是必要的，且這一條款最終法律表達形式為：「新界」原居民的合法傳統權益受香港特別行政區的保護。事實上，不只是全國人民代表大會，基本法起草委員會在《基本法》的起草過程中，也曾就「新界」原居民權益所涉各種爭議作出決策和回應——這種決策和回應最終得到全國人民代表大會的承認和背書。《基本法》文稿前後共經歷過9次調整，梳理《基本法》第四十條在9個版本中的表述（見表1），以及基本法起草委員會就此作出的回應和說明，有助於理解《基本法》第四十條對「新界」原居民權益相關爭議的定論。

對於原居民權益條款應否存在，1987年1月16日，居民的基本權利和義務專題小組達成一致：應概括地將「新界」原居民的權益寫在基本法上。[14] 1987年3月4日，香港居民的基本權利和義務專責小組再次確認，應概括地將「新界」原居民的權益寫在《基本法》上，當時建議之寫法為：「新界原居民的合法權益受尊重，並按當時法律來規定」，意即保留新界原居民現時法律規定之權益，至於將來，可因應社會轉變有所修改，而修改權則留給將來特區政府所有。[15] 1988年4月，《基本法（草案）徵求意見稿》公佈，同年6月，內地起草委員訪港小組回應香港各界針對徵求意見稿中「新界」原居民權益條款提出的問題：其一，在中英談判期間，在土地的問題上，寫了一條有關保護「新界」原居民的權利，其中包括將來不增加租金、建丁屋的權利等，因此1997年後是要按照《中英聯合聲明》的規定來做；其二，《基本法》是要儘量

---

14. 1987年1月16日《居民及其他人的權利自由福利義務專責小組第十次會議紀要（新界原居民）》，載李浩然主編：《香港基本法起草過程概覽》（上冊），香港：三聯書店，2012年，第365頁。

15. 1987年3月4日居民及其他人的權利自由福利義務專責小組《新界原居民權益討論文件》，載李浩然主編：《香港基本法起草過程概覽》（上冊），香港：三聯書店，2012年，第366頁。

保持1997年後原有制度不變,而原居民的權利也不要變,因為香港現行法律亦包括了他們的權利;其三,從法律的角度來看,既要包括一般利益,也要包括少數人利益,這並不矛盾,內地也會照顧少數民族的利益,使他們得到自治,這有利於少數民族及人民間的團結,而「新界」原居民問題是歷史遺留問題,保障他們的權利有利於香港居民的團結。至於婦女界提出反對,認為丁屋是保護男性的權利,這是可以理解的。[16]

　　對於「新界」的稱謂應否保留,作為居民的基本權利和義務專題小組成員,鄉議局主席劉皇發在《基本法》起草過程中,堅持要求保留「新界」一詞,理由是《中英聯合聲明》沿用了「新界」一詞,保留「新界」一詞是尊重歷史現實,而貿然廢止「新界」一詞,會令香港居民的信心產生動搖和引致不安的情緒。[17] 1987年8月22日,居民的基本權利和義務專題小組在工作報告中寫明:按照《中英聯合聲明》的表述,「新界」一詞應加上引號。[18] 在《基本法》頒行之後,曾作為基本法起草委員會委員的王叔文教授也指出,「新界」一詞是英國殖民者強加於中國領土和中國人民的,因此在《中英聯合聲明》中「新界」加了引號,《全國人民代表大會關於設立香港特別行政區的決定》沒有使用「新界」的地名,《基本法》其他條款,如第一百二十二條,也沒有使用這一地名,第四十條使用「新界」的地名,意在保護「新界」原居村民的合法傳統權益。[19]

---

16. 1988年8月3日基本法諮詢委員會秘書處參考資料(一)《內地草委訪港小組就基本法(草案)徵求意見稿一些問題的回應輯錄(一九八八年六月四日至十七日)》,載李浩然主編:《香港基本法起草過程概覽》(上冊),香港:三聯書店,2012年,第368頁。

17. 薛鳳旋、鄺智文:《新界鄉議局史:由租借地到一國兩制》,香港:三聯書店,2011年,第297頁。

18. 1987年8月22日《香港特別行政區居民的基本權利和義務專題小組的工作報告》,載李浩然主編:《香港基本法起草過程概覽》(上冊),香港:三聯書店,2012年,第368頁。

19. 王叔文:《香港特別行政區基本法導論(第三版)》,北京:中國民主法制出版社、中共中央黨校出版社,2006年,第191頁。

表 1 《基本法》第四十條起草過程概覽

	時間	條款位置	條款內容	文件名稱
第一稿	1986年4月	第三章 第十七條	「新界」原居民的合法權益受香港特別行政區的保護	《香港居民的基本權利和義務專題小組的工作報告》
第二稿	1987年3月	第三章 第十七條	「新界」原居民的合法權益受香港特別行政區的保護	《第三章 香港特別行政區居民的基本權利和義務（討論稿）》
第三稿	1987年4月	第三章 第十七條	「新界」原居民的合法權益受香港特別行政區的保護	《香港居民的基本權利和義務專題小組的工作報告》
第四稿	1987年8月	第三章 第十七條	「新界」原居民的合法傳統權益受香港特別行政區的保護	《香港居民的基本權利和義務專題小組的工作報告》
第五稿	1987年12月	第四十條	「新界」原居民的合法傳統權益受香港特別行政區的保護	《香港特別行政區基本法（草案）彙編稿》
第六稿	1988年3月	第四十一條	「新界」原居民的合法傳統權益受香港特別行政區的保護	《香港特別行政區基本法（草案）草稿》
第七稿	1988年4月	第四十一條	「新界」原居民的合法傳統權益受香港特別行政區的保護	《香港特別行政區基本法（草案）草稿》
第八稿	1988年4月	第四十條	「新界」原居民的合法傳統權益受香港特別行政區的保護	《香港特別行政區基本法（草案）徵求意見稿》
第九稿	1989年2月	第四十條	「新界」原居民的合法傳統權益受香港特別行政區的保護	《香港特別行政區基本法（草案）》

注：本表格根據李浩然主編：《香港基本法起草過程概覽》（上冊）第362-371頁整理而成；為行文方便，將「香港特別行政區基本法起草委員會香港居民的基本權利和義務專題小組」簡稱為「香港居民的基本權利和義務專題小組」，將「《中華人民共和國香港特別行政區基本法》」簡稱為「《香港特別行政區基本法》」。

對於「受特別行政區的保護」的規定，曾有人建議改為「受特別行政區的法律保護」，但這與前面的「合法權益」語義重複；也有人建議改為「受特別行政區政府的保護」，但又不夠全面，因為除受政府保護外，還受立法機關、司法機關的保護。因此，最終保留了「受特別行政區的保護」的寫法。[20]

至於應否支持「新界」原居民爭取其他權益，遷居海外的原居民是否應享有同等權益，基本法起草委員會在起草《基本法》第四十條的過程中也作了決斷。1986 年 9 月 6 日，基本法諮詢委員會委員廖正亮、李連生、曾光道、溫國勝和吳錦泉等協同舉辦「新界」原居民權益研討會，邀得劉皇發等就原居民權益問題發表見解，後形成《新界原居民原有之合法權益及傳統習慣》研討報告，呈交基本法諮詢委員會和基本法起草委員會探討。報告介紹了「新界」原居民的定義、歷史背景、現有權益及擬爭取的權益。1987 年 1 月 16 日，在第十次小組會議上，居民的基本權利和義務專題小組討論了該報告，認為報告所載「新界」原居民之合法權益應受尊重，對其他希望爭取之權益則不予支持；至於遷居海外的原居民權益問題，應留待國籍法或其他小組處理；會議決定以是次會議紀要作為小組對「新界」原居民權益的意見，將「新界」原居民研討會報告作為附件，一併呈交基本法起草委員會。[21] 1987 年 3 月 14 日，居民的基本權利與義務專題小組提交《新界原居民權益最後報告》，認為現有的「新界」原居民合法權益應受尊重，但其他希望爭取的權益應由將來的立法機關決定。至於僑居海外之新界「原居民」，有認為「新界」原居民到海外謀生者，不論持哪一國的護照，回港定居持有香港特別行政區永久居民身份者，應享有選舉權及被選舉權，而擁

---

20. 1987年4月13日《香港特別行政區基本法起草委員會香港居民的基本權利和義務專題小組的工作報告》，載李浩然主編：《香港基本法起草過程概覽》（上冊），香港：三聯書店，2012年，第368頁。

21. 1987年1月16日《居民及其他人的權利自由福利義務專責小組第十次會議紀要（新界原居民）》，載李浩然主編：《香港基本法起草過程概覽》（上冊），香港：三聯書店，2012年，第366頁。

有外國籍之「原居民」應需特別處理，但此問題應由國籍法或其他組去處理。[22]

至此，《基本法》第四十條就有關爭議的決斷已經相當明晰：首先，就保護的對象而言，受保護的是「新界」原居民，即其父系為1898年在香港的原有鄉村居民，至於移居海外的「新界」原居民是否享有同等權益，留待香港特別行政區自行立法決定；其次，就保護的客體而言，受保護的是「新界」原居民的合法傳統權益，即在立法時「新界」原居民享有的合法傳統權益，不包括當時「新界」原居民擬爭取的權益；再者，就保護的主體而言，提供保護的是香港特別行政區，即包括香港特區的立法機關、行政機關和司法機關，而不限於特區政府；再者，就保護的途徑而言，香港特區可通過立法、行政和司法等手段來保障「新界」原居民的合法傳統權益，而不限於立法手段；最後，就保護的時限而言，雖曾有人主張以五十年為限，或待到「新界」發展至與香港市區同等水準，但這種主張沒有得到支持，即是說，對「新界」原居民的合法傳統權益的保護沒有時間限制。儘管如此，《基本法》第四十條仍有一些模糊的空間，譬如立法時「新界」原居民的合法傳統權益具體包括哪些、移居海外的「新界」原居民及其配偶子女是否享有同等的權益、香港特別行政區成立後是否允許對「新界」原居民政策作出調整、如何處理「新界」原居民權益與男女平等原則的衝突等，這些問題仍然有待進一步的探討。

二、《基本法》第四十條的法理基礎

根據法實證主義，法律是主權者的命令，一經制定和頒佈，即應具備法的效力；至於法是否合乎道德和理性，則不應成為追問的對

---

22. 居民及其他人的權利自由與義務專責小組《新界原居民權益最後報告》(1987年3月14日經執行委員會通過)，載李浩然主編：《香港基本法起草過程概覽》(上冊)，香港：三聯書店，2012年，第368頁。

象。《基本法》第四十條亦然，其法律效力不容置疑，其合理性無需證成。但這不意味着《基本法》是不講道理或毫無根據的。事實上，推究起來，《基本法》第四十條的制定，既有現實政治的考量，也不乏理想政治的因素。由於「新界」原居民既非國際法上的土著居民，也非國內法上的少數民族，援引國際經驗和國內實踐對於證成「新界」原居民的特殊權益幫助不大。[23] 因而，「新界」原居民權益的合理性，即《基本法》第四十條的法理基礎，只能從「新界」獨特的歷史、傳統和現實中尋找。

（一）　作為歷史根據的「新界特殊論」

　　讚同《基本法》第四十條規定的學者認為，「新界」原居民的特殊權益是「新界」作為「租借地」（相對於作為「殖民地」的港島和九龍）的特殊性的產物。[24] 而「新界」作為「租借地」的特殊性，緣於不平等條約《展拓香港界址專條》。《展拓香港界址專條》創設了一個全新的概念，在 1898 年之前，國際法上並不存在「租借地」這個概念，作為簽約方的中英兩國對「租借地」也有不同的理解：英國政府視「新界」為新獲取的領土，並力圖將其與港九融為一體；而中國政府（即清政府和民國政府）認為，即使在「租借」期間，中國仍然是「新界」的主權國，清政府甚至曾打算派中國官員與英國官員一道管治「新界」。[25] 姑且不論中英兩國對「租借地」的理解有何分歧，姑且不論中華人民共和國政府拒絕承認不平等條約的效力，《展拓香港界址專條》的確有一

---

23. 有學者主張，保護原居民權益是國際通行的做法，「新界」原居民的特殊權益是國際人權，不能剝奪，也不容侵犯，見鄭赤琰：《基本法與原居民合法傳統權益——從國際經驗談起》，《族群研究論叢5》，香港嶺南大學，2000年；有學者主張，「新界」原居民是香港的少數族群，因而其特殊權益不需與其他社會成員分享，見陸緋雲：《宗族、民族—國家與現代性——宗族作為政治共同體在現代社會存在的空間與張力》，《中國鄉村研究》2006年第00期。但如本書第二章所述，「新界」原居民並非一種族群身份，因而，從這兩種角度論證「新界」原居民的權益，説服力較弱。

24. 薛鳳旋、鄺智文：《新界鄉議局史：由租借地到一國兩制》，香港：三聯書店，2011年，第306頁。

25. Peter Wesley-Smith, *Unequal Treaty 1898–1997: China, Great Britain and Hong Kong's New Territories, Hong Kong*, New York: Oxford University Press, 1983, pp. 164–187.

個特殊的規定:「在所展界內,不可將居民迫令遷移,產業入官,若因修建衙署、築造砲台等官工需用地段,皆應從公給價。」在殖民年代,這個特殊的條款日後證明對「新界」原居民的權益保障意義重大。除此之外,新納入英國管治版圖的「新界」,與久經殖民統治的港島和九龍,在社會風貌上也有很大的差距:1898年前的「新界」是一個普通且成熟的中國傳統農業社會,其居民的身份及利益皆由一個以「約」、墟市、宗族、法律、儀式組成的網路來傳承,當地居民亦有一定的動員能力。[26]

港英政府雖然無意於尊重「新界」的「租借地」身份,[27]但出於現實政治(儘快平息村民的反抗並建立當局的權威)的考量,在「新界」採取了有別於港島和九龍的管治方式。這種管治方式有時被稱為「一港兩制」,[28]有時被稱為「間接管治」,[29]有時也被稱為「綏靖政策」。[30]具體而言,在建制層面,港英政府於1898年以樞密院令的方式,將統治權力延伸至「新界」,緊接着又在當地設立警署並改變土地業權形態,於1906年在「新界」成立理民府,專司「新界」行政事務及裁判民事、刑事和簡易的土地訴訟,[31]又於1910年推出《新界條例》,規定「在高等法院或地方法院所進行的任何有關新界土地的法律程序中,法庭有權認可並執行任何影響新界土地的中國習俗或傳統權益。」在非建制層面,港英政府在管治早期遵守港督卜力的承諾「爾等祖宗風俗,祭祀事神,俱聽自由,凡善良之事,亦任爾等各人舉行」,

---

26. 薛鳳旋、鄺智文:《新界鄉議局史:由租借地到一國兩制》,香港:三聯書店,2011年,第306頁。

27. 港英政府在接管「新界」後,強行將原屬於「新界」的地段劃入九龍範圍,並命名為「新九龍」,此舉違反了《展拓香港界址專條》的約定,也證明了英國政府在香港的管治意圖在於將「新界」與港島和九龍融為一體。見張少強:《管治新界:地權、父權與主權》,香港:中華書局,2016年,第7–13頁。

28. 劉潤和:《新界簡史》,香港:三聯書店,1999年,第70–71頁。

29. 張少強:《管治新界:地權、父權與主權》,香港:中華書局,2016年,第21頁。

30. 鄭赤琰:《香港新界鄉議局的功能》,《亞洲研究》2000年第37期。

31. 劉潤和:《新界簡史》,香港:三聯書店,1999年,第29–41頁;吳倫霓霞:《歷史的新界》,載鄭宇碩:《變遷中的新界》,香港:大學出版印務,1983年,第20頁。

對「新界」鄉村的社會結構和生活風俗等方面悉從其舊,把鄉村事務交由村代表和宗族領袖處理,[32]但也有學者指出,「間接管治」不等於「新界」未受到任何干預,當地的「華人傳統」在受殖的歷史過程中,早已被港英政府偷樑換柱,成為統治當地人的殖民工具。[33]總體而言,殖民年代「新界」的特殊性主要表現為:在統治權方面,「新界」是「租借地」;在土地方面,「新界」有換地書、換地比率、換地補價和「丁屋」等等名堂;在風俗習慣方面,「新界」有一夫多妾制的婚姻和否定女性繼承權等操作。[34]

如果說在殖民早期,港英政府的「間接管治」確立了「一港兩制」,從而鞏固了「新界」的特殊性,那麼在二戰後,港英政府對「新界」的開發和改革,就動搖了「一港兩制」,從而削弱了「新界」的特殊性。二戰後,尤其是五、六十年代,香港的人口驟增,而港島和九龍的容納能力日趨飽和,「新界」作為住宅區和工業區的潛力逐漸得到當局的注意。[35]因此,在戰後,港英政府一方面在「新界」發展大型基礎建設,另一方面分步驟推行「新市鎮計劃」。一系列的施政措施致使「新界」的農業逐漸式微,傳統的生活方式受到衝擊,部分村民遠赴海外謀生,大量外來移民遷入「新界」,數量逐漸超過原居村民,「新界」也日趨工業化和城鎮化,與港島和九龍的差異逐漸縮小。及至1980年代末,「新界」與港九在外觀上已經大同小異。[36]此外,為貫徹將「新界」與港九融為一體的管治意圖,港英政府於1981年將「新界」民政署(前身為「新界」理民府)與港九民政署合併為政務總署,從此全港的地區行政就由以市區為重點的單一部門統管,又於1994年取消在港九

---

32. 吳倫霓霞:《歷史的新界》,載鄭宇碩:《變遷中的新界》,香港:大學出版印務,1983年,第21頁;許舒:《新界百年史》,林立偉譯,香港:中華書局,2016年,第331頁。

33. 張少強:《管治新界:地權、父權與主權》,香港:中華書局,2016年,第27頁。

34. 劉潤和:《新界簡史》,香港:三聯書店,1999年,第101頁。

35. 吳仁德:《新界人口:增長、分佈及結構轉變》,載鄭宇碩:《變遷中的新界》,香港:大學出版印務,1983年,第100頁。

36. 許舒:《新界百年史》,林立偉譯,香港:中華書局,2016年,第316頁。

和「新界」合併時設立分掌兩區事務的兩個政務署署長職位，意即，從純粹行政角度看，「新界」已經不復存在。[37] 可以說，戰後的開發和改革，不僅改變了「新界」的社會風貌，而且重構了「新界」的管治架構，從而動搖了「一港兩制」且削弱了「新界」的特殊性。但與此同時，在觀念上（譬如由傳統習俗和宗族體系維繫的認同感）和法律上（譬如《新界條例》和《新界土地（豁免）條例》），「新界」的特殊性仍在。

《中英聯合聲明》給「新界」的特殊性帶來巨大衝擊，因為根據這份國際條約的安排，「新界」將於 1997 年 7 月 1 日與港九一道交還中國，共同作為中國的特別行政區，實行「一國兩制，港人治港，高度自治」。有學者將「新界」的特殊性歸結為其「租借地」的法律地位，並認為《中英聯合聲明》宣告了「新界」特殊性的終結，因為一國只能有兩制，而不可能有三制，即「新界」的特殊性只能向一港的整體性融匯進去，而不能由港九向「新界」倒流而去。[38] 但是這種解讀或許忽略了「一國兩制」對差異性的包容度：如果說香港的特殊性緣於其曾經作為英國的「殖民地」，既然回歸祖國沒有消弭香港的特殊性，那麼「新界」的特殊性緣於其曾經作為英國的「租借地」，邁向特區管治也不應該解讀為消弭了「新界」的特殊性。正如香港的特殊性在其殖民歷史終結後仍然存在，「新界」的特殊性在其租借歷史終結後也依然存在。退一步而言，「一國兩制」是支持還是否定「一港兩制」，是一個見仁見智的問題：從普遍性的角度來看，「新界」當然應該融入香港，正如香港應該融入中國；從特殊性的角度來看，「新界」有權保留其傳統，正如香港有權保留其資本主義制度。既然考慮到香港的歷史和現實情況，「一國」可以容納「兩制」，那麼就沒有理由說，考慮到「新界」的歷史和現實情況，「一港」不能容納「兩政」。申言之，「新界」的特殊性緣於其「租借地」的法律地位，不等於說「新界」的特殊性等於或限於其「租

---

37. 同上，第310–311頁。
38. 劉潤和：《新界簡史》，香港：三聯書店，1999年，第71頁。

借地」的法律地位：在99年的殖民管治期間，「新界」的特殊性在方方面面被確立，這是必須尊重的歷史和現實。

（二） 作為倫理根據的「補償正義論」

在《基本法》起草期間，曾有一種觀點認為，「新界」原居民對香港的發展沒有重要貢獻，因而不應享有特權。[39]「新界」原居民對香港的發展有無重要貢獻尚待查證，但其應否享有特別權益，並不完全取決於對香港的發展有無重要貢獻，而是可能源於原居村民作為歷史受害者的身份。易言之，「補償正義」也可能是「新界」原居民受香港政府特殊保護的理由。檢視「新界」的殖民史，一個無可否認的事實是，原居村民的確曾受殖民管治的不法及不當侵害，而「新界」原居民所享有的特別權益可視為對這種損害的補償。根據損害的產生方式，可將「新界」原居村民在殖民年代所受損害分為直接損害和間接損害：直接損害即殖民政府的違約行為對「新界」原居民的土地等利益帶來的直觀的損害，而間接損害即殖民政府的不公平施政對「新界」原居民的社會等權益帶來的迂回的損害。

從直接損害來看，港英政府違背了《展拓香港界址專條》的規定和港督卜力的承諾，給「新界」原居村民的土地利益帶來了損害。在1898年前，「新界」絕大多數土地為私有，村民的土地權形態為永業權，但港英政府借1900年《新界田土法庭法案》，宣佈「新界」的土地皆為官有，又將村民的土地永業權改為承租權，此乃其一；[40]為徵收地稅及方便管治，港英政府於1899年起在「新界」丈量土地，重新確認土地業權歸屬，在此期間，大量原有歸屬但地契不明的土地被沒收，此乃其二；[41]在1898年前，土地用途不受官方限制，但港英政府接管「新

---

39. 1988年基本法諮詢委員會《中華人民共和國香港特別行政區基本法（草案）徵求意見稿諮詢報告第五冊——條文總報告》，載李浩然主編：《香港基本法起草過程概覽》（上冊），香港：三聯書店，2012年，第371頁。

40. 劉潤和：《新界簡史》，香港：三聯書店，1999年，第35頁。

41. 薛鳳旋、鄺智文：《新界鄉議局史：由租借地到一國兩制》，香港：三聯書店，2011年，第62頁。

界」後，在給土地業權人的集體官批中，明確規定土地的用途，並規定如無政府批准，承批人不得改變土地用途，其後又規定如更改土地用途，須向政府補繳地價，此乃其三；[42]戰後，為促進香港整體工業的發展，及改善市區居民的居住環境，港英政府大規模開發「新界」，大肆徵收和徵用原居村民的土地，[43]然而，根據《展拓香港界址專條》，只有修建衙署、築造砲台等緣由，當局才可徵用當地居民的土地，此乃其四。港英政府的種種違約行為，不但給「新界」鄉民的利益帶來損失，而且造成了殖民年代官民之間不斷的衝突，及至1972年推出「小型屋宇政策」，這種衝突才算得到調停。前港英政府官員指出，實行「小型屋宇政策」的一個目的，在於向社會表明，政府承認許多地方村民的土地，過去受到發展和規劃管制的影響，未來也將如此。[44]其他學者也主張，確立「丁屋權」的原意，是對1898年以後原居村民土地權益受損的一種認可，雖然政府未必同意其中含有補償的意思，卻不能抹煞個中的意味。[45]

從間接損失來看，港英政府「以市區為主」／「為市區服務」的傾斜式施政，也給「新界」原居民的社會等權益造成了損害。如前所述，「新界」原是一個農業社會，土地是大部分原居村民的生計來源，但二戰後，港英政府為改善交通、加強控制、促成現代化，及應付市區日益膨脹人口的需要，大規模在「新界」興修道路、鐵路、水塘和其他公共設施，間接導致了「新界」的農業衰微，致使大量原居村民失去生計。[46]等於說，港英政府為了城市的需要，犧牲了「新界」的農業，令不少擁有土地的村民遭受損失。[47]與此同時，港英政府以低息貸款

---

42. 施志明：《本土論俗：新界華人傳統風俗》，香港：中華書局，2016年，第226–230頁。

43. 薛鳳旋、鄺智文：《新界鄉議局史：由租借地到一國兩制》，香港：三聯書店，2011年，第151頁。

44. 許舒：《新界百年史》，林立偉譯，香港：中華書局，2016年，第215頁。

45. 劉潤和：《新界簡史》，香港：三聯書店，1999年，第111頁；蔡思行：《戰後新界發展史》，香港：中華書局，2016年，第17頁。

46. 許舒：《新界百年史》，林立偉譯，香港：中華書局，2016年，第65頁、第187頁。

47. 薛鳳旋、鄺智文：《新界鄉議局史：由租借地到一國兩制》，香港：三聯書店，2011年，第273頁。

推出「居者有其屋」計劃改善市區居民的居住環境,但「新界」鄉村居民卻得不到這些照顧;港府為解決市區居民的居住問題,迫令「新界」村民搬遷,不但破壞了村民守望相助的田園生活,而且迫使他們改變以農牧為業的傳統習俗;再者,「新界」絕大部分鄉村地區,水電、交通及公共設施遠遠追不上市區和新市鎮地區的水準。[48] 這些都是不公平施政的確證,而不公平施政的原因,如前港英政府官員所述,在於「新界」一直被視為「殖民地」部分的附屬品——政府、私人發展商和廣大的市區社會,都視「新界」為市區的附屬品,以至於「新界」開始發展後,有各種各樣的項目在開展,但大多不是為了「新界」的利益而做。[49] 從「新界」原居民的角度來看,鄉村屋宇豁免差餉、原居民村落搬遷特惠補償等,都可視作對港英政府不公平施政的補償。

總而言之,殖民年代的管治方式給「新界」原居民帶來了利益損害(包括直接損害和間接損害),而「新界」原居民所享有的特殊權益可視為對這種損害的賠償或補償。因而,從補償正義的角度來看,「新界」原居民的權益受香港政府的特殊保護,是站得住腳的。當然,有人會主張,在殖民年代,利益受損的何止「新界」原居民——「新界」的水上人家、「新九龍」的原居民乃至港島和九龍的原居民,他們的利益都曾在不同程度上遭受殖民統治的侵害——單獨對「新界」原居民進行補償,是否構成對其他殖民管治受害者的不公?對這個問題,應當一分為二。首先,從道義的角度,有損害就應有賠償,不管是「新界」原居民,還是其他香港居民,只要是利益受到損害,就應該得到相應的賠償或補償;其次,對其他利益受損的香港居民的不公平,來源於對這些居民受損利益的不補償,而非來源於對「新界」原居民的特殊補償;再者,任何正義的實現,都囿於一定的現實條件,「新界」原居民受香港政府的特殊保護,緣於利益受損的原居村民聯合起來,就其利

---

48. 1986年12月20日《新界原居民權益研討會——新界原居民原有之合法權益及傳統習慣》,載李浩然主編:《香港基本法起草過程概覽》(上冊),香港:三聯書店,2012年,第365頁。

49. 許舒:《新界百年史》,林立偉譯,香港:中華書局,2016年,第334頁。

益與港英政府不斷鬥爭、交涉和斡旋，即是說，「新界」原居民的特殊
權益，不是港英政府主動賜予的，而是原居民通過有組織的鬥爭得來
的，其他香港居民由於種種原因錯失了捍衛權益的良機，是令人遺憾
的事實；最後，改變不公平局面的辦法，在於整體提升香港居民的福
祉，或尋求對其他利益受損的香港居民進行補償（雖然由於年代久遠，
這種補償或許已經不切實際），而不在於否定「新界」原居民的特殊權
益。

（三） 作為現實根據的「既定事實論」

雖然《基本法》將「新界」原居民的權益由行政安排提升至憲制安
排，但是《基本法》第四十條並未賦予「新界」原居民任何新的權益：
根據1987年3月14日通過的《新界原居民權益最後報告》，基本法起草
委員會只是認可，原居民當時享有的合法權益應受尊重，但對其他希
望爭取的權益而不加支持。[50]在《基本法》起草之時，「新界」原居民
的合法權益——興建小型屋宇、鄉村屋宇豁免差餉、原居民村落搬遷
特惠補償、土地契約及土地相關權益、山邊安葬、遺產及繼承、生活
習俗及文物受保護——都已是既定事實。[51]即是說，《基本法》沒有
賦予「新界」原居民任何新的特權，而只是延續了當時港英政府的既有
政策。[52]在某種程度上，《基本法》第四十條是對港英政府「新界」政
策的承認和繼受，[53]而這種承認和繼受的基礎，在於中國政府「五十
年不變」的承諾，和過渡時期保持香港穩定的需要，當然，還有對「新
界」居民權益訴求的尊重，以及對香港歷史和現實的認知。

50. 居民及其他人的權利自由與義務專責小組《新界原居民權益最後報告》，載李浩然主編：《香港基本法起草過程概覽》（上冊），香港：三聯書店，2012年，第368頁。

51. 1986年12月20日《新界原居民權益研討會——新界原居民原有之合法權益及傳統習慣》，載李浩然主編：《香港基本法起草過程概覽》（上冊），香港：三聯書店，2012年，第364-365頁。

52. 薛鳳旋、鄺智文：《新界鄉議局史：由租借地到一國兩制》，香港：三聯書店，2011年，第442頁。

53. 在「丁權」司法覆核案中，作為利益相關方的鄉議局主張，《基本法》第四十條是對《基本法》起草時業已存在的「新界」原居民權益的概括性承認。See *Kwok Cheuk Kin and Another v. Director of Lands and Others* (08/04/2019, HCAL260/2015) [2019] HKCFI 867, para. 42.

一方面，在明確將於 1997 年收回香港後，中國政府於 1982 年 3 月確定了解決香港問題的「十二條」特殊政策，其中就有「香港現行社會、經濟制度不變，生活方式、福利制度不變」和「中國政府對香港的方針政策至少五十年不變」等內容。[54] 1983 年 9 月 24 日，「一國兩制」總設計師鄧小平在會見英國首相柴契爾夫人時，除表明「主權問題不是一個可以討論的問題」外，亦承諾「香港現行的政治經濟制度，甚至大部分法律都可以保留」、「香港仍將實行資本主義，現行的許多適合的制度要保持。」[55] 1984 年 6 月，在會見香港工商界訪京團及香港知名人士鍾士元時，鄧小平再次表明「我們對香港的政策長期不變」，採取「一個國家，兩種制度」的辦法解決香港問題，「不是一時的感情衝動，也不是玩弄手法，完全是從實際出發的，是充分照顧到香港的歷史和現實情況的。」[56] 1984 年 12 月 19 日簽訂的《中英聯合聲明》申明「現行的法律基本不變」、「香港的現行社會、經濟制度不變；生活方式不變」、「保持香港原有的資本主義制度和生活方式，五十年不變」，其附件三亦有規定「至於舊批約地段、鄉村屋地、丁屋地和類似的農村土地，如該土地在 1984 年 6 月 30 日的承租人，或在該日以後批出的丁屋地的承租人，其父系為 1898 年在香港的原有鄉村居民，只要該土地的承租人仍為該人或其合法父系繼承人，租金將維持不變。」《基本法》序言也載明，按照「一個國家，兩種制度」的方針，不在香港實行社會主義的制度和政策；國家對香港的基本方針政策，已由中國政府在中英聯合聲明中予以闡明。由此可見，「一國兩制」構想、《中英聯合聲明》和《基本法》是一脈相承的，「五十年不變」是其中重要的精神。

另一方面，中國政府對港政策的一大考量，在於確保香港的穩定和繁榮。過渡時期香港的穩定不可或缺。對於 1997 年收回香港，鄧小

---

54. 齊鵬飛：《鄧小平與香港回歸》，北京：華夏出版社，2004 年，第76頁。

55. 《鄧小平文選（第三卷）》，北京：人民出版社，1993 年，第12–13頁。

56. 同上，第58–60頁。

平最關心的一個問題是「香港會不會亂」。[57]在闡釋「一個國家，兩種制度」理論時，鄧小平表明「要逐步解決好過渡時期問題」，「在過渡期中，不要出現大的波動、大的曲折」。[58]1987年4月16日，在會見基本法起草委員會委員時，鄧小平再次強調「中國發展的條件，關鍵是要政局穩定」，「一個是政局穩定，一個是政策穩定，兩個穩定」。[59]在過渡時期保持香港的穩定，意味着在制定《基本法》時，要考慮到香港各方面的利益，穩定各界人士對香港未來的信心，意即儘量保持原有的政策不變。在中英談判及《基本法》起草期間，鄉議局不斷向北京方面表達「新界」原居民的權利訴求；在呈交給國務院港澳辦公室主任姬鵬飛的《維護香港安定和繁榮之具體意見書》裏，鄉議局表明其是「新界安定繁榮的一個要素」「在廣大居民及港府心目中，具有很高地位和威信」，表示「新界全體民眾是愛護祖國的，對祖國收回香港主權及治權，是一致支持的」，力陳「為了保持香港的特色及安定繁榮」應「保持新界原居民之傳統風俗習慣」。[60]《中英聯合聲明》對「新界」原居民的利益已經有所規定，若將之取消不提，容易造成敏感反應，且一向享有之權被刪去，定會使權利享有者產生反感。[61]考慮到「新界」居民支持香港回歸的愛國者立場，考慮到鄉議局在維持香港穩定繁榮中的重要作用，考慮到《中英聯合聲明》的明文規定，「新界」原居民的合法權益載入《基本法》並不出奇。

當然，有反對者會指出，《中英聯合聲明》的精神不應理解為1997年前的香港社會，僵化地移入1997年後的香港特別行政區社會；帶有

---

57. 齊鵬飛：《鄧小平與香港回歸》，北京：華夏出版社，2004年，第75頁。

58. 《鄧小平文選（第三卷）》，北京：人民出版社，1993年，第61頁。

59. 同上，第217頁。

60. 薛鳳旋、鄺智文：《新界鄉議局史：由租借地到一國兩制》，香港：三聯書店，2011年，第287頁。

61. 1987年1月16日《居民及其他人的權利自由福利義務專責小組第十次會議紀要（新界原居民）》，載李浩然主編：《香港基本法起草過程概覽》（上冊），香港：三聯書店，2012年，第366頁。

封建意識和殖民色彩的不合理制度，應逐步消除。[62]這種觀點值得正面回應。1984年10月3日，鄧小平在會見港澳同胞國慶觀禮團時表示，「五十年不變，不是說什麼都不變」，「如果有什麼要變，一定是變得更好，更有利於香港的繁榮和發展，而不會損害香港人的利益」，「向這樣的方面發展變化，香港人是會歡迎的，香港人自己會要求變，這是確定無疑的。」[63]即是說，原有制度和政策原則上應保持不變，但原則上不變不代表什麼都不變，然而變的前提是往好的方向變。依照這種標準，《基本法》第四十條忠實地體現了「五十年不變」的原則：一方面，《基本法》第四十條承認和保護「新界」原居民的合法權益，體現的是「不變」，即落實了「五十年不變」的承諾和《中英聯合聲明》的規定。就當時的情況來看，沒有理由百分百確定取消「新界」原居民的特殊權益是一種好的「變」，反而這種「變」會在一定程度上動搖「新界」人士對香港前途的信心，也可能造成中國政府不遵守承諾的不良觀感，因而「不變」更為適宜。另一方面，《基本法》第四十條承認和保護「新界」原居民的合法權益，並沒有鎖死「變」的空間。按照基本法起草委員會的理解，《基本法》第四十條是容讓特區政府因應社會改變對相關的政策進行修改的。[64]事實上，《基本法》第四十條的措辭相當寬鬆，「受香港特別行政區的保護」並不等於說香港特別行政區絕對不能對原有政策進行變更。鄉議局方面的立場，也是主張，所謂傳統權益必然會因為社會變遷而有所改動，就算將原居民權益以法律界定，仍可於適當時候由法律改革委員會修改有關法律，使之符合現實情況，配合時代轉變。[65]

---

62. 1988年基本法諮詢委員會《中華人民共和國香港特別行政區基本法（草案）徵求意見稿諮詢報告第五冊——條文總報告》，載李浩然主編：《香港基本法起草過程概覽》（上冊），香港：三聯書店，2012年，第371頁。

63. 《鄧小平文選（第三卷）》，北京：人民出版社，1993年，第73頁。

64. 1987年1月16日《居民及其他人的權利自由福利義務專責小組第十次會議紀要（新界原居民）》，載李浩然主編：《香港基本法起草過程概覽》（上冊），香港：三聯書店，2012年，第366頁。

65. 薛鳳旋、鄺智文：《新界鄉議局史：由租借地到一國兩制》，香港：三聯書店，2011年，第313頁。

三、《基本法》第四十條的實施機制

鑒於《基本法》第四十條的規定較為概括，「新界」原居民的合法傳統權益要落到實處，還須有更為具體的法律和政策來配合。按照通常之理解，法律實施可分為立法實施、行政實施和司法實施；《基本法》第四十條亦然，其實施可由立法、行政和司法三個方面分述之。然而，由於香港特別行政區迄今未就《基本法》第四十條進行專門的具體化立法，且「新界」原居民的許多傳統權益無須特區政府介入即可實現，故循舊有範式，從法律、政策和習慣三個方面討論《基本法》第四十條的實施機制更為適宜。需要澄清的是，這些法律、政策和習慣，大多非為實施《基本法》第四十條而設；相反，《基本法》第四十條是為承認這些法律、政策和習慣而設。儘管如此，它們仍可視為《基本法》第四十條的具體化。

（一）「新界」原居民權益的法律維度

在1997年7月1日之前，「新界」原居民的許多權益已經載入香港法例。《基本法》第八條規定：香港原有法律，即普通法、衡平法、條例、附屬立法和習慣法，除同本法相抵觸或經香港特別行政區的立法機關作出修改者外，予以保留。據此，有關「新界」原居民權益的原有法律，得以保留到香港回歸之後。在1997年7月1日之後，香港特別行政區未針對《基本法》第四十條進行專門立法。因而，今日之「新界」原居民權益條款，散見於香港本地諸條例，而條例多制定於殖民年代。以下分述之。

《新界條例》（香港法例第97章），制定於1910年10月28日，旨在「綜合及修訂有關管理及規管新界的法律」，回歸前後經過多次修訂，大部分條款現已廢止。但條例第13條仍然規定在有關「新界」土地的法

律程序中，原訟法庭或區域法院有權執行中國習俗，第16條亦豁免「新界」某些宗族受《公司條例》規管。[66]

《差餉條例》（香港法例第116章），制定於1973年4月1日，旨在「綜合及修訂與差餉有關的法律」，回歸前後經過多次修訂。條例規定物業單位應向政府繳納差餉，但條例第36條將符合條件的「新界」村屋列為豁免的對象。[67]

《地租（評估及徵收）條例》（香港法例第515章），制定於1997年5月30日，旨在「就某些年期超越1997年6月30日的政府租契的地租的評估及徵收，訂定條文」，回歸後經多次修訂。條例第4條規定「新界」原居村民在1984年6月30日所持有的農村土地、丁屋地、遷置屋宇批約

---

66. 《新界條例》第13條 原訟法庭或區域法院可執行中國習俗
(1) 除第(2)款另有規定外，在原訟法庭或區域法院所進行的任何有關新界土地的法律程序中，法庭有權認可並執行任何影響新界土地的中國習俗或傳統權益。
(2) 在第(1)款中，「法律程序」（proceedings）不包括就《遺囑認證及遺產管理條例》(第10章)、《無遺囑者遺產條例》(第73章)或《財產繼承(供養遺屬及受養人)條例》(第481章)而進行的法律程序或與該等條例有關的法律程序。
《新界條例》第16條 豁免某些宗族受《公司條例》規管
任何在1910年10月28日擁有土地的宗族、家族或堂，而該土地又已有一名司理根據本條例妥為註冊者，如該土地經民政事務局局長核證是用作農業、宗教、教育、慈善或其他當地成規習俗認可的相類性質用途，或是用作該宗族、家族或堂的真正成員住宅用途，則即使其成員超過20人，亦無須根據《公司條例》(第32章)進行註冊。
67. 《差餉條例》第36條 豁免評估的物業單位
(1) 下述物業單位，或其部分，均獲豁免評估差餉——
⋯
(c) 位於行政長官為施行本段而指定的新界地區內的任何村屋，且屬——
(i) 緊接《建築物條例(新界適用)條例》(第121章)生效前，*《建築物條例(新界適用)規例》‡(第322章，附屬法例，1984年版)第3(2)條(a)或(b)段或其所代替的規例所適用的建築物；
(ii) 1945年8月16日前建成的新界居民常用款式的住宅；或
(iii) 已獲根據《建築物條例(新界適用)條例》(第121章)第4或5(a)、(b)或(d)條發給建築工程豁免證明書的建築物；

地等免於繳納地租。【68】

《鄉議局條例》（香港法例第1097章），制定於1959年12月11日，旨在「就新界區的一個諮詢及協商團體的設立、職能及相關事宜訂定條文」，回歸前後經過多次修訂。但條例弁言仍然規定鄉議局為「政府在新界區事務上的寶貴諮詢團體，並且為新界區意見領袖提供交換意見的場合。」【69】

《區議會條例》（香港法例第547章），制定於1999年3月19日，（前身為《臨時區議會條例》，於1999年廢除），旨在「就地方行政區的宣佈、區議會的設立、組成及職能、選舉區議會議員的程序，以及就有關事宜訂定條文」，回歸後經多次修訂。條例第9條將鄉事委員會主

---

68. 《地租（評估及徵收）條例》第4條 繳交地租的法律責任的豁免

(1) 除本條其他條文另有規定外，如——

(a) 根據任何原居村民在1984年6月30日所持有的農村土地的適用租契而持有的權益；

(b) 根據在1984年6月30日之後向任何原居村民作出的丁屋地批租約而持有的權益；或

(c) 根據以下遷置屋宇批租約而持有的權益——

(i) 任何原居村民在1984年6月30日所持有的遷置屋宇批租約；

(ii) 為替代任何原居村民在1984年6月30日所持有的農村土地的適用租契而向該原居村民批出的遷置屋宇批租約；或

(iii) 為替代在1984年6月30日之後向任何原居村民作出的丁屋地批租約而批出的遷置屋宇批租約，

是——

(i) 由該原居村民繼續持有；或

(ii) 符合以下説明的權益——

(A) 該權益自其不再由該原居村民持有以來不曾轉易予並非該原居村民的父系合法繼承人的任何人；及

(B) 該權益繼續由屬該原居村民的父系合法繼承人的人持有，

則繳交地租的法律責任的豁免適用於上述權益。

(2) 除本條其他條文另有規定外，倘若任何權益根據在1984年6月30日由任何合資格祖或堂所持有的農村土地的適用租契或遷置屋宇批租約而持有，並且自1984年6月30日以來繼續如此持有，則繳交地租的法律責任的豁免適用於該權益。

......

69. 《鄉議局條例》弁言 鑒於——

(a) 鄉議局一向是政府在新界區事務上的寶貴諮詢團體，並且為新界區意見領袖提供交換意見的場合；及

(b) 現認為鄉議局成為一個法定諮詢團體乃屬合宜之事，而訂定其組織時，須確保該局盡可能真正代表新界區的明達而負責任的意見：

席列為當然議員。[70]

《立法會條例》（香港法例第542章），制定於1997年10月3日，旨在「就香港特別行政區立法會的組成、召開及解散，以及立法會議員的選舉及有關事宜訂定條文」，回歸後經過多次修訂。條例第20A條將鄉議局列為功能界別之一，條例第21條規定除勞工界功能界別和區議會（第二）功能界別外，每個功能界別選出的議員的人數為1名。[71]

綜上所述，就「新界」原居民權益而言，法律有明文規定的包括：土地免繳地租、丁屋豁免差餉和土地相關習慣受法庭承認。根據《鄉議局條例》的規定，以及鄉議局對自身的定位，鄉議局不只是「新界」原居民的代表，更是「新界」全體居民的代表，[72]因而，嚴格來講，法律賦予鄉議局的地位以及特權，不是專屬於「新界」原居民的合法權益。但鑒於一貫的傳統，及「新界」原居民在鄉議局中的影響，仍將鄉議局視為與原居民權益密切相關的機構。值得一提的是，據載，1977年《公眾衛生及市政事務條例》（香港法例第132章）曾允許「新界」原居民向各區政務處領取安葬許可書，將其去世的家屬葬於鄉村附近山邊

---

70. 《區議會條例》第9條 區議會由民選議員及當然議員組成
(1) 區議會由以下人士組成——
(a) 民選議員；及
(b) (如屬為有1個或多於1個鄉事委員會的地方行政區設立的區議會)在不抵觸第(2)款及第17、18及19條的規定下，每個該等鄉事委員會的主席在出任主席的期間擔任當然議員。
…

71. 《立法會條例》第20條 功能界別的設立
(1) 為在選舉中選出功能界別的議員而設立以下功能界別——
(a) 鄉議局功能界別；
…
第20A條 鄉議局功能界別的組成
鄉議局功能界別由鄉議局主席及副主席以及該局議員大會的當然議員、特別議員及增選議員組成。
第21條 功能界別所須選出的議員人數
須為——
(a) 每個功能界別(勞工界功能界別及區議會(第二)功能界別除外)選出的議員的人數為1名；及
(b) 勞工界功能界別選出的議員的人數為3名，及
(c) 區議會(第二)功能界別選出的議員的人數為5名。

72. 薛鳳旋、鄺智文：《新界鄉議局史：由租借地到一國兩制》，香港：三聯書店，2011年，第442頁；黃海：《香港社會階層分析》，香港：商務印書館，2017年，第308頁。

而無須在公共墳場安葬，[73]但現行《公共衛生及市政條例》（香港法例第132章）沒有這種規定。

（二）「新界」原居民權益的政策維度

就字面解釋而言，「合法傳統權益」只要求傳統權益符合法律，並不要求所謂傳統權益均有明文法律依據，因而香港政府制定的、不抵觸香港法律的、涉及「新界」原居民傳統權益的政策，也屬於《基本法》第四十條所指的「合法傳統權益」。涉及「新界」原居民傳統權益的政策，主要有下列幾項：

1. 「小型屋宇政策」，最早制定於1972年，旨在提升「新界」鄉郊地區的住屋和衛生標準，香港回歸前後幾經調整。根據現行「小型屋宇政策」，年滿18歲且父系源自1898年時為「新界」認可鄉村居民的男子（即年滿18歲的男性「新界」原居民），一生有一次機會向香港特區地政總署申請，在鄉村式規劃發展區及認可鄉村範圍或擴展區內，興建一所不超過3層及不高於8.23米且面積不超過65.03平方米的小型屋宇（即「丁屋」）。[74]符合條件的「新界」原居民可選擇以（a）建屋牌照或換地（若村民本身擁有私人農地，則其可申請建屋牌照，在自己的土地上興建小型屋宇，無須補地價，或以折讓或免補地價的方式與政府換地）或（b）私人協約方式批地（若村民本身沒有農地，在有條件的情況下，其可要求政府以私人協約方式批出政府土地，並給予低價優惠）的方式申請批准建造小型屋宇。[75]據統計，自1972年實施以來，截至2017年9月，地政總署共執行了42,131宗小型屋宇批約，2007–2016年間

---

73. Kwok-shing Chan, Hillside Burials: Indigenous Rights in the New Territories of Hong Kong, *Anthropology Today*, 2003, vol. 19, no. 6, pp. 7–9; 薛鳳旋、鄺智文：《新界鄉議局史：由租借地到一國兩制》，香港：三聯書店，2011年，第442頁；黃海：《香港社會階層分析》，香港：商務印書館，2017年，第186頁。

74. 香港特別行政區政府地政總署：《新界小型屋宇政策-如何申請批准建造小型屋宇》，資料來源：https://www.landsd.gov.hk/tc/images/doc/NTSHP_C_text.pdf，最後訪問日期：2018年12月17日。

75. 吳穎瑜：《小型屋宇政策》，香港特別行政區立法會研究刊物（文件編號：ISE10/15-16），資料來源：https://www.legco.gov.hk/research-publications/chinese/essentials-1516ise10-small-house-policy.htm，最後訪問日期：2018年12月17日。

獲准的小型屋宇申請，約86%的個案以建屋牌照方式批出，11%的個案以私人協約方式批出，少於3%的個案以換地方式批出。[76]

2. 「山邊殯葬政策」，最早制定於1977年，旨在「規管原居民山邊殯葬，並禁止非原居民於山邊殯葬」，於1983年開始實施。自1983年以來，香港政府將面積約4,000公頃的多幅政府土地劃為約520個「認可殯葬區」，供「新界」原居民身故後下葬。該政策由多個政府部門（民政總署、地政總署、食環署、漁護署及水務署）共同執行。根據「山邊殯葬政策」，「新界」原居民身故後，其家屬須先獲原居民村代表或鄉事委員會確認身故者的原居民身份，以及作出宣誓，方可向該區民政處申領殯葬許可證；獲得許可後，家屬須按照許可證所示範圍及所附規則安葬身故者；違規殯葬者，由民政處轉介相關部門跟進。1983年至2014年間，「新界」各區民政處共發出31,282張殯葬許可證。根據香港申訴專員公署主動調查報告，「山邊殯葬政策」自執行以來，存在主管部門權責不清、殯葬許可證規定粗淺、對非法殯葬者執法寬鬆、殯葬區行銷保育地生態及對認可殯葬區欠缺長遠規劃等問題，據此，申訴專員公署建議各相關部門及決策局全面檢討「山邊殯葬政策」。[77]

3. 「收地特惠補償政策」，最早制定於1978年，當局將「新界」土地分為七個區，按此評估「新界」土地的特惠補償。1985年，七個特惠補償區改為甲乙丙丁四個，當局由該年起，每年檢討各補償區的範圍。根據「收地特惠補償政策」，在擬回收的土地上張貼政府公告後，當局可向註冊土地業權人發出標準補償建議書，建議支付一筆款項，作為回收土地的完全及最終解決補償。農地補償按憲報公佈的特惠補償率及各區補償率分區圖計算；屋地業權人可獲的補償，按地價加上特惠率計算。特惠率依分區圖而定，每六個月檢討一次，在有需要時

---

76. 土地供應專責小組：《新界鄉村式發展》，香港特別行政區發展局討論文件（第14/2017號），資料來源：https://www.devb.gov.hk/filemanager/tc/content_1054/Paper_14_2017.pdf，最後訪問日期：2018年12月17日。

77. 申訴專員公署：《主動調查報告—政府對「認可殯葬區」的管理》，資料來源：https://ofomb.ombudsman.hk/abc/files/DI248_full_TC-10_12_2015.pdf，最後訪問日期：2018年12月17日。

也予檢討，以反映物業市值的變化。若土地業權人不接納特惠土地補償建議，可依照法定程序提出法定補償申索。[78] 根據現行規定，「新界」私人土地如擬回收，可獲政府的特惠補償：對於農地，政府會根據適用的分區補償率，提出特惠補償建議，作為完全並最終解決補償；而對於屋地，政府會根據專業估值另加按照適用的分區補償率計算的特惠補償，提出特惠補償建議，而如屋地業主是「新界」原居民，其屋地被收回時可獲提供另一幅土地或另一所遷置屋宇，及/或發放適用的特惠津貼，作為完全及最終解決補償，獲此補償者不再享受特惠補償。除此之外，「新界」原居民及本地漁民的墳墓和金塔及1898年前業已存在的神龕用地，如被收回，也可獲政府發放特惠津貼。[79]

（三）「新界」原居民權益的習慣維度

如鄉議局所主張，「新界」原居民的許多傳統習俗是沒有法律規定的；此類傳統習俗，若不抵觸香港法律，則可作為「新界」原居民的合法傳統權益，亦即「新界」原居民權益的習慣維度。《新界條例》（香港法例第97章）第13條規定：在原訟法庭或區域法院所進行的任何有關「新界」土地的法律程序中，法庭有權認可並執行任何影響「新界」土地的中國習俗或傳統權益。根據香港法院對這一條的解釋，在任何有關「新界」土地的法律程序中，法庭是必須（而不只是獲准）執行中國習俗和傳統權益。[80] 即是說，「新界」的傳統習俗，如獲法庭確認，可成為習慣法。事實上，時至今日，涉及「新界」原居民權益，且仍然有效的傳統習俗，主要在於土地繼承方面，即「祖」和「堂」及女性繼承問題。

---

78. 立法會規劃地政及工程事務委員會：《收地政策文件》，資料來源：https://www.legco.gov.hk/yr99-00/chinese/panels/plw/papers/a32c01.pdf，最後訪問日期：2018年12月17日。

79. 香港特別行政區政府地政總署：《政府收地及發展清拆行動的一般特惠補償安排及寮屋住戶安置安排》，資料來源：https://www.landsd.gov.hk/tc/rehouse/rehousing.htm，最後訪問日期：2018年12月17日。

80. See *Tang Kai-chung and Another v. Tang Chik-shang and Others* (18/04/1970, HCA2071/1966); *Lai Hay on v. Commissioner of Rating and Valuation and Another* (31/03/2010, CACV130/2007) [2010] 3 HKLRD 286.

　　「祖」和「堂」是中國特有的家族財產處理方式，即以集體信託形式管理家族的財產，使家族全體男性後人都可以分得祖先田產的收入，部分收入作祭祀先人和節慶之用。[81]「祖」是指男性先人，通常是有較多遺產留給後人共同擁有的重要先人，「堂」是指憑藉「祖」賜予的集體財產而建立起來的男性親屬集團，在「新界」原居民村落的語境下，「祖」可用於指代祖先賜予的集體產業，此類產業由「堂」來管理，原則上不得變賣或轉讓，也不得分家或割佔，而應以父系繼承方式，世世代代留給男性後裔共同享有。[82]以「祖」和「堂」的方式管理家族財產，是中國社會的傳統慣習，但港英政府接管香港後，直接以英國法律裏的「信託」處置中國的「祖」和「堂」。[83]根據香港現行法例，「祖」和「堂」是非法人團體。《新界條例》第15條規定，如以任何宗族、家族或堂名義，根據租契或其他批予、協議或特許而持有從政府取得的土地，則該宗族、家族或堂須委任一名司理作為代表。由於涉及族產收益的分配，不論回歸前後，「祖」和「堂」經常會牽涉糾紛（宗族的歷史愈悠久，此類糾紛就愈複雜），而在處理此類族產糾紛時，香港法院通常會根據中國習俗來裁判，因而此類案件中專家證人的意見非常重要。[84]在中國習俗或傳統權益方面，《大清律例》通常會作為習慣法，成為香港法院裁判有關土地案件的依據，但這種適用並非絕對，隨着時間的推移及成文法的完善，《大清律例》許多落後的規則已為香港法院所摒棄。[85]

---

81. 薛鳳旋、鄺智文：《新界鄉議局史：由租借地到一國兩制》，香港：三聯書店，2011年，第52頁。

82. 張少強：《管治新界：地權、父權與主權》，香港：中華書局，2016年，第88-89頁。

83. 松原健太郎：《是信託還是法人？中國宗族財產的管治問題》，卜永堅譯，《歷史人類學學刊》2009年第7卷第2期，第73-104頁；Say H Goo, The Small House Policy and Tso and Tong Land: Finding the Interface between State and Customary Law in Hong Kong, in Fu, H & Gillespie, J (eds.), *Resolving Land Disputes in East Asia: Exploring the Limits of Law*, Cambridge, UK: Cambridge University Press, 2014, pp. 374–391.

84. 金敏：《明天是「好否」還是「有無」？香港高等法院「鄧光裕堂案」評述》，《中外法學》2013年第3期。

85. 傅健慈：《香港新界土地繼承權的演變》，《法律文化研究》（第三輯）2007年第00期。

　　另一個牽涉中國習俗的，是女性的土地繼承權問題。根據華人傳統習俗，女性通常不享有土地繼承權。基於《新界條例》的規定，在任何有關「新界」土地的法律程序中，法庭會按照中國傳統及宗祠習俗來判決和執行，即身故者的遺孀或女兒都沒有土地繼承權。[86]這種習俗幾乎貫穿了殖民年代始終，直至1994年《新界土地（豁免）條例》（香港法例第452章）通過。在殖民管治行將終結時，房屋管理委員會發現其轄下大量居屋未完成申請豁免《新界條例》的手續，意即不論是否位於「新界」農村，這些居屋都應按照《新界條例》由男性繼承，當時受影響的業權人達35萬之多。為彌補這一漏洞，1993年10月，港英政府擬推出《新界土地（豁免）條例》，豁免受《新界條例》影響的非農村土地；1994年1月，立法局議員陸恭蕙提出修訂，要求將豁免範圍延及農村土地。雖然遭到鄉議局及部分原居民的強烈抵制，《新界土地（豁免）條例》仍於1994年6月經立法局通過。[87]根據《新界土地（豁免）條例》第3條，農村土地（僅限於繼承）和非農村土地不受《新界條例》第II部規管，即「新界」農村女性亦有權繼承土地（土地業權人仍可以遺囑方式排除女性繼承）。

　　對於長期受制於父權體系的「新界」農村女性而言，《新界土地（豁免）條例》無疑是一個巨大的進步。但《新界土地（豁免）條例》第5條明確將族產排除在豁免範圍之外，意即「新界」女性原居民無權繼承「祖」和「堂」的財產。雖然《新界條例》和《新界土地（豁免）條例》沒有強制將族產分予女性，但根據人類學家的觀察，在「新界」的某些原居民村落，未婚的女兒亦可獲得族產分紅，儘管這種情況並非常態。[88]這種實踐表明，所謂華人傳統，並非毫無彈性或一成不變。即

---

86. 王錫琴：《香港社會變化與婦女權益進步》，《政法論叢》2016年第6期。

87. 薛鳳旋、鄺智文：《新界鄉議局史：由租借地到一國兩制》，香港：三聯書店，2011年，第270–273頁。Carole J. Petersen, Equality As a Human Right: The Development of Anti-Discrimination Law in Hong Kong, *Columbia Journal of Transnational Law*, 1996, vol. 34, no. 2, pp. 335–388.

88. 魯比·沃森：《婦女的權利和香港原住民權之爭：挑戰「殖民地」理念》，周彥譯，《廣西民族大學學報（哲學社會科學版）》2009年第6期；Kwok-shing Chan, Women's Property Rights in a Chinese Lineage Village, *Modern China*, 2013, vol. 39, no. 1, pp. 101–128.

使沒有法律的強制，隨着時間的推移，不合時宜的傳統和習慣，也會得到村民自發的調整，或逐步遭到時代的淘汰。事實證明，只有適應時代變化的傳統，才能迸發出持久的生命力。

小結

《基本法》第四十條對於「新界」原居民意義重大，因為其將「新界」原居民的傳統權益由行政安排提升至憲制安排。由於僅涉及「新界」原居民的傳統權益，《基本法》第四十條的必要性和合理性遭到質疑。在《基本法》第四十條的起草過程中，各種支持或反對「新界」原居民傳統權益的觀點和理據得到表達。《基本法》草案九易其稿，表明了立法者的慎重，也體現了立法的民主性。最終的政治決斷表示支持「新界」原居民的合法傳統權益，並呈現為《基本法》第四十條：「新界」原居民的合法傳統權益受香港特別行政區的保護。香港回歸後，《基本法》第四十條成為「新界」原居民權益繼續受保護的基石。

「新界」原居民並非一種族群身份，故證成《基本法》第四十條，不宜訴諸國際土著居民權益或國內少數民族政策，而應訴諸於「新界」獨特的歷史和現實。「新界」作為「租借地」的歷史、「新界」原居民作為受損者的經歷、「新界」原居民傳統權益作為既成事實的現狀，都能為《基本法》第四十條的正當性提供辯護。有反對者指出，《基本法》第四十條是出於政治考慮，但立法本身就是一個政治過程；不惟「新界」原居民權益，「五十年不變」、「一國兩制」、「港人治港」和「高度自治」等都是出於政治考慮，所謂政治考慮並不能成為否定《基本法》第四十條正當性的理由。

由於《基本法》第四十條只是一個概括性的規定，「新界」原居民的合法傳統權益要落到實處，還需香港特別行政區的各種法律、政策和習慣來配合。事實上，涉及「新界」原居民權益的法律、政策和習慣，在香港回歸之前就存在，且在香港回歸之後繼續運作。從某種程度上來講，這些法律、政策和習慣，不是為落實《基本法》第四十條

而存在；相反，《基本法》第四十條是為承認這些法律、政策和習慣而存在。檢視這些法律、政策和習慣，會發現回歸前後的某些漸變，而這種漸變說明「新界」原居民的傳統並非毫無彈性或互古不變，相反，傳統會因應時勢而緩慢發生改變，這對現代人理解傳統有重要啟發意義。

第五章

「新界」原居民權益的憲制挑戰

❧❧❧❧❧❧❧❧❧❧❧❧❧❧❧❧

　　雖然《基本法》第四十條為「新界」原居民的合法傳統權益提供了憲制保障，但是在實際運作中，「新界」原居民的權益向來都飽受爭議和挑戰。在憲制層面，「新界」原居民權益面臨的挑戰主要有三種：一是平等保護的挑戰，即為保護原居民權益而採取的差別對待是否構成歧視，從而違反《基本法》第二十五條的問題；二是社會現實的挑戰，即香港現有的土地資源是否足以滿足原居民長期的需求，同時不損害香港長遠的發展的問題；三是香港前途的挑戰，即《基本法》第五條規定的「五十年不變」期限屆滿後，「新界」原居民權益能否繼續得到保障的問題。在解釋《基本法》第四十條時，必須將這些因素納入考量範圍。

一、平等保護的挑戰：原居民權益構成歧視嗎？

　　根據《基本法》第四十條，為保護「新界」原居民的合法傳統權益，香港特別行政區採取了某些差別對待措施，而這種差別對待被指違反了《基本法》第二十五條規定的「香港居民在法律面前一律平等」。事實上，原居民權益所涉的差別對待，涉嫌違反兩個層面的平等保護：一是身份平等，即傳統權益僅對「新界」原居民開放，涉嫌歧視其他香港居民；二是性別平等，即部分權益僅對男性原居民開放，涉嫌歧視女性原居民。如果不能提供足夠理據，證明差別對待的確有理可據，「新界」原居民權益的正當性將會大打折扣。

（一） 平等保護在香港：立法與實踐

雖然近代國家憲法早在二三百年前就承認了平等原則，《世界人權宣言》也於1948年將平等確定為一項人權，但是在中國香港，平等權的立法和實踐至遲於二十世紀九十年代才啟動。[1]儘管如此，在短短的二十餘年間，香港在反歧視立法方面突飛猛進，在平等保護領域取得了相當可觀的成績，能夠為內地和其他地區提供許多可資借鑒的寶貴經驗。[2]截至目前，在香港適用的反歧視立法主要有三種：一種是憲制性法律，即帶有平等權或反歧視條款的憲制性法律；一種是專門性法律，即專門為平等權或反歧視而制定的一般性法律；一種是國際性法律，即帶有平等權條款或專門為反歧視制定的國際條約。

就憲制性法律而言，最重要的平等權條款當屬《基本法》第二十五條：香港居民在法律面前一律平等。這一條款位於《基本法》第三章「居民的基本權利和義務」所列舉的基本權利之首，有學者認為，這種體例結構表明，平等權涵攝整個基本權利體系。[3]就條款措辭而言，《基本法》第二十五條僅原則性地規定了平等權，而無列舉民族、種族、性別、職業、家庭出身、宗教信仰、教育程度、財產狀況、居住期限等禁止作為差別對待理由的事項，有學者認為，這種簡單的表述旨在給法律適用留下更多的彈性空間，賦予司法機關更大的自由裁量權。[4]除《基本法》外，另一部經常被當作香港憲制性法律的規範文件——《香港人權法案條例》（香港法例第383章）（以下簡稱「《人權

---

1. See Carole J. Petersen, Equality As a Human Right: The Development of Anti-Discrimination Law in Hong Kong, *Columbia Journal of Transnational Law*, 1996, vol. 34, no. 2, pp. 335–388.

2. 任喜榮：《平等機會委員會與平等權利保護——香港的經驗》，《法制與社會發展》2006年第4期；趙真：《香港平等保護研究》，中國政法大學碩士學位論文，2009年，第42頁。

3. 趙真：《香港平等保護研究》，中國政法大學碩士學位論文，2009年，第11頁。

4. Kelley Loper, Right to Equality and Non-discrimination, in Chan, J and Lim, CL (eds), *Law of the Hong Kong Constitution*, Hong Kong: Sweet & Maxwell, 2011, pp. 827–848.

法案》」) 也為平等權提供了有力的保障。[5]《人權法案》第II部第1條規定「享受權利不分區別」[6],第II部第22條規定「在法律面前平等及受法律平等保護」[7],兩個條款都將種族、膚色、性別、語言、宗教等因素列為禁止作為差別對待理由的事項。《基本法》的概括性規定與《人權法案》的不完全列舉互為補充,為香港居民的平等權提供了憲制保障。但需要指出的是,根據《人權法案》第I部第7條的規定,《人權法案》只對政府及所有公共主管當局及代表政府或公共主管當局的人有約束力,[8] 換言之,《人權法案》對於私人和私人團體沒有約束力。就此而言,《基本法》為平等權提供的保障,顯然更為基礎且更為全面。

---

5. 必須澄清的是,就法律地位而言,《人權法案》能否視為香港的憲制性文件,是一個有爭議的問題。1991年6月8日獲立法局通過時,《人權法案》原有「所有先前法例,凡不可作出與本條例沒有抵觸的解釋的,其與本條例抵觸的部分現予廢除」等規定。但此類規定等於確定《人權法案》在香港有凌駕性的法律地位,有架空《基本法》之嫌,故1997年2月23日,全國人大常委會在《關於處理香港原有法律的決定》中,宣告《人權法案》第2條第(3)款、第3條及第4條,因抵觸《基本法》而不採用為香港特別行政區法律。據此,《人權法案》只是香港的一般法律,不具備任何凌駕性地位。然而,《基本法》第三十九條第二款的規定,似乎又將《人權法案》確立為司法審查的依據,從而間接賦予了《人權法案》憲制性地位。總體而言,香港學者傾向於認為《人權法案》是香港的憲制性法律,而內地學者則傾向於否定《人權法案》是香港的憲制性法律。參見陳弘毅:《公法與國際人權法的互動:香港特別行政區的個案》,《中外法學》,2011年第1期;李薇薇:《〈公民權利和政治權利國際公約〉在香港的法律地位》,《法制與社會發展》,2013年第1期;Simon N. M. Young, Restricting Basic Law Rights in Hong Kong, *Hong Kong Law Journal*, 2004, vol. 34, no. 1, pp. 109–132; Johannes Chan, The Status of the Bill of Rights in the Hong Kong Special Administrative Region, *Hong Kong Law Journal*, 1998, vol. 28, no. 2, pp. 152–155. 從香港特區的司法實踐來看,《人權法案》即便沒有憲制性法律的地位,也有憲制性法律的功能。

6. 《香港人權法案條例》第II部第一條 享受權利不分區別
(一) 人人得享受人權法案所確認之權利,無分種族·膚色·性別·語言·宗教·政見或其他主張·民族本源或社會階級、財產、出生或其他身分等等。
(二) 人權法案所載一切公民及政治權利之享受,男女權利,一律平等。

7. 《香港人權法案條例》第II部第二十二條 在法律前平等及受法律平等保護
人人在法律上一律平等,且應受法律平等保護,無所歧視。在此方面,法律應禁止任何歧視,並保證人人享受平等而有效之保護,以防因種族、膚色、性別、語言、宗教、政見或其他主張、民族本源或社會階級、財產、出生或其他身分而生之歧視。

8. 《香港人權法案條例》第I部第7條 本條例的約束力
(1) 本條例只對以下各方面具有約束力——
(a) 政府及所有公共主管當局;及
(b) 代表政府或公共主管當局行事的任何人。
(2) 在本條中——人 (person)包括團體,不論其是否法團組織。

就專門性法律而言，迄今為止，香港共有4部反歧視立法，即《性別歧視條例》、《殘疾歧視條例》、《家庭崗位歧視條例》和《種族歧視條例》。《性別歧視條例》（香港法例第480章），制定於1996年5月20日，旨在「將某些種類的性別歧視及基於婚姻狀況或懷孕的歧視，以及將性騷擾定為違法作為」並「就委出其職能為致力消除此等歧視及騷擾以及一般地促進男性與女性之間的平等機會的委員會訂定條文」。一個經常為人忽略的事實是，《性別歧視條例》不僅禁止歧視女性，而且禁止歧視男性。[9]《殘疾歧視條例》（香港法例第487章），制定於1996年5月20日，旨在「將雇用、教育、貨品、服務等領域對殘疾人士或與殘疾人士有聯繫的人士的歧視定為違法行為」，「就針對殘疾人士或與殘疾人士有關的人士的騷擾及中傷訂立條文」，並「擴大平等機會委員會的職權，以包括此等歧視」。《家庭崗位歧視條例》（香港法例第527章），制定於1997年11月21日，旨在「將基於家庭崗位而對任何人的歧視定為違法作為，並擴大平等機會委員會的職權，以包括此等歧視。」《種族歧視條例》（香港法例第602章），制定於2008年10月3日，旨在「將基於種族的歧視、騷擾及中傷定為違法作為；禁止基於種族而對人作出嚴重中傷；擴大平等機會委員會的管轄範圍以包括該等違法作為；授予該委員會消除該等歧視、騷擾及中傷以及促進不同種族人士之間的平等及和諧的職能等」。以上四部專門性法律，適用範圍均不限於公共

---

9. 《性別歧視條例》第5條 對女性的性別歧視
   (1) 任何人如——
   (a) 基於一名女性的性別而給予她差於他給予或會給予男性的待遇；或
   (b) 對該女性施加一項要求或條件，雖然他同樣地對或會對男性施加該項要求或條件，但——
   (i) 女性能符合該項要求或條件的人數比例，遠較男性能符合該項要求或條件的人數比例為小；
   (ii) 他不能顯示不論被施加該項要求或條件的人的性別為何，該項要求或條件是有理由支持的；及
   (iii) 由於該女性不能符合該項要求或條件，以致該項要求或條件是對她不利的，
   即屬在就本條例任何條文而言是有關的情況下，歧視該女性。
   (2) 如任何人根據男性的婚姻狀況而給予或會給予男性不同的待遇，則就第(1)(a)款比較女性與男性受該人的待遇時，須以婚姻狀況相同的男性和女性作比較。
   《性別歧視條例》第6條 對男性的性別歧視
   (1) 第5條以及在第3及4部中關於針對女性的性別歧視的條文，須理解為同樣地適用於男性所受的待遇；就此而言，該等條文經作出必要的變通後具有效力。
   (2) 在施行第(1)款時，不得考慮女性因懷孕或分娩而獲得的特殊待遇。

領域，所規定事項屬於平等機會委員會的管轄範圍，不僅禁止直接歧視，而且禁止間接歧視。

就國際性法律而言，適用於香港且與平等權相關的國際條約主要有4部，即《公民權利和政治權利國際公約》、《經濟、社會和文化權利國際公約》、《消除一切形式種族歧視國際公約》、《消除對婦女一切形式歧視公約》。《公民權利和政治權利國際公約》和《經濟、社會和文化權利國際公約》於1976年正式生效，兩部公約的效力都及於回歸前在英國治下的香港。兩部公約都有明確的平等保護規定，且明確列舉了禁止作為差別對待理由的事項。[10]《基本法》第三十九條第一款規定：《公民權利和政治權利國際公約》、《經濟、社會與文化權利的國際公約》和國際勞工公約適用於香港的有關規定繼續有效，通過香港特別行政區的法律予以實施。《消除一切形式種族歧視國際公約》旨在消除種族歧視，促進種族間的諒解，其將種族歧視定義為「基於種族、膚色、世系或民族或人種的任何區別、排斥、限制或優惠，其目的或效果為取消或損害政治、經濟、社會、文化或公共生活任何其他方面人權及基本自由在平等地位上的承認、享受或行使。」《消除對婦女一切形式歧視公約》旨在消除對婦女的歧視，促進男女平等，其將對婦女的歧視定義為「基於性別而作的任何區別、排除和限制其作用或目的是要妨礙或破壞對在政治、經濟、社會、文化、公民或任何其他方面的人權和基本自由的承認以及婦女不論已婚未婚在男女平等的基礎上享有或行使這些人權和基本自由。」《消除一切形式種族歧視國際公約》

---

10. 《公民權利和政治權利國際公約》第二條第一款規定：「本公約每一締約國承擔尊重和保證在其領土內和受其管轄的一切個人享有本公約所承認的權利，不分種族、膚色、性別、語言、宗教、政治或其他見解、國籍或社會出身、財產、出生或其他身分等任何區別。」第三條規定：「本公約締約各國承擔保證男子和婦女在享有本公約所載一切公民和政治權利方面有平等的權利。」第二十六條規定：「所有的人在法律前平等，並有權受法律的平等保護，無所歧視。在這方面，法律應禁止任何歧視並保證所有的人得到平等的和有效的保護，以免受基於種族、膚色、性別、語言、宗教、政治或其他見解、國籍或社會出身、財產、出生或其他身分等任何理由的歧視。」《經濟、社會與文化權利的國際公約》第二條第二款規定：「本公約締約各國承擔保證，本公約所宣佈的權利應予普遍行使，而不得有例如種族、膚色、性別、語言、宗教、政治或其他見解、國籍或社會出身、財產、出生或其他身分等任何區分。」第三條規定：「本公約締約各國承擔保證男子和婦女在本公約所載一切經濟、社會及文化權利方面有平等的權利。」

自1969年在香港實行,《消除對婦女一切形式歧視公約》自1996年在香港實行。值得指出的是,根據《基本法》第三十九條的規定,以及普通法的二元論慣例,上述國際公約在香港不能直接適用,而應當轉化為香港本地立法適用,但是香港法院在解釋本地法例時,傾向於與國際公約的規定保持一致,因而國際公約在香港的平等保護中仍有重要作用。[11]

就實踐而言,香港的平等保護主要由政府機構、專門機構及司法機構來執行。婦女事務委員會為推廣性別平等的政府機構,致力於促進婦女的福祉和權益,確保女性在生活各方面充分獲得應有的地位、權利及機會。[12]與此同時,平等機會委員會(簡稱「平機會」)是負責執行反歧視法例的專門機構,致力於消除基於性別、婚姻狀況、懷孕、殘疾、家庭崗位及種族而產生的歧視,消除性騷擾及基於殘疾和種族的騷擾及中傷行為,促進男女、傷健、有家庭崗位和沒有家庭崗位人士及不同種族人士的平等機會。[13]婦女事務委員會為官方機構,而平等機會委員會為獨立機構,平等機會委員會的職權較婦女事務委員會的職權更為廣泛,但二者在婦女事務上的職權亦有交叉和重合,二者都為促進平等作出了重大貢獻。此外,香港法院也是貫徹平等保護的重鎮,各級法院在系列案件中初步確定了平等權的法理內涵,具體可總結為:1. 平等與歧視互為對立面,平等權即免受歧視的權利;2. 歧視可能以直接或間接的方式出現,主觀的歧視意圖並非歧視的構成要件;3. 如果不能提供充分理據,基於性別、種族、身份等的差別對待即構成歧視;4. 有理可據的差別對待不構成歧視,因而不侵犯平等權;5.《人權法案》對禁止作為差別對待理由之事項的列舉為不完全列舉,

11. 趙真:《香港平等保護研究》,中國政法大學碩士學位論文,2009年,第16頁;劉小楠:《港台地區性別平等立法即案例研究》,北京:法律出版社,2013年,第163頁。

12. 婦女事務委員會官方網站:https://www.women.gov.hk/sc/index.html,最後訪問日期:2018年12月25日。

13. 平等機會委員會官方網站:http://www.eoc.org.hk/default.asp,最後訪問日期:2018年12月25日。

其他身份（譬如同性戀和身體殘疾）也可能構成禁止作為差別對待理由之事項；6. 基於內在特質的差別對待與基於其他因素的差別對待，有不同的審查標準，前者的審查標準為「嚴格審查」，而後者的審查標準為「明顯缺乏理據」；7. 平等是形式平等，更是實質平等，有時為確保實質平等，必須採取差別對待的特別措施。[14]

（二）　身份平等：原居民與非原居民

「新界」原居民的傳統權益由於其專屬性——僅對「新界」原居民開放，其他香港居民無權享受——而備受爭議。其中爭議最大的是「小型屋宇政策」（或曰「丁屋政策」），有人稱該政策並非《基本法》第四十條所指的「合法傳統權益」，也有人指該政策涉嫌歧視大部分香港居民。[15]姑且不論「小型屋宇政策」是否屬於「新界」原居民的「合法傳統權益」，一個可以確定的事實是，「小型屋宇政策」構成基於「社會階級」或「其他身份」的差別對待。[16]根據香港特區終審法院就平等權確定的法理：平等權本質上是不受歧視的權利，在同等情況下，法律應當給予所有香港居民同等待遇，但是在法律面前平等，並非絕對地規定完全的平等，在有充分理據支持的情況下，法律可以給予不同的居民不同的待遇。[17]換言之，「小型屋宇政策」是否構成歧視，要看有關當局能否提供充分的理據，證明差別對待的必要性、合法性及合理性。如果當局能夠證明差別對待有理可據，則「小型屋宇政策」不構

---

14. Kelley Loper, Right to Equality and Non-discrimination, in Chan, J and Lim, CL (Eds.), *Law of the Hong Kong Constitution*, Hong Kong: Sweet & Maxwell, 2011, pp. 827–848; 楊曉楠：《對孔允明案判決的解讀——兼議香港終審法院的司法態度》，《中國法律評論》2016年第3期。

15. 事實上，有社會人士針對「小型屋宇政策」提起司法覆核（案件編號：HCAL260/2015），香港特區高等法院於2018年12月開庭審理該案。高等法院原訟法庭於2019年4月8日就該案作出裁決。See *Kwok Cheuk Kin and Another v. Director of Lands and Others* (08/04/2019, HCAL260/2015) [2019] HKCFI 867.

16. Johannes Chan, Rights of New Territories Indigenous Inhabitants, in Chan, J and Lim, CL (eds.), *Law of the Hong Kong Constitution*, Hong Kong: Sweet & Maxwell Hong Kong, 2011, pp. 883–911.

17. See *Secretary for Justice v. Yau Yuk Lung Zigo and Another* (17/07/2007, FACC12/2006) (2007) 10 HKCFAR 335, [2007] 3 HKLRD 903, para. 19–20.

成歧視，因而不違反《基本法》第二十五條的規定，因此也就無須處理《基本法》第四十條與第二十五條的潛在衝突問題。

根據終審法院在「邱旭龍案」確定的「有理可據檢驗標準」（justification test），要證明某項差別對待有理可據，就必須證明：1. 該待遇上的差別必須是為了追求一個合法的目的。任何目的要被視為合法，則必須確立有真正必要給予該差別；2. 該待遇上的差別與該合法目的必須有合理的關連；3. 該待遇上的差別不得超出為達致該合法目的而必需的程度。【18】「小型屋宇政策」由香港政府制定（確切而言，是由港英政府制定，特區政府延續），因而特區政府有責任證明該政策所涉差別對待有理可據。又根據「邱旭龍案」、「霍春華案」和「孔允明案」等確定的法理，凡涉及因諸如種族、性別或性取向等個人特徵（personal characteristics）而採取的區別對待，法庭將採用嚴格審查（intense scrutiny）標準予以審查。【19】根據相關法例對「原居村民」的定義，「新界」原居民身份由父系血統決定，某人在出生時即可確定其是否具備「新界」原居民的身份，因而「小型屋宇政策」也是某種程度上的基於個人特徵或內在特質的差別對待。因此，法庭可能會採用嚴格審查標準來審查此類差別對待是否真正有理可據。

證明「小型屋宇政策」所涉差別對待有理可據的第一步，是證明該政策是為了追求一個合法的目的。就此，特區政府可主張，「小型屋宇政策」是為了落實《基本法》第四十條的規定。終審法院在「陳華案」中側面肯定了「丁屋政策」屬於「新界」原居民權益，【20】這一點可作為「小型屋宇政策」所涉差別對待是為了追求一個合法目的的證明。證明

---

18. *Secretary for Justice v. Yau Yuk Lung Zigo and Another* (17/07/2007, FACC12/2006) (2007) 10 HKCFAR 335, [2007] 3 HKLRD 903, para. 20.

19. See *Secretary for Justice v. Yau Yuk Lung Zigo and Another* (17/07/2007, FACC12/2006) (2007) 10 HKCFAR 335, [2007] 3 HKLRD 903, para. 21; *Fok Chun Wa and Another v. The Hospital Authority and Another* (02/04/2012, FACV10/2011) (2012) 15 HKCFAR 409, para. 78; *Kong Yunming v. The Director of Social Welfare* (17/12/2013, FACV2/2013) (2013) 16 HKCFAR 950, para. 40.

20. *Secretary for Justice and Others v. Chan Wah and Others* (22/12/2000, FACV11/2000) (2000) 3 HKCFAR 459, [2000] 3 HKLRD 641, para. 61.

「小型屋宇政策」所涉差別對待有理可據的第二步，是證明該差別對待與該合法目的有合理的關聯。就此，特區政府可援引「小型屋宇政策」初始文件，證明此種差別對待與落實《基本法》第四十條有合理的關聯。根據香港審計署署長《第三十九號報告書》，「小型屋宇政策」的直接目的是使「新界」原居村民可為自己興建房屋，以維持原居社區的凝聚力，並改善「新界」鄉郊地區的房屋及衛生標準。[21]如特區政府能證明「小型屋宇政策」是落實《基本法》第四十條的必要舉措，則該政策可通過「有理可據檢驗標準」的關聯性審查。但有學者認為，隨着社會經濟環境的變遷，「小型屋宇政策」與上述目的之間不再有合理關聯。[22]（如能順利通過第二步）證明「小型屋宇政策」所涉差別對待有理可據的第三步，是證明該差別對待沒有超過達致合法目的的必要程度。就此，特區政府需要證明手段與目的的相稱性；這種證明的難度顯然更大，在此階段，特區政府或需提供實證材料。

　　在以上三個階段，如不能通過第一階段，則不會進入第二階段；如不能通過第二階段，則不會進入第三階段；如不能通過第三階段，則不符合「有理可據檢驗標準」。如果法庭採用嚴格審查，「小型屋宇政策」有很大機會不獲承認有理可據，即法庭可能裁定該政策因構成歧視而與《基本法》第二十五條相抵觸。[23]當然，違反《基本法》第二十五條並不必然意味着違憲，因為在此情況下，法庭還需要考慮《基本法》第二十五條與第四十條的關係，即何者優先適用的問題。有學者認為，不論在法理上是對是錯，《基本法》第四十條的目的在於保留「新界」原居民的合法傳統權益，哪怕這些權益與《基本法》其他條款格格不入；當《基本法》第四十條與第二十五條相互衝突時，《基本法》

---

21. 香港特別行政區審計署《第三十九號報告書》（二零零二年十月），資料來源：https://www.aud.gov.hk/chi/pubpr_arpt/rpt_39.htm，最後訪問日期：2018年12月26日。

22. Johannes Chan, Rights of New Territories Indigenous Inhabitants, in Chan, J and Lim, CL (eds.), *Law of the Hong Kong Constitution*, Hong Kong: Sweet & Maxwell, 2011, pp. 883–911.

23. 高等法院原訟法庭裁定，就「小型屋宇政策」而言，「新界」原居民所獲的優惠待遇，無法通過「有理可據檢驗標準」的審查。See *Kwok Cheuk Kin and Another v. Director of Lands and Others* (08/04/2019, HCAL260/2015) [2019] HKCFI 867, para. 24.

第四十條優先適用，或者說至少構成《基本法》第二十五條的例外情況。[24] 這種解讀符合《基本法》的原意：《基本法》第四十條保護的是特定少數人的權益，如果這一條款不能獲得《基本法》第二十五條的豁免，或者說，如果《基本法》第二十五條優先於《基本法》第四十條適用，那麼等於間接宣告《基本法》第四十條沒有法律效力。但是，反過來，《基本法》第四十條優先於《基本法》第二十五條適用，也不等於說「小型屋宇政策」必然不可撼動。需要進一步考慮的問題是：「小型屋宇政策」是否屬於「合法傳統權益」？「新界」原居民的合法傳統權益有無變動空間？如有，變動權限歸何者所有？變動的限度為何？

（三） 性別平等：男性原居民與女性原居民

除涉嫌歧視非原居民外，「新界」原居民權益所涉差別對待亦涉嫌歧視女性原居民，因為特定傳統權益不對女性原居民開放。此中，又以「小型屋宇政策」最受爭議。根據現行政策安排，只有年滿18歲的男性原居民才有權向地政總署申請興建鄉村小型屋宇。這種做法明顯是「基於性別的差別對待」，因而有違反《性別歧視條例》第5(1)(a)條和《人權法案》第II部第22條之嫌。[25] 如上文所述，平等保護並不要求絕對的平等，如果有充分理據支持，差別對待也可能被認定為合情合理，因而不構成歧視，也不侵犯任何人的平等權。就此，「有理可據檢驗標準」同樣適用。又性別明顯屬於「內在特質」或曰「個人特徵」，因

---

24. Johannes Chan, Rights of New Territories Indigenous Inhabitants, in Chan, J and Lim, CL (eds.), *Law of the Hong Kong Constitution*, Hong Kong: Sweet & Maxwell, 2011, pp. 883–911.

25. 《性別歧視條例》第5條 對女性的性別歧視
    (1) 任何人如──
    (a) 基於一名女性的性別而給予她差於他給予或會給予男性的待遇；或
    ……
    即屬在就本條例任何條文而言是有關的情況下，歧視該女性。
    《香港人權法案條例》第II部第二十二條 在法律前平等及受法律平等保護
    人人在法律上一律平等，且應受法律平等保護，無所歧視。在此方面，法律應禁止任何歧視，並保證人人享受平等而有效之保護，以防因種族、膚色、性別、語言、宗教、政見或其他主張、民族本源或社會階級、財產、出生或其他身分而生之歧視。

而可料想法院會採用「嚴格審查」標準來審查「小型屋宇政策」。故，特區政府仍應遵循上文所述的三個步驟，證明在「小型屋宇政策」中，差別對待男性原居民和女性原居民，屬於有理可據。然而，就基於性別的差別對待而言，「有理可據」並非唯一的審查標準，因為在此前涉及性別歧視的案件中，香港法院亦適用過其他的審查標準和審查原則。因而，在處理「小型屋宇政策」所涉性別歧視時，需要考察不同審查標準的適用性。

在「陳華案」中，終審法院適用了「若非檢驗標準」（but for test）。陳華為男性非原居民，但其生於且長期居於「新界」鄉村，其配偶亦為「新界」原居民。根據有關選舉安排，非原居女性與原居男性結婚後，可享有村代表選舉投票權，而與原居女性結婚的非原居男性則不享有村代表選舉投票權。這種安排被質疑違反了《性別歧視條例》第5(1)(a)條規定。在本案中，終審法院援引了R v Birmingham City Council Ex parte Equal Opportunities Commission案確定的「若非檢驗標準」：「如果基於性別而出現待遇較差的情況，在法例下即屬歧視。換言之，如果有關女生若非因其性別，便會得到與男生同等的待遇，此情況在法例下即屬歧視。作出歧視行為的意圖和動機……並非承擔法律責任的必需條件；在某些情況下，雖然被告人沒有這個動機，但事實上卻基於性別而作出了歧視的行為，這是完全可以想像的。」[26]根據「若非檢驗標準」，終審法院裁定有關選舉安排存在非法歧視，確認該選舉安排與《人權法案》和《性別歧視條例》有抵觸。根據「若非檢驗標準」，同樣可認定「小型屋宇政策」存在非法歧視——女性原居民若非因其性別，便會得到與男性原居民同等的待遇，在年滿18歲時/後申請興建一所鄉村小型屋宇。

在「平機會訴教育局局長案」中，高等法院適用了「比例原則檢驗標準」（proportionality test）。教育局制定的「中學學位分配辦法」涉及基

---

26. *Secretary for Justice and Others v. Chan Wah and Others* (22/12/2000, FACV11/2000) (2000) 3 HKCFAR 459, [2000] 3 HKLRD 641, para. 54.

於性別的差別對待（以性別為基礎調節學生的成績，以性別為基礎劃分派位組別，以性別為基礎設定學位配額），導致學位分配的優次在某種程度上依性別而定，平機會以司法覆核的方式挑戰該辦法的合憲性。教育局以《性別歧視條例》第48條為抗辯理由，[27]辯稱該辦法的歧視性成份並不違法，因為該做法旨在借減低女生基於較好的學業表現而享有的優勢，以確保男生得到與女生相同的平等機會。高等法院認為，當某項政策對基本權利作出限制，制定政策的機構需接受比例原則的檢驗，證明對基本權利的限制：（1）是必要的；（2）是合理的，而非武斷的或基於不合理考量的；（3）不超過為實現合法目的必要限度，即狹義的合比例性。[28]法庭拒絕接納教育署的抗辯理由，因為該抗辯不能滿足比例原則要求的「關聯性」和「合比例性」。在「小型屋宇政策」中，香港政府同樣可以《性別歧視條例》附表5第2部規定的例外情

---

27. 《性別歧視條例》第48條 特別措施
    凡任何作為是合理地擬——
    (a) 在本條例有就其訂立條文的情況下確保某一性別或婚姻狀況的人或懷孕的人與其他人有平等機會；
    (b) 向某一性別或婚姻狀況的人或懷孕的人提供貨品或使其可獲得或享用服務、設施或機會，以迎合他們在——
    (i) 就業、教育、會社或體育；或
    (ii) 處所、貨品、服務或設施的提供，方面的特別需要；
    (c) 向某一性別或婚姻狀況的人或懷孕的人提供不論是直接或間接的資助、利益或活動安排，以迎合他們在——
    (i) 就業、教育、會社或體育；或
    (ii) 處所、貨品、服務或設施的提供，方面的特別需要，
    則第3、4或5部並不將該作為定為違法。

28. *Equal Opportunities Commission v. Director of Education* (22/06/2001, HCAL1555/2000) [2001] 2 HKLRD 690, para. 116.

況為抗辯理由，[29]但是政府的抗辯理由及抗辯依據同樣需要接受比例原則的檢驗，即特區政府必須證明「小型屋宇政策」區別對待男性原居民和女性原居民是必要、合理且符合比例的。[30]

在「孔允明案」中，終審法院適用了寬鬆審查標準。與「孔允明案」一樣，「小型屋宇政策」不僅涉及平等權爭議，而且涉及社會福利權爭議——雖然「新界」原居民聲稱「小型屋宇政策」是受《基本法》第四十條保護的「合法傳統權益」，但在其他香港居民看來，「小型屋宇政策」只是香港政府推行的一項社會福利政策。[31]有學者指出，平等保護的多樣性是由其性質決定的，在許多案中，獨立的平等權爭議可能並不存在，而是要與法律權利和義務一併理解，而這使得平等權條款在作為司法審查的依據時，比其他條款更為複雜。[32]以「孔允明案」為例，原訟法庭和上訴法庭認為案件爭議的焦點在於平等權，而終審法院認為案件爭議的焦點在於社會福利權。終審法院認為，社會福利權並非如言論自由和集會自由一般的基本權利，法院無須適用「最小傷害」（minimal impairment）或「嚴格審查」（intense scrutiny）檢驗標準；如爭議涉及政府的社會經濟政策——事關分配有限的公共資金，而不侵犯任何人的

---

29. 《性別歧視條例》附表5 本條例的進一步例外情況
    第2部 例外情況

	定出違法作為的條文	例外情況
2	第4部	因為—— (a) 名為「丁屋政策」的政府政策，及 (b) 作為關於新界土地並授予男性原居民村民的利益的依據的政府政策，而產生的男性與女性之間的待遇差別。

30. 在隨後的幾起案件中，香港法院裁定，「有理可據檢驗方法」與「比例原則檢驗方法」在內容上沒有實質性的差別。See *Secretary for Justice v. Yau Yuk Lung Zigo and Another* (17/07/2007, FACC12/2006) (2007) 10 HKCFAR 335, [2007] 3 HKLRD 903, para. 20; *Fok Chun Wa and Another v. The Hospital Authority and Another* (02/04/2012, FACV10/2011) (2012) 15 HKCFAR 409, para. 75; *Director of Immigration v. Qt* (04/07/2018, FACV1/2018) (2018) 21 HKCFAR 324, [2018] HKCFA 28, para. 84.

31. Carole J. Petersen, Equality As a Human Right: The Development of Anti-Discrimination Law in Hong Kong, *Columbia Journal of Transnational Law*, 1996, vol. 34, no. 2, pp. 335–388.

32. 楊曉楠：《對孔允明案判決的解讀——兼議香港終審法院的司法態度》，《中國法律評論》2016年第3期。

基本權利或涉及基於內在特質的歧視——法庭應以「明顯缺乏理據」（manifestly without reasonable justification）為標準來檢驗該政策，給予政府較大的自由裁量空間（a wide margin of discretion）。[33] 然而，「孔允明案」與「小型屋宇政策」的不同之處在於，前者不涉及任何「基於內在特質的區別對待」，而後者明顯有「基於內在特質的區別對待」。因而，就「小型屋宇政策」而言，審查標準應為「嚴格審查」而非「明顯缺乏理據」。

　　不同於歧視非原居民的指控，歧視女性原居民的指控不可以《基本法》第四十條為抗辯理由，因為《基本法》第四十條並沒有將保護的對象限定為男性原居民。也就是說，「小型屋宇政策」基於性別的差別對待，不是《基本法》第四十條規定的，而是香港政府自行決定的。以傳統為由的抗辯同樣難以成立，因為在1898年前，「新界」土地用途不受限制，村民可在其土地上興建房屋，但興建房屋的權利並不限於男性。[34] 即是說，1972年制定的「小型屋宇政策」，非法歧視了女性原居民，且這種歧視沒有傳統依據——如果傳統是指1898年前的情況。從這個意義上講，對女性原居民的歧視會給「小型屋宇政策」的合憲性帶來更大的衝擊。如果法庭根據「有理可據檢驗標準」嚴格審查「小型屋宇政策」，則「小型屋宇政策」有很大可能被裁定為非法歧視女性原居民，而制定政策的政府機構就需要作出調整。相應地，在「小型屋宇政策」中貫徹男女平等，大體有兩種辦法：一是徹底取消「小型屋宇政策」，實現原居民男性和女性同等待遇，但這不僅會招致原居民群體的強烈抗議，而且會動搖《基本法》第四十條的根基；二是將「丁權」

---

33. *Kong Yunming v. The Director of Social Welfare* (17/12/2013, FACV2/2013) (2013) 16 HKCFAR 950, para. 40–42.

34. See Man-chung Chiu, Negotiating Han-Chinese Legal Culture: Postcolonial Gender Political Discourse on Hong Kong's Small House Policy, *King's Law Journal*, vol. 17, no. 1, pp. 45–70, footnote 17. 在「丁權」司法覆核案中，各方專家證人也證實，在1898年前，申請興建房屋的權利並不限於男性或原居民，換言之，由男性原居民申請興建房屋，只是一種習慣上的操作，並非強制性的法律規定。See *Kwok Cheuk Kin and Another v. Director of Lands and Others* (08/04/2019, HCAL260/2015) [2019] HKCFI 867, para. 81, 99, and 119.

推及女性原居民，即允許年滿18歲的女性原居民申請興建鄉村小型屋宇，但這又與香港土地資源嚴重匱乏的現狀不相符。故有學者認為，雖然在理論上，隨着時間的推移，「小型屋宇政策」不再有理可據，然而，在實際上，考慮到其中牽涉的巨大經濟利益，「小型屋宇政策」很難在短期內廢除。[35]

二、社會現實的挑戰：原居民權益可持續嗎？

可持續發展是一項世界性倡議，要求決策者協調當代人與後代人的需求。在香港，可持續發展不僅是一種政策倡議，而且是一項憲制要求。《基本法》第一百一十九條規定：香港特別行政區政府制定適當政策，促進和協調製造業、商業、旅遊業、房地產業、運輸業、公用事業、服務性行業、漁農業等各行業的發展，並注意環境保護。然而，香港特別行政區為保護「新界」原居民權益而採取的措施（主要是「小型屋宇政策」）被指「不合理利用土地」以及「不公平轉移財富」；兩項指控的內容都與可持續發展的要求相抵梧。如不能妥善回應這種挑戰，「新界」原居民的權益將難以為繼。

（一） 可持續發展在香港：現狀與挑戰

自二十世紀五十年代起，人類與環境之間的平衡被打破，一系列生態災難事件迫使人類反思人與自然的關係，可持續發展問題由是逐漸受到國際社會的注意。[36] 1972年《斯德哥爾摩人類環境宣言》為可持續發展奠定了法律基礎；1987年布倫特蘭委員會報告《我們共同的未來》給可持續發展下了一個廣為人知的定義：「既滿足當代人的需求，又不損害後代人滿足需求之能力的發展」；1992年《里約環境與發展宣

---

35. Johannes Chan, Rights of New Territories Indigenous Inhabitants, in Chan, J and Lim, CL (eds.), *Law of the Hong Kong Constitution*, Hong Kong: Sweet & Maxwell, 2011, pp. 883–911.

36. 參見劉洪岩：《國際生態法視域下的可持續發展：從理念到實踐》，《吉林師範大學學報（人文社會科學版）》2016年第1期。

言》和《二十一世紀議程》對環境與發展問題採取了均衡和綜合的論述，體現了國際社會對可持續發展的新思維；2002年《約翰尼斯堡可持續發展宣言》重申可持續發展原則，並提出了實現可持續發展的目標和方針。在此期間，可持續發展的理念逐漸獲得國際社會的認可和重視，各國政府紛紛將可持續發展作為制定政策的重要準則，理論界也對可持續發展的理念和實踐作了不計其數的研究。不論關於實現可持續發展之途徑的主張多麼分殊，國際社會普遍接受，可持續發展理念內含幾個重要的原則：一是公平性原則，即當代人之間以及當代人與後代人之間的公平；二是持續性原則，即人類的經濟建設和發展不應當超過自然環境與生態環境的承載能力；三是共同性原則，即實現可持續發展目標需要世界各國共同行動。[37]

　　《基本法》雖然沒有直接規定可持續發展，但第一百一十九條的表述體現了可持續發展的要求。就理念而言，可持續發展首先在於發展，其次在於可持續性。[38] 回訪《基本法》的起草記錄，可知第一百一十九條的原始表述（即第一稿）為：「香港特別行政區政府積極採取適當政策，促進商業、旅遊業、房地產業、運輸業、公用事業、服務性行業、漁農業等產業的發展」。據載，作此規定的目的在於：賦予特區政府制定經濟政策的權限，以確保香港經濟繼續發展及穩定繁榮。[39] 其後，在第三稿中，「促進」的表述改為「促進和協調」，旨在強調政府制定政策時，應當從整體利益着眼；在第七稿中，又補充「並注重環境保護」，以明確特區政府顧及、保護和促進生態系統及自然環境的義務。[40] 根據條文字面表述及演進歷史，可將《基本法》第一百一十九條解釋為：1. 特區政府有職權亦有責任制定適當政策，促進製造業、商業、旅遊業、房地產業、運輸業、公用事業、服務性行業、漁

---

37. 張梅：《可持續發展的理念及全球實踐》，《國際問題研究》2012年第3期。

38. Tom Waas et al, Sustainable Development: A Bird's Eye View, *Sustainability*, 2011, vol. 10, no. 3, pp. 1637–1661.

39. 參見李浩然主編：《香港基本法起草過程概覽》（下冊），香港：三聯書店，2012年，第985頁。

40. 同上，第986–989頁。

農業等各行業的發展，以確保香港經濟的全面發展；2. 特區政府有職權亦有責任制定適當政策，協調製造業、商業、旅遊業、房地產業、運輸業、公用事業、服務性行業、漁農業等各行業的發展，以確保香港經濟的均衡發展；3. 特區政府在制定經濟政策時，有職權亦有責任保護環境，以確保香港經濟的持續發展。由此可見，在經濟政策中貫徹可持續發展理念，不僅是香港特別行政區政府的職權，亦是香港特別行政區政府的責任。

　　在「可持續發展」一詞出現以前，可持續發展的基本理念（包括對環境的關注以及對平衡多方面因素的考慮）已在香港政府過往的政策制定和施行中有所體現。[41] 1997 年，香港特別行政區政府發佈《香港二十一世紀可持續發展研究》報告，確定了適用於香港的可持續發展的定義，並制訂了八個確保香港可持續發展的指導性原則；[42] 1999 年，時任香港特別行政區行政長官董建華在其施政報告中宣佈，計劃將香港建設成為一個世界級都會，並首次把可持續發展納入政府的工作日程及讓公眾知悉；[43] 2003 年，香港特別行政區成立可持續發展委員會，委員會的職責包括就推動可持續發展向政府提供意見，及增進大眾對可持續發展原則的認識和了解；[44] 2004 年，可持續發展委員會發佈《可持續發展：為我們的未來作出抉擇》，就香港的可持續發展策略展開公眾諮詢並作出回應；[45] 2007 年，香港特別行政區政府公佈《香港2030：規劃遠景與策略》，旨在就全港發展制定長遠的規劃策略，作為香港日後發展和基礎性建設的指引，並通過規劃發展，協助實現政府

---

41. 黃偉民、陳巧賢：《可持續發展的規劃理念──香港經驗概談》，《規劃師》2010年第7期。

42. 《二十一世紀可持續發展》，資料來源：https://www.pland.gov.hk/pland_en/p_study/comp_s/susdev/index_c.htm，最後訪問日期：2019年1月5日。

43. 《行政長官施政報告一九九年》，資料來源：https://www.policyaddress.gov.hk/pa99/chinese/speechc.htm，最後訪問日期：2019年1月5日。

44. 香港特別行政區環境局可持續發展委員會：https://www.enb.gov.hk/tc/susdev/council/index.htm，最後訪問日期：2019年1月5日。

45. 《為我們的未來作出抉擇》，資料來源：https://www.enb.gov.hk/sites/default/files/susdev/html/b5/council/sd_sdc_c.pdf，最後訪問日期：2019年1月5日。

的其他政策目標；[46] 2016年，香港特別行政區政府展開《香港2030+：跨越2030年的規劃遠景與策略》研究，重新檢討全港發展策略，重新審視跨越2030年的規劃策略和空間發展方向，以應對未來的轉變和挑戰。[47] 以上措施不僅增強了香港社會對可持續發展的認識，而且確保了特區經濟及社會的可持續發展，為內地和其他地區提供了許多可資借鑒的寶貴經驗。[48]

在1997年香港「政權交接」之際，有學者批評，許多港府官員的思維停留在「增長導向」的原始層面上，僅將環境保護作為可有可無的附加選項，長遠來看不利於香港發展的可持續性。[49] 這種理念在香港回歸後有了很大的改觀，不論外界的批判多麼尖銳，特區政府的確力圖將可持續發展的理念貫徹到施政方針當中，[50] 前述各項報告及措施就是明證。因受制於有限的自然資源，香港向來都採取密集的發展模式；這種發展模式一方面限制了香港的生活素質的改善，另一方面使香港能夠有效利用各種資源。[51] 在香港踐行可持續發展，面臨的挑戰主要有貧富差距的擴大、空氣品質的下降、發展與保育的衝突、企業社會責任的匱乏等。2005年發表的《首個可持續發展策略》重點強調了三個問題：一是固體廢物管理問題：香港的堆填區行將飽和，沒有足夠的空間來容納城市固體廢物；二是可再生能源問題：香港依賴化石燃料發電，會導致資源枯竭、氣候變異和空氣品質變差等問題；三是土地資源短缺問題：香港的人口區域發展密度高，未能提供令人滿意

---

46. 《香港2030：遠景規劃與策略》，資料來源：https://www.pland.gov.hk/pland_en/p_study/comp_s/hk2030/sc/finalreport/，最後訪問日期：2019年1月5日。

47. 《香港2030+：跨越2030年的規劃遠景與策略》，資料來源：https://www.hk2030plus.hk/TC/about_a.htm，最後訪問日期：2019年1月5日。

48. 趙鈞：《香港1997-2017回歸20周年可持續發展大事記》，《WTO經濟導刊》2017年第8期。

49. See Peter Hills and William Barron, Hong Kong: the Challenge of Sustainability, *Land Use Policy*, 1997, vol. 14, no. 1, pp. 41-53.

50. See Kwok Wai Ma, Sustainable Development and Social Policy: A Case of Indigenous Villages in Hong Kong, *Asian Education and Development Studies*, 2016, vol. 5, no. 3, pp. 305-317.

51. 策略發展委員會行政委員會：《全方位的均衡和可持續發展》，資料來源：https://www.pico.gov.hk/tc/CSD_2005-2007/csd_ec_9_2006c.pdf，最後訪問日期：2019年1月6日。

的居住環境。[52] 以上因素制約着香港的可持續發展，也是香港特別行政區政府致力於解決的問題；長遠來看，與世界其他地區一樣，香港的可持續發展雖然面臨嚴峻挑戰，但前景依然可期。

（二） 有限與無限：香港的土地資源與用地需求

土地供應關乎香港的社會經濟命脈。香港不僅需要土地為居民提供住房，而且需要土地滿足社會的各種需求，包括「政府、機構或社區」用途、休憩用地、經濟活動、道路及鐵路、基建支援，以及供保育、康樂和公眾享用。由於地勢多山，加上過去數十年經歷了大規模的人口及經濟結構轉變，要適時提供充足的土地以配合人口及經濟增長，對於香港，向來都是艱巨的挑戰。1970 年代至 1990 年代，香港政府一直透過填海造地和開發「新界」來供應土地；但 2000 年以來，由於經濟及物業市場低迷，香港的土地規劃及發展放緩，導致房屋土地及單位供應量的增長，落後於同期人口及住戶數目的增長。[53] 根據規劃署《香港 2030+：跨越 2030 年的規劃遠景與策略》研究，至 2026 年，香港住宅用地短缺 108 公頃，經濟用地短缺 135 公頃，基建及設施用地短缺 572 公頃，各類用地總計短缺 815 公頃；至 2046 年，香港住宅用地短缺 230 公頃，經濟用地短缺 256 公頃，基建及設施用地短缺 720 公頃，各類用地總計短缺 1206 公頃。[54] 土地供應專責小組認為，長遠欠缺 1200 公頃用地的估算過於保守，亦低估了實際需要，因為這估算假設所有現行的土地供應項目，皆能如期及全數按政府建議的發展模式順利進行，忽略了這些項目存在的不確定性，以及人口老齡化帶來的額外的土地需求；在綜合各種因素的基礎上，土地供應專責小組斷言，香港

---

52. 《首個可持續發展策略》，資料來源：https://www.epd.gov.hk/epd/sites/default/files/epd/english/environmentinhk/waste/prob_solutions/files/1stSDStrategyE.pdf，最後訪問日期：2019年1月6日。

53. 《土地供應專責小組文件第02/2017號-土地需求（2017年9月）》，資料來源：https://www.devb.gov.hk/filemanager/tc/content_1054/Paper_02_2017.pdf，最後訪問日期：2019年1月6日。

54. 《香港2030+：跨越2030年的規劃遠景與策略-綜合土地需求及供應分析》，資料來源：https://www.hk2030plus.hk/TC/document/Consolidated%20Land%20Requirement%20and%20Supply%20Analysis_Chi.pdf，最後訪問日期：2019年1月6日。

土地短缺的問題已經迫在眉睫，甚至到了水深火熱的地步。[55]

　　「新界」向來是香港解決房屋和發展空間問題的重點地區，土地供應專責小組亦將開發「新界」列為香港土地供應的重要途徑。但是，在「新界」興建基礎設施、增加房屋供應及建設新發展區一直存在巨大阻力。[56]在土地供應專責小組提出的8個優先選項中，有3個選項涉及「新界」的土地開發，即「棕地發展」、「利用私人的新界農地儲備」及「於新界發展更多新發展區」。就「棕地發展」而言，現時「新界」約有1,300公頃的棕地，大部分為私人所有，由於發展缺乏整體規劃，棕地多夾雜村落、寮屋、常耕或休耕農地、魚塘，亦缺乏可支援高密度發展的交通、排汙等基建配套設施，若要發展棕地，就需要回收及清理這些土地，在此過程中，須照顧棕地作業者的重置訴求；就「利用私人的新界農地儲備」而言，據估算，現時「新界」約有1,000公頃的私人農地，釋放「新界」私人農地發展潛力的方法主要有兩個，一是由政府確立「公共用途」後引用《收回土地條例》收回私人農地，二是由發展商自行向城規會提出規劃申請，及向政府提出契約修訂或換地申請，以改變農地用途，但是前一種方法必須限於「公共用途」，而後一種方法獲准的概率較低，因而「公私合營」或為一種折衷的辦法；就「於新界發展更多新發展區」而言，根據特區政府的規劃，新發展區可發展面積達940公頃，但是新發展區需要大規模的綜合規劃，耗時較長，且牽涉寮屋居民、工商業和棕地作業者及農戶的遷置問題，需要平衡各方面的利益訴求。[57]

　　與香港土地短缺形成對比的，是「小型屋宇政策」對土地的浪費。小型屋宇限高三層，被指不合理利用土地。據估算，香港舊城區平均人口密度為每公頃2,500人，新市鎮平均人口密度為每公頃2,300人。

55. 《多管齊下　同心協力》　土地供應專責小組報告（2018年12月），資料來源：https://www.landforhongkong.hk/pdf/Report%20(Chi).pdf，最後訪問日期：2019年1月6日。

56. 黃海：《香港社會階層分析》，香港：商務印書館，2017年，第193–195頁。

57. 《多管齊下　同心協力》　土地供應專責小組報告（2018年12月），資料來源：https://www.landforhongkong.hk/pdf/Report%20(Chi).pdf，最後訪問日期：2019年1月6日。

而在「新界」鄉村，每公頃平均住宅數僅為20至40間，人口密度通常低於每公頃500人；相較於香港其他地區，「新界」鄉村顯然屬於低密度發展。[58]根據發展局2012年公佈的資料，政府用地儲備約有1,300公頃可供興建住宅，但當中「鄉村式發展」用地（即「丁屋」用地）佔約932公頃，一般住宅用地只有約391公頃。有論者批評，將大量土地預留給只有幾十萬人口的「新界」原居民，是對香港六百多萬非原居民的嚴重不公平；有論者指出，預留給原居民興建「丁屋」的土地儲備，如果用以建築普通的高樓住宅，按每個住宅平均600平方呎計算，足以興建130萬套住宅單位，根據政府每年新住宅需求量約為4萬套的估算，可滿足未來30年的全港住房需求。[59]當然，這種指控或有誇張和不實之嫌，因為一方面，一地的住宅密度在很大程度上受制於地形地勢及基礎設施，「鄉村式發展」地帶內的土地分佈零散且大小形狀不一，要完全釋放有關地帶的發展潛力，不僅需要進行大量收回和清理土地工作，而且需要配套的大型基礎建設，實際上，將「鄉村式發展」地帶改造為高密度住宅區至少需耗時10年；另一方面，「鄉村式發展」地帶的土地（使用權）多為「新界」原居民私人所有，削減「鄉村式發展」地帶的數目或面積，同樣需要考慮「新界」原居民村落的搬遷和安置問題，兩相抵消將導致一場土地供應的零和遊戲。[60]

一邊是有限且愈來愈稀缺的土地資源，一邊是無限且愈來愈多的合資格原居民。「土地有限，丁權無限」的局面令不少人士質疑「小型屋宇政策」的可持續性。[61]雖然特區政府未作正式統計，但是據鄉議局2003年的估算數據及相關報導，合資格申請興建「丁屋」的「新界」

---

58. Lawrence Wai-chung Lai, Housing Indigenous Villagers in a Modern Society: An Examination of the Hong Kong Small House Policy, *Third World Planning Review*, 2000, vol. 22, no. 2, pp. 207–230.

59. 黃海：《香港社會階層分析》，香港：商務印書館，2017年，第198頁。

60. 《土地供應專責小組文件第14/2017號-新界鄉村式發展（2017年12月）》，資料來源：https://www.devb.gov.hk/filemanager/tc/content_1054/Paper_14_2017.pdf，最後訪問日期：2019年1月6日。

61. 聶致鋼：《以丁換權的收益和代價：香港丁屋政策利弊談》，《中國房地產》2015年第15期。

原居民人數或達24萬。[62]或許是由於「小型屋宇政策」提供的經濟刺激,「新界」鄉村的生育率高於香港的平均水準。[63]據學者估算,現時香港約有24萬擁有「丁權」的男性原居民,如果以一間「丁屋」的標準面積算,特區政府預留的932公頃「鄉村式發展」用地只夠興建5萬至6萬間「丁屋」。[64]事實上,不論是粗略的估計,還是綜合的考量,抑或是實證的研究,都表明「小型屋宇政策」本身是不可持續的:因為可供利用的土地越來越少,而有資格申請興建「丁屋」的人越來越多。[65]對此,發展局方面的回應是:「小型屋宇政策」的實施,是以可供申請興建小型屋宇的土地為限,而非以提供足夠土地供合資格原居村民申請為目標。[66]由此看來,特區政府默認「小型屋宇政策」是不可持續的,且無意於維持「小型屋宇政策」的可持續性;這種答復或許會讓其他香港居民感到寬慰。但從「新界」原居民的角度來看,香港土地資源匱乏的現狀、「丁屋」的低密度式發展以及合資格申請興建「丁屋」的原居民數量增長,種種現實因素令「小型屋宇政策」的前景晦暗不明。

(三) 合法與非法:「丁屋」與「丁權」的出售

除浪費土地和涉嫌歧視外,「小型屋宇政策」面臨的另一項指控是

---

62. 劉敏莉:《小型屋宇政策II:最新發展》,資料來源:https://civic-exchange.org/wp-content/uploads/2013/04/565-201304LAND_SHPUpdate_tc.pdf,最後訪問日期:2019年1月6日。

63. Lawrence Wai-chung Lai, Housing Indigenous Villagers in a Modern Society: An Examination of the Hong Kong Small House Policy, *Third World Planning Review*, 2000, vol. 22, no. 2, pp. 207–230.

64. 黃海:《香港社會階層分析》,香港:商務印書館,2017年,第198頁。

65. See Lawrence Wai-chung Lai, Housing Indigenous Villagers in a Modern Society: An Examination of the Hong Kong Small House Policy, *Third World Planning Review*, 2000, vol. 22, no. 2, pp. 207–230; Kwok Wai Ma, Sustainable Development and Social Policy: A Case of Indigenous Villages in Hong Kong, *Asian Education and Development Studies*, 2016, vol. 5, no. 3, pp. 305–317; Ka-hung Yu and Eddie Chi-man Hui, Colonial History, Indigenous Villagers' Rights, and Rural Land Use: An Empirical Study of Planning Control Decisions on Small House Applications in Hong Kong, *Land Use Policy*, 2018, vol. 72, pp. 341–353.

66. 《土地供應專責小組文件第14/2017號-新界鄉村式發展(2017年12月)》,資料來源:https://www.devb.gov.hk/filemanager/tc/content_1054/Paper_14_2017.pdf,最後訪問日期:2019年1月6日。

「不公平轉移財富」。[67]在寸土寸金的香港，住房資源相對稀缺。「小型屋宇政策」的原意在於改善原居村民的居住環境。然而，不少「新界」原居民申請興建「丁屋」的目的不在於自住，而在於謀利。現時，通過「小型屋宇政策」謀利的方式主要有兩種：一是出售「丁屋」，即將建成的鄉村小型屋宇轉售他人，由於香港房價高企，而小型屋宇又多在「新界」鄉村興建，扣除建築和土地成本，轉賣「丁屋」動輒可獲利數百萬港元；二是出售「丁權」，即享有「丁權」的原居民事先與發展商串通，由原居民向政府申請興建小型屋宇，建築用地和成本由發展商承擔，小型屋宇建成後歸發展商所有，據信，「丁權」價格低則三四十萬港元，高則上百萬港元。[68]出賣「丁屋」與「丁權」的情況如此常見，以至於業界形容存在「丁屋地產經濟學」，出賣「丁權」的原居民和購買「丁權」的發展商都能從中獲得巨額利潤。[69]這種做法一方面令大多數香港居民感到政策的不公，另一方面也導致公民社會質疑「新界」原居民濫用「小型屋宇政策」，要求特區政府檢討乃至取消「小型屋宇政策」。

對此，特區政府的回應是，「丁權」和「丁屋」買賣不可混為一談，買賣「丁屋」屬於合法，而買賣「丁權」涉嫌違法。[70]事實上，為防止「小型屋宇政策」被濫用，香港政府禁止轉讓「丁權」並限制轉讓「丁屋」。根據現行政策安排，在申請興建小型屋宇時，申請人須向政府保證，其未向他人轉讓申請興建「丁屋」的資格，如果違反此項承諾，特區政府有權採取行動；小型屋宇批約文件亦規定，在私人農地上以建

---

67. Lawrence Wai-chung Lai, Housing Indigenous Villagers in a Modern Society: An Examination of the Hong Kong Small House Policy, *Third World Planning Review*, 2000, vol. 22, no. 2, pp. 207–230.

68. 張少強：《管治新界：地權、父權與主權》，香港：中華書局，2016年，第76頁；劉敏莉：《小型屋宇政策II：最新發展》，資料來源：https://civic-exchange.org/wp-content/uploads/2013/04/565-201304LAND_SHPUpdate_tc.pdf，最後訪問日期：2019年1月7日。

69. 黃海：《香港社會階層分析》，香港：商務印書館，2017年，第199頁。

70. 《丁權和丁屋買賣不可混為一談》，《香港政府新聞網》，2016年1月25日，原文鏈接：https://www.news.gov.hk/tc/categories/infrastructure/html/2016/01/20160125_151355.shtml，最後訪問日期：2019年1月7日。

屋牌照或換地方式批出的小型屋宇，在取得完工證後5年之內不得轉讓，在政府土地以私人協約方式批出的小型屋宇，自始不得轉讓，否則須向政府補繳地價並支付行政費用。【71】香港法院的司法裁決也對出售「丁屋」和出售「丁權」分別處理。在1994年宋衛僑及李佩雲訴黃美賢案中，高等法院原訟法庭裁定，「丁屋」買賣雖然有違官批，但政府一向不採取積極行動加以制止，從公眾利益及公共政策立場而論，無須視之為不合法；【72】案件上訴後，高等法院上訴法庭維持原判，並表明，買賣「丁屋」或轉讓業權或發展權對公眾亦有裨益：補地價為政府帶來收益，而且幫助解決房屋問題，因為除原居民男丁外，其他人士也可以入住這類房屋，如果原居民男丁因經濟上有困難而不能興建丁屋，卻又不能將業權轉讓給他人，其本身未能受惠，對大眾也沒有好處，因而，買賣「丁屋」從現實的觀點來看對公眾利益是利多於害。【73】

在2015年香港特別行政區訴李欽培及另十一人案中，區域法院裁定參與「套丁」的地產發展商和「新界」原居民「串謀詐騙」罪名成立。所謂「套丁」，是指有權無地的男丁與有地無權的地產發展商達成協議，男丁將「丁權」售予發展商，發展商將土地轉名給男丁，由男丁向政府提出興建「丁屋」的申請，建成之後的「丁屋」歸發展商所有。控方指「套丁」活動構成對政府的欺詐，因為在申請過程中，男丁實際上是向政府表述他們是有權有地，符合申請興建「丁屋」的規定，但事實上他們只不過是有權無地，因此他們這樣做屬於不誠實。區域法院裁定，「丁屋」政策的目的是讓「新界」原居民有自己的居所，但本案中的男丁申請興建「丁屋」不是為了讓自己有房子住，而是將「丁權」賣掉，賺取一筆金錢，這種做法與政府的政策相違背，一般常人都不會

---

71. 吳穎瑜：《小型屋宇政策》，香港特別行政區立法會研究刊物（文件編號：ISE10/15–16），資料來源：https://www.legco.gov.hk/research-publications/chinese/essentials-1516ise10-small-house-policy.htm，最後訪問日期：2019年1月7日。

72. 宋衛僑及另一人訴黃美賢 (17/01/1997, HCA3979/1994).

73. 李佩雲訴黃美賢 (04/09/1997, CACV49/1997) [1997] HKLRD 1141.

認同他們的做法；且本案中的男丁是透過虛假陳述的方式，令人相信他們有興建「丁屋」的資格，但事實上他們並不符合資格，這種情況與騙取綜援沒有多大分別；「套丁」的行為並非純粹毀約這般簡單，參與「套丁」的人是利用虛假文件之不當手段而取得資格，一般明理和誠實的人都會認為「套丁」是不誠實的，本案各被告在「套丁」時明知其行為不誠實而為之，構成普通法下的串謀詐騙罪。[74]特區政府積極打擊「套丁」行為，一方面令質疑「小型屋宇政策」的人士感到欣慰，[75]另一方面也激化了鄉議局與特區政府的矛盾，鄉議局曾去信向特區政府表示強烈不滿。[76]

　　雖然有人指「新界」原居民透過「小型屋宇政策」不當獲利，但也有學者認為，「不公平轉移財富」的指控不能成立，因為：其一，相比於發展公共住房，特區政府在發展鄉村屋宇上的開支微乎其微；其二，就小型屋宇而言，特區政府未向原居村民提供任何建屋補貼，但是對於公屋，特區政府須事先支付建屋成本；其三，在自有的土地上興建房屋，是「新界」原居民的固有權利，即便沒有港英政府的殖民統治，按照清朝以來的歷史慣例，「新界」原居村民有權在其祖傳的土地上興建房屋；其四，用於興建「丁屋」的土地，本身就屬於「新界」原居民的私人農地，雖然原居村民有權向政府申請以私人協約方式批地，但是出讓建在此類土地上的小型屋宇需要補繳地價，只有當原居村民以較低價格從特區政府處獲得土地，然後又在不補地價的情況下將小型屋宇出讓，才可稱為「不公平轉移財富」，但實際上，這種情況並不存在。[77]因此，雖然出售「丁屋」和「丁權」的現象值得關注，但從現實的角度來看，很難說「新界」原居民濫用了「小型屋宇政策」

---

74. 香港特別行政區訴李欽培及另十一人(27/11/2015, DCCC25/2015)[2015] HKDC 1382.

75. Kwok Wai Ma, Sustainable Development and Social Policy: A Case of Indigenous Villages in Hong Kong, *Asian Education and Development Studies*, 2016, vol. 5, no. 3, pp. 305–317.

76. 黃海：《香港社會階層分析》，香港：商務印書館，2017年，第193頁。

77. Lawrence Wai-chung Lai, Housing Indigenous Villagers in a Modern Society: An Examination of the Hong Kong Small House Policy, *Third World Planning Review*, 2000, vol. 22, no. 2, pp. 207–230.

——牽涉非法「套丁」的人已經得到法律的制裁。「不公平轉移財富」的指控，是建立在土地歸政府所有的假設上的；然而，在許多「新界」原居民看來，土地是他們自有的，而非屬於政府或公有的，在私有的土地上興建房屋，哪怕事後轉讓出去，也不涉及任何的不公。就此而言，真正對「小型屋宇政策」可持續性構成威脅的，仍然是香港土地的有限性和合資格男丁的無限性。

三、香港前途的挑戰：2047年後，原居民權益何去何從？

即使對「新界」原居民的特殊保護能夠通過平等原則的檢驗，即使香港有足夠的土地供「新界」原居民興建「丁屋」，「新界」原居民的權益依然會面臨另一重挑戰，即「一國兩制」在香港的前途問題。雖然《基本法》第四十條沒有為保護「新界」原居民設定時間限制，但是「新界」原居民的權益畢竟處於「兩制」的一端，何況這種權益還涉及對國家所有的土地的管理，因而，《基本法》第五條規定的「五十年期限」必然會影響到「新界」原居民的權益。基於此，「新界」原居民權益面臨的一個遠期挑戰就是「2047議題」。

（一）「一國兩制」在香港：實踐與前路

2017年7月1日是香港回歸祖國20週年的日子，也是「一國兩制」在香港實踐20週年的日子。至此，「五十年不變」的期限已經過去五分之二。在這個特殊的時間節點，有學者提出了一個眾多港人都關切的問題：2047年後的香港，是實行「一國兩制」，還是「一國一制」？[78]事實上，在此之前，在香港經歷政改闖關失敗、「港獨」勢力暗潮湧動、京港信任不斷削弱之際，就有學者為「一國兩制」在香港的將來設想了三種局面：第一種局面：在2047年之前，京港互信已經重建，

---

78. 林峰：《2047年後的香港：「一國兩制」還是「一國一制」？》，《深圳大學學報（人文社會科學版）》2017年第1期。

香港人心自覺回歸，2047年到來時，「一國兩制」不但得以延續，還將比1997年有更大的拓展空間；第二種局面：在2047年之前，香港的政治撕裂沒有改善，香港居民的國家認同無法建立，京港互信保持在較低水準，「一國兩制」在2047年6月30日午夜按時結束；第三種局面，在2047年之前，香港的政治局勢進一步惡化，社會矛盾和社會運動不斷激化，「港獨」暴力事件繼續升級，中央人民政府宣佈香港進入緊急狀態，「一國兩制」在香港提前——在2047年7月1日到來之前——結束。【79】

　　所幸，大多數人都不願看到的第三種局面沒有到來，且從中央領導人對「一國兩制」在香港的實踐的論述來看，第三種局面也不太可能在近期發生。2017年7月1日，在香港回歸20周年之際，國家主席習近平宣佈：20年來，香港依託祖國、面向世界、益以新創，不斷塑造自己的現代化風貌，「一國兩制」在香港的實踐取得了舉世公認的成功；中央貫徹「一國兩制」方針堅持兩點，一是堅定不移，不會變、不動搖，二是全面準確，確保「一國兩制」在香港的實踐不走樣、不變形，始終沿着正確方向前進。【80】雖然2019年的「反修例風暴」為「一國兩制」在香港的前途蒙上一層陰影，但北京方面依舊表示會堅持「一國兩制」不動搖。中央領導人對「一國兩制」在香港的實踐的肯定，以及對繼續堅持「一國兩制」方針的表態，或多或少能讓憂慮香港前途的人感到寬慰。然而，研判「一國兩制」在香港的前途，不能只看中央領導人在特定場合的表述，更要追問和探明幾個關鍵的問題：什麼是「一國兩制」？為什麼要實行「一國兩制」？什麼決定着「一國兩制」在香港的未來？

　　就什麼是「一國兩制」而言，「一國兩制」總設計師鄧小平曾給出一個明確的答案：我們的政策是實行「一個國家，兩種制度」，具體

---

79. 閻小駿：《香港治與亂：2047年的政治想像》，北京：人民出版社，2016年，第200–201頁。

80. 習近平：《在慶祝香港回歸祖國二十周年大會暨香港特別行政區第五屆政府就職典禮上的講話》，《中國領導科學》2017年第8期。

說，就是在中華人民共和國內，十億人口的大陸實行社會主義制度，香港、台灣實行資本主義制度。[81]當然，這種定義仍然不夠詳細。其後，又有學者解釋，「一國兩制」包含兩大原則：「一國」原則和「兩制」原則，「一國」原則強調國家主權、領土完整和國家安全，堅持國家現行的憲法體制，中央代表國家行使主權，而「兩制」原則強調國家主體實行社會主義，個別地區實行資本主義，兩種制度在一個國家的框架下不同而和、相互尊重、合作雙贏。[82]在香港，「一國」原則體現為中央對香港的全面管治權，包括對香港特區行政長官及主要官員的任命權、對香港特區國防外交事務的管理權、對全國性法律在香港特區實施的決定權、對《基本法》的解釋權和修改權等，而「兩制」原則體現為香港特區的高度自治權，包括行政管理權、立法權、獨立的司法權和終審權，香港特區政權機關職位由本地人出任，香港特區財政獨立、實行獨立的稅收制度、為單獨的關稅地區、可實行出入境管制等。[83]需要注意的是，「一國」與「兩制」雖然不可分割，但卻有主次先後之分：「一國」是根，根深才能葉茂；「一國」是本，本固才能枝榮。[84]即是說，在香港實行「一國兩制」，必須以維護國家的主權、安全和發展利益為前提；香港特區行使高度自治權，必須以承認和尊重中央的全面管治權為前提。[85]

就為什麼要實行「一國兩制」而言，這個問題的答案可見諸中央領導人的相關論述，也可見諸內地和香港學者的有關解析。究其要義，

---

81. 《鄧小平文選（第三卷）》，北京：人民出版社，1993年，第58頁。

82. 饒戈平：《「一國兩制」在香港成功實踐的啟示》，《中國人大》2017年第13期。

83. 陳弘毅：《〈基本法〉與「一國兩制」實施的回顧與反思》，《深圳大學學報（人文社會科學版）》2017年第1期。

84. 習近平：《在慶祝香港回歸祖國二十周年大會暨香港特別行政區第五屆政府就職典禮上的講話》，《中國領導科學》2017年第8期。

85. 參見周南：《全面準確理解「一國兩制」內涵》，《人民日報》，2017年7月1日，第006版；陳佐洱：《香港百年滄桑和「一國兩制」實踐》，《領導科學論壇》2017年第14期；齊鵬飛：《堅持兩個基本點：「堅定不移」「全面準確」——試論習近平關於「一國兩制」之「香港治理」的「頂層設計」和「底線思維」》，《港澳研究》2017年第4期。

在於國家統一和香港發展。國家主席習近平指出,「一國兩制」構想提出的目的,一方面是以和平方式對香港恢復行使主權,另一方面是為了促進香港發展,保持香港國際金融、航運、貿易中心地位。[86] 全國人大常委會委員長張德江亦表示,「一國兩制」的根本宗旨是有機統一的兩個方面,不僅要保持香港、澳門長期繁榮穩定,而且要維護國家主權、安全和發展利益。[87] 根據學者的解析,「一國兩制」的根本宗旨,同時包容、保障了國家利益和香港利益,兩部分內容構成一個有機整體,缺一不可,任何時候都不能偏廢,國家好則香港好,香港好則國家更好。[88] 「一國兩制」的設計,原意是實現「兩制」的「雙贏」:在 1997 年後,保留香港原有的資本主義經濟制度、法律制度和其他社會制度,既有利於維持香港的繁榮安定,又能使香港對中國內地的經濟發展和現代化作出貢獻,這便是香港特區和中國內地的「雙贏」。[89] 如同「一國」與「兩制」的關係,「兩制」的「雙贏」必須以國家統一為前提,在這個大前提得到保障的情況下,才能謀求「兩制」之間的互惠互利、長期共存、相互促進。

就什麼決定「一國兩制」在香港的前途而言,單從制度設計的權力來看,能夠決定「一國兩制」在香港的前途的,當然是中央——中央代表國家行使對香港的主權,中央享有對香港特區的全面管治權,中央有權決定香港未來的制度。當然,這不是說中央可隨意更改對香港的政策(雖然理論上講,中央有這種權力);「一國兩制」是一項基本國策,改變或延續這項基本國策,必須有一定的現實依據。換言之,「一國兩制」在香港是否有前途,取決於「一國兩制」在香港的實踐能否實

---

86. 習近平:《在慶祝香港回歸祖國二十周年大會暨香港特別行政區第五屆政府就職典禮上的講話》,《中國領導科學》2017年第8期。

87. 張德江:《堅定「一國兩制」偉大事業信心 繼續推進基本法全面貫徹落實——在紀念中華人民共和國香港特別行政區基本法實施20周年座談會上的講話》,《中國人大》2017年第11期。

88. 饒戈平:《「一國兩制」在香港成功實踐的啟示》,《中國人大》2017年第13期。

89. 陳弘毅:《〈基本法〉與「一國兩制」實施的回顧與反思》,《深圳大學學報(人文社會科學版)》2017年第1期。

現政策的初衷。在香港回歸的 20 年間，「一國兩制」也面臨一些問題，例如人心遲遲不歸、政治撕裂加劇、政改陷入僵局、「港獨」思潮泛起、國家安全立法尚未通過、經濟民生問題相對突出等。【90】但是，沒有理由基於這些現實挑戰而斷言「一國兩制」在香港沒有前途，因為堅持「一國兩制」的理由比否定「一國兩制」的理由更多：其一，「一國兩制」是香港回歸後保持長期繁榮穩定的最佳制度安排；【91】其二，維持香港的繁榮穩定，對於國家發展大局有重要意義；其三，處理好京港關係，對於處理好央地關係有重要啟示；其四，香港作為「一國兩制」實施的樣板，對於台灣問題的解決有着無可替代的示範意義。【92】除此之外，在香港實行「一國兩制」，還有「五十年不變」的憲制承諾。基於此，在整個社會主義初級階段，在改革開放和社會主義現代化建設的新時期，在新階段新形勢下和平發展的戰略機遇期，「一國兩制」是必須堅持的基本國策和長期實行的基本方針，即使遇到任何的險阻和壓力，都不能輕易動搖、輕易改變；對於香港來說，應該關心的不是「一國兩制」方針會不會變，而是怎樣全面準確把「一國兩制」方針貫徹落實好。【93】

（二）「新界」土地的三重歸屬

上文提到，就「小型屋宇政策」是否涉及「不公平轉移財富」，存在兩種針鋒相對的預設立場：「新界」土地歸政府所有和「新界」土地屬私人所有。事實上，這兩種預設立場都不盡然準確；「新界」的土地至少有三種歸屬：國家所有、港府管理和私人使用。《基本法》第七條規

---

90. 參見齊鵬飛：《對「一國兩制」必須「保持耐心」》，《中央社會主義學院學報》2017年第3期；魏南枝：《對香港回歸二十年的反思》，《中央社會主義學院學報》2017年第3期；朱國斌：《香港基本法實施二十年：成就、問題與展望》，《中國評論》2018年1月號。

91. 習近平：《在慶祝香港回歸祖國二十周年大會暨香港特別行政區第五屆政府就職典禮上的講話》，《中國領導科學》2017年第8期。

92. 王理萬：《香港基本法研究的知識生產與價值反思》，《中國法律評論》2017年第3期。

93. 齊鵬飛：《堅持兩個基本點：「堅定不移」「全面準確」——試論習近平關於「一國兩制」之「香港治理」的「頂層設計」和「底線思維」》，《港澳研究》2017年第4期。

定：香港特別行政區境內的土地和自然資源屬於國家所有，由香港特別行政區政府負責管理、使用、開發、出租或批給個人、法人或團體使用或開發，其收入全歸香港特別行政區政府支配。《新界條例》（香港法例第97章）第8條規定：本條現宣佈，新界所有土地由1900年7月23日起，屬於並一向屬於政府財產，所有佔用任何該等土地的人，除非該項佔用是獲得政府的批予授權、或是藉根據本條例所容許的其他業權授權，或是藉行政長官所批予的特許或其他有權批予該特許的政府人員所批予的特許授權，否則須被當作為侵佔政府土地的人。《收回土地條例》（香港法例第124章）第3條規定：每當行政長官會同行政會議決定須收回任何土地作公共用途時，行政長官可根據本條例命令收回該土地。這三個條款確定了「新界」土地「三權分離」的權利形態。

　　就國家所有而言，《基本法》第七條規定的「香港特別行政區境內的土地和自然資源屬於國家所有」與《中華人民共和國憲法》（以下簡稱《憲法》）第九條和第十條規定的「礦藏、水流、森林、山嶺、草原、荒地、灘塗等自然資源，都屬於國家所有」及「城市的土地屬於國家所有」遙相呼應。有學者認為，這其實是宣告土地和自然資源的「國有化」，完全承繼了英國佔領香港後的做法。[94]回訪《基本法》第七條的起草記錄可知，基本法起草委員會對「土地和自然資源屬於國家所有」的爭議不大：多數委員同意，這是體現國家主權的應有之義。[95]考慮到《憲法》與《基本法》的上下位關係，考慮到《憲法》與《基本法》共同構成香港特區的憲制基礎，考慮到土地與國家主權的緊密聯繫，《基本法》規定的「國家所有」必須與《憲法》規定的「國家所有」一併理解。在此方面，內地學者就《憲法》規定的「國家所有」作了大量研究，對「國家所有」的解釋從嚴格到寬鬆依次可分為：

　　1.「國家所有」不同於「國家所有權」，規定「國家所有」是為了「合理利用」的公共任務，「國家所有」不可理解為國家享有私法上的

94. 張鑫：《〈香港特別行政區基本法〉實施中的問題（中）》，《亞洲研究》1994年總第11期。
95. 李浩然主編：《香港基本法起草過程概覽》（上冊），香港：三聯書店，2012年，第51頁。

所有權；【96】 2.「國家所有」只是一種名義上的所有權，或者說一種主權或意識形態的宣示，「土地屬於國家所有」不可理解為剝奪了任何個人或單位的土地使用權；【97】 3.「國家所有」不僅是一種經濟學上的所有制，而且是法學上的所有權，「國家所有」旨在「授予國家取得土地所有權的資格」，但「國家所有權」不能為國家或政府的私利而存在；【98】 4.「國家所有權」是憲法和物權法上的所有權，「城市的土地屬於國家所有」是附條件的義務性規範，義務是城市的土地國有化。【99】總體而言，多數學者（尤其是憲法學者）傾向於對「國家所有」作嚴格解釋，以避免公權力對私領域的過度入侵，即使主張國家享有私法上的所有權的學者也認為，這種所有是為了實現公共利益的目的。在香港特區，情況稍顯特殊，因為在「一國兩制」和《基本法》的安排下，國家（以中央為代表）無法直接對香港的土地和自然資源行使私法上的所有權。因而，在此語境下，「國家所有」應當理解為一種主權意義上的管轄權；當然，這種管轄權（不論是否轉授予地方）應當服從「合理利用」的公共任務。【100】

　　就港府管理而言，《基本法》第七條規定的「由香港特別行政區政府負責管理、使用、開發、出租或批給個人、法人或團體使用或開發」是行政管理權的一種體現，應當理解為《基本法》第二條規定的全

---

96. 李忠夏：《「國家所有」的憲法規範分析——以「國有財產」和「自然資源國家所有」的類型分析為例》，《交大法學》2015年第2期；李忠夏：《憲法上的「國家所有權」：一場美麗的誤會》，《清華法學》2015年第5期。

97. 張千帆：《城市土地「國家所有」的困惑與消解》，《中國法學》2012年第3期；彭中禮：《論「國家所有」的規範構造——我國憲法文本中「國家所有」的解釋進路》，《政治與法律》2017年第9期；範進學：《再論「城市的土地屬於國家所有」》，《法學雜誌》2018年第12期。

98. 程雪陽：《城市土地國有規定的由來》，《炎黃春秋》2013年第6期；程雪陽：《中國憲法上國家所有的規範含義》，《法學研究》2015年第4期；程雪陽：《國家所有權概念史的考察和反思》，《交大法學》2015年第2期；程雪陽：《「城市的土地屬於國家所有」的規範內涵》，《政治與法律》2017年第3期。

99. 孫煜華：《「城市的土地屬於國家所有」釋論》，《法制與社會發展》2017年第1期。

100. 《憲法》第九條第二款規定：國家保障自然資源的合理利用，保護珍貴的動物和植物。禁止任何組織或者個人用任何手段侵佔或者破壞自然資源。
　　《憲法》第十條第五款規定：一切使用土地的組織和個人必須合理地利用土地。

國人民代表大會授予香港特別行政區的高度自治權。就此，特區政府對香港（包括「新界」）土地的權力，是一種管治權而非主權。因而，《新界條例》第8條規定的「新界所有土地由1900年7月23日起，屬於並一向屬於政府財產」也必須作此理解；即使將此條理解為特區政府對「新界」的土地享有私法上的權利，也必須明確這種權利的有限性。「小型屋宇政策」既涉及「新界」原居民權益，也涉及特區政府對「新界」土地的管理，實際上也是特區政府行使中央授予的行政管理權的一種體現。《新界條例》第8條實際上規定了香港政府有取得土地（包括批給私人使用的土地）使用權的資格，但《收回土地條例》第3條將政府收回土地的前提限定為「收回作公共用途」，即是說，特區政府將批給個人、法人或團體使用或開發收回，必須是為了公共利益且回收後只能作法定的公共用途。在「一國兩制」和《基本法》的安排下，管理、規劃和分配土地是特區政府的權力和職責，不過特區政府在行使此項職權時，應當遵循《憲法》規定的「合理利用」宗旨和《基本法》規定的「環境保護」原則，且不得逾越「一國兩制」和《基本法》確定的底線。

就私人所有而言，如同世界上其他地區，香港的個人、法人和團體有權取得土地，只不過在現行制度安排下，香港的個人、法人和團體對土地的權利，並非所有權，而是使用權，或者說是用益物權。現時，香港的個人、法人和團體主要通過土地契約，從特區政府處取得土地的使用權或承租權。這種使用權或承租權受法律保護，但並非絕對的財產權，因為根據《收回土地條例》第3條，特區政府有權將此類土地收回作公共用途。當然，特區政府在收回批給私人使用的土地時，必須根據《收回土地條例》第6條給予受影響業主相應的補償，且根據《基本法》第一百零五條，這種補償應相當於該財產當時的實際價值，可自由兌換，不得無故延遲支付。就此而言，所謂「新界」土地歸私人所有，其實也只是「新界」土地的使用權歸私人所有。此外，「新界」土地的特殊之處在於，《基本法》第一百二十二條規定：原舊批約地段、鄉村屋地、丁屋地和類似的農村土地，如該土地在一九八四年六月三十日的承租人，或在該日以後批出的丁屋地承租人，其父系為

一八九八年在香港的原有鄉村居民，只要該土地的承租人仍為該人或其合法父系繼承人，原定租金維持不變。如果說「新界」原居民（相對於其他香港居民）的土地使用權有何特別之處，那麼這種特別之處就在於：只要類似農村土地的承租人在1984年6月30日是「新界」原居民，且其後該土地的承租人不變或為承租人的合法父系繼承人，則原定的土地租金維持不變。

（三）「五十年不變」的規範內涵

對於不少關注香港前途的人來說，2047年猶如一顆將要撞向香港的行星，《基本法》規定的「五十年期限」在一分一秒迫近。有人憂慮2047年後香港將實行「一國一制」，淪為一個普通的中國城市；也有人趁機炒作「香港二次前途」議題，將2047年視為香港「重新制憲」的絕佳時機。對於「新界」原居民而言，皮之不存毛將焉附；如果「一國兩制」在香港走向終結，那麼「新界」原居民的權益也不能獨立存活。因而，不論是探討香港的前途，還是「新界」原居民的前途，都必須透視「五十年不變」的規範內涵。要充分理解「五十年不變」的規範內涵，就必須回答這些問題：如何理解「五十年」？「不變」的是什麼？「可變」的是什麼？「五十年不變」規限的對象為何？「五十年」期限屆滿後又將如何？

由於2047年是一個相對較遠的期限，此間香港和內地的局勢有很大的不確定性，因而香港和內地的學者較少觸及「五十年不變」議題。有學者從歷史情境出發，推斷出「五十年」是一個概數，認為「五十年」是指自香港回歸祖國後相當長的歷史時期，並不以自然時間的五十年為限，因而「五十年不變」不可解釋為當時間到達2047年6月30日，香港政治就進入某種自然狀態。[101] 的確，香港政治不會在2047年6月30日午夜進入自然狀態（因為香港至始至終都是中國的領土，這一點不會改變），但這不意味着2047年6月30日這個日期沒有任何意義，至

---

101. 田雷：《「五十年不變」的三種面孔 並論香港基本法的時間觀》，《中外法學》2018年第3期。

少從《基本法》第一百二十一條的表述來看不是如此。[102] 如果「五十年」只是一個概數，《基本法》第一百二十一條就無須指明 2047 年 6 月 30 日。香港法院的司法判例也指出，《基本法》第一百二十一條的用意在於使政府能夠延展相關土地契約，令這些契約的期限超越 1997 年 6 月 30 日至 2047 年 6 月 30 日。[103] 現行有效的《新界土地契約（續期）條例》（香港法例第 150 章）亦規定，在 1997 年 6 月 30 日前屆滿的某些土地契約可續期至不超過 2047 年 6 月 30 日。這說明「五十年」不是一個概數，而是一個相對確定的期限。但是，「五十年不變」也不等於說「五十年後必變」。從「一國兩制」總設計師鄧小平的表述來看，「五十年」只是一個最短期限：「香港在一九九七年回到祖國以後，五十年政策不變，包括我們寫的基本法，至少要管五十年」。[104] 換言之，「一國兩制」在香港的實踐，最少是五十年。[105]

有人將「變」與「不變」的範疇由「兩制」推及「一國」，認為在 2047 年 6 月 30 日之後，不但「兩制」可變，「一國」也可變，進而斷言香港可借 2047 年之機「獨立建國」；不得不說，這種理解不是無心的誤解，就是刻意的曲解。《基本法》第五條規定：香港特別行政區不實行社會主義制度和政策，保持原有的資本主義制度和生活方式，五十年不變。言下之意，五十年之後，原有的資本主義制度和生活方式可變，但變的範疇不可推及香港的主權歸屬，因為《基本法》第一條規定的「香港特別行政區是中華人民共和國不可分離的部分」不論在五十年內外，都是不可變更的內容。五十年期限屆滿後，不變的是「一國」，可變的是「兩制」。從歷史語境來看，「五十年不變」是中央對香港的一個政治

---

102. 《基本法》第一百二十一條規定：從一九八五年五月二十七日至一九九七年六月三十日期間批出的，或原沒有續期權利而獲得續期的，超出一九九七年六月三十日年期而不超過二零四七年六月三十日的一切土地契約，承租人從一九九七年七月一日起不補地價，但需每年繳納相當於當日該土地應課差餉租值百分之三的租金。此後，隨應課差餉租值的改變而調整租金。

103. *Lai Hay on v. Commissioner of Rating and Valuation and Another* (31/03/2010, CACV130/2007) [2010] 3 HKLRD 286, para. 73.

104. 《鄧小平文選（第三卷）》，北京：人民出版社，1993年，第215頁。

105. 胡道俊：《對鄧小平「五十年不變」思想的再認識》，《黨史文苑》2016年第12期。

承諾（這種政治承諾後確定為一種憲制規範），因為中央代表國家行使對香港的主權，有權決定香港未來實行的制度。「不變」的規範意義在於限制全國人大對《基本法》的修改權，以此確定在香港回歸後的五十年內，中央都不可通過修改《基本法》來改變國家對香港的基本方針政策，或改變香港原有的資本主義制度和生活方式。[106] 或者説，「不變」是為了保全「兩制」的空間和香港特區的高度自治權。據此，「不變」只是説中央不能改變對港政策，不是説香港必須原封不動地保留1997年7月1日前的法律和政策。在2047年7月1日之前，香港特區可根據實際情況調整其法律和政策，這是「一國兩制」和「高度自治」的應有之義。

但是，需要注意的是，「五十年不變」不能理解為「五十年不管」。一方面，中央依法行使《基本法》規定的憲制權力，就不屬於香港特區自治範圍內的事項作出決策，不可理解為違背了「五十年不變」的承諾；因為此類事項不在「兩制」的範疇，因而不受「五十年」的規限。只要中央沒有改變國家對香港的基本方針政策，就不可斷言中央違背了「五十年不變」的承諾。另一方面，原則上，在五十年期限之內，中央不會干預香港特區的高度自治，但倘若在此期間，香港出現任何不可控的動亂或者危害國家根本利益的情況，則中央必須出面干預，中止乃至終止「一國兩制」在香港的實踐。「一國兩制」總設計師鄧小平曾指出，「切不要以為沒有破壞力量。這種破壞力量可能來自這個方面，也可能來自那個方面。如果發生動亂，中央政府就要加以干預」；「一九九七年以後，香港有人罵中國共產黨，罵中國，我們還是允許他罵，但是如果變成行動，要把香港變成一個在『民主』的幌子下反對大陸的基地，那就非干預不可。」[107] 事實上，在香港特區發生動亂時

---

106. 田雷：《「五十年不變」的三種面孔 並論香港基本法的時間觀》，《中外法學》2018年第3期。
107. 《鄧小平文選（第三卷）》，北京：人民出版社，1993年，第73–74頁，第215頁。

加以干預，本身就是《基本法》規定的屬於中央的職權。[108]

結合「五十年」和「不變」的解析，可將「五十年不變」解釋為：1. 在2047年7月1日之前，如無戰爭或不可控的動亂，國家對香港的基本方針政策不變，香港原有的資本主義制度和生活方式不變；2. 在2047年7月1日之前，香港特別行政區有權在《基本法》規定的自治範圍內，根據實際情況調整其原有的法律和政策，只要這種調整不逾越「一國兩制」的底線；3. 中央依法行使對香港的管治權，香港特區依法行使高度自治權，若非動搖了「一國兩制」的根基，不可視為違反了「五十年不變」的規定；4. 在2047年6月30日之後，香港原有的資本主義制度和生活方式可變，但不是必須改變，屆時變與不變以及如何變應由中央根據實際情況來決定；5. 在2047年7月1日之前，如出現戰爭或不可控的動亂，中央有權中止甚至終止「一國兩制」在香港的實踐；6. 不論2047年7月1日之前或之後，保持不變的是「香港是中國不可分離的部分」。

根據以上分析，《基本法》第七條規定的「香港特別行政區境內的土地和自然資源由香港特別行政區政府負責管理、使用、開發、出租或批給個人、法人或團體使用或開發」、《基本法》第四十條規定的「『新界』原居民的合法傳統權益受香港特別行政區的保護」以及《基本法》第一百二十二條規定的「只要該土地的承租人仍為該人或其合法父系繼承人，原定租金維持不變」都屬於「兩制」的範疇。即是說，在2047年7月1日之前，中央原則上不會修改這些條款的內容或干預這些條款的實施；在此期間，香港特區有權在其高度自治限度內自行作出決策，當然，涉及土地的決策必須遵從「合理利用」和「環境保護」的宗旨。至於2047年6月30日之後的情境如何，「新界」原居民的合法傳統權益會否繼續得到保護，則要看接下來的二十餘年裏「一國兩制」

---

108. 《基本法》第十八條第四款規定：全國人民代表大會常務委員會決定宣佈戰爭狀態或因香港特別行政區內發生香港特別行政區政府不能控制的危及國家統一或安全的動亂而決定香港特別行政區進入緊急狀態，中央人民政府可發佈命令將有關全國性法律在香港特別行政區實施。

在香港的實踐情況。2047 年之後香港是實行「一國兩制」還是「一國一制」,現在看來言之尚早。

小結

　　「新界」原居民的權益雖得《基本法》保障,但也面臨諸多憲制挑戰;這些挑戰,依照時間標準,可分為短期、中期和長期三種。「新界」原居民權益面臨的短期挑戰即是平等保護的挑戰。《基本法》第二十五條規定「香港居民在法律面前一律平等」,但「小型屋宇政策」涉及「基於身份和性別的差別對待」,這在《基本法》第二十五條和第四十條之間設置了潛在的衝突。對非原居民的歧視,可以《基本法》第四十條為抗辯理由;但對女性原居民的歧視,則不可以《基本法》第四十條為抗辯理由,因為《基本法》第四十條沒有將保護的對象限定為男性原居民。然而,要在「小型屋宇政策」中貫徹男女平等,不論是徹底取消此項政策,抑或將相關權益擴及女性原居民,都會令特區政府陷入某種兩難的境地。如何平衡「新界」原居民權益與男女平等原則,考驗著特區政府和法院的智慧。

　　「新界」原居民權益面臨的中期挑戰是可持續發展的挑戰。《基本法》第一百一十九條規定「香港特別行政區政府制定適當政策,促進和協調製造業、商業、旅遊業、房地產業、運輸業、公用事業、服務性行業、漁農業等各行業的發展,並注意環境保護」,實際上是對特區政府的經濟政策提出了可持續發展的要求。然而,「小型屋宇政策」涉嫌的「不合理利用土地」和「不公平轉移財富」都有悖於可持續發展的要求。「不公平轉移財富」或可以「新界」土地屬私人所有為抗辯理由,但「不合理利用土地」卻在香港土地資源匱乏的情境下顯得更加缺乏理據。不論在法理上「小型屋宇政策」是否有違平等保護,在實際上香港土地的有限性和合資格男丁的無限性都註定了「小型屋宇政策」從長遠來看不可持續。在此方面,特區政府似乎早有心理準備。

　　「新界」原居民權益面臨的長期挑戰是香港前途的挑戰。《基本法》第四十條本身沒有給保護「新界」原居民權益設定時間限制，但是「新界」原居民權益畢竟處於「兩制」的一端，因而必定會受制於《基本法》第五條規定的「五十年不變」期限。根據「五十年不變」的規範內涵，在香港回歸祖國之後的五十年內，原則上中央不會干涉香港資本主義制度的運作，即是說，在此期間，香港特區有權在其高度自治的限度內自行決策。至於五十年期限屆滿後情形如何，香港會不會繼續實行「一國兩制」，就要看接下來的二十餘年裏「一國兩制」在香港的實踐情況。在此方面，「新界」原居民的命運與香港的前途休戚相關，「新界」原居民權益不能脫離「一國兩制」而獨立存在。換言之，「兩制」在，則「新界」原居民傳統權益在；「兩制」不存，則「新界」原居民權益危矣。

第六章

《基本法》第四十條的解釋

∞∞∞∞∞∞∞∞∞∞∞∞∞∞∞∞∞∞∞∞∞∞∞∞

在解釋某一法律條款時，解釋方法的選擇可能對解釋結果產生決定性影響。根據《基本法》第一百五十八條，全國人大常委會和香港法院都有權解釋《基本法》。在解釋《基本法》時，全國人大常委會和香港法院採用了迥然相異的解釋方法，而這些不同的解釋方法可能導致截然不同的解釋結果。因而，在解釋《基本法》第四十條前，有必要確定適宜的解釋機關和解釋方法。明確《基本法》第四十條的解釋機關和解釋方法後，方可對《基本法》第四十條的規範內涵作出相對正確的解讀。

一、《基本法》第四十條的解釋機關

《基本法》第一百五十八條規定了兩個同時存在且相互競爭的（concurrent and competing）解釋機關，且對「自治範圍內的條款」和「自治範圍外的條款」作了概念上的區分。[1] 這種結構安排令不少人誤以

---

1. 《基本法》第一百五十八條規定：本法的解釋權屬於全國人民代表大會常務委員會。
   全國人民代表大會常務委員會授權香港特別行政區法院在審理案件時對本法關於香港特別行政區自治範圍內的條款自行解釋。
   香港特別行政區法院在審理案件時對本法的其他條款也可解釋。但如香港特別行政區法院在審理案件時需要對本法關於中央人民政府管理的事務或中央和香港特別行政區關係的條款進行解釋，而該條款的解釋又影響到案件的判決，在對該案件作出不可上訴的終局判決前，應由香港特別行政區終審法院請全國人民代表大會常務委員會對有關條款作出解釋。如全國人民代表大會常務委員會作出解釋，香港特別行政區法院在引用該條款時，應以全國人民代表大會常務委員會的解釋為準。但在此以前作出的判決不受影響。
   全國人民代表大會常務委員會在對本法進行解釋前，徵詢其所屬的香港特別行政區基本法委員會的意見。

為，可將《基本法》所有條款割分為「自治範圍內的條款」和「自治範圍外的條款」，前者之解釋權歸香港法院，而後者之解釋權歸全國人大常委會。然而，這是對《基本法》第一百五十八條的誤讀。事實上，全國人大常委會和香港法院都有權解釋《基本法》所有條款。就《基本法》的解釋而言，真正的問題不在於解釋機關的適格性（competence），而在於解釋機關的便宜性（convenience）。

（一） 全國人大常委會作為有權解釋機關

《基本法》第一百五十八條共有四款：第一款規定本法的解釋權屬於全國人大常委會；第二款授權香港法院在審理案件時自行解釋《基本法》關於香港特區自治範圍內的條款；第三款規定香港法院在審理案件時也可解釋《基本法》的其他條款，但若涉及中央管理的事務或中央與特區關係的條款，而該條款的解釋又影響到案件的判決，則在對案件作出不可上訴的終局判決前，應由香港特區終審法院提請全國人大常委會對有關條款作出解釋；第四款明確全國人大常委會在解釋《基本法》前，應徵詢香港基本法委員會的意見。不論是條文本身，還是對條文的解讀，都曾引起無數的爭議。就對條文的解讀而言，有學者指出，根據《基本法》第一百五十八條，全國人大常委會對《基本法》享有全面且不受限制的（plenary）解釋權，不論條款性質如何，也不論有無訴訟存在。[2] 這種解讀在「劉港榕案」中得到終審法院的確認：終審法院指出，全國人大常委會有權解釋《基本法》，這種解釋權是一般性和不受制約的，《基本法》第一百五十八條第一款規定的權力不受《基本法》第一百五十八條第二款和第三款的限制。[3] 隨着全國人大常委會解釋《基本法》（「人大釋法」）實踐的深入，香港和內地學界普遍接

---

2. Yash Ghai, *Hong Kong's New Constitutional Order: The Resumption of Chinese Sovereignty and the Basic Law (Second Edition)*, Hong Kong: Hong Kong University Press, 1999, p. 198.

3. *Lau Kong Yung and Others v. The Director of Immigration* (03/12/1999, FACV10/1999) (1999) 2 HKCFAR 300, [1999] 3 HKLRD 778, para. 57–59.

受，全國人大常委會對《基本法》的解釋權是不受限制的。[4]

　　回訪《基本法》第一百五十八條的起草歷史，可知「本法的解釋權屬於全國人大常委會」這一立場自始未變（《基本法》第一百五十八條的演化進程見下表）。雖然有人從高度自治和司法獨立的角度提出反對，但《基本法》的起草者自始至終都堅持將《基本法》的解釋權賦予全國人大常委會，這種權力配置的法理依據主要有：其一，由中央行使對《基本法》的最終解釋權是主權的體現，香港特區是高度自治而非完全獨立，若中央無權解釋《基本法》，則香港特區有獨立之嫌；其二，根據《憲法》第六十七條，全國人大常委會有權解釋法律，將《基本法》的解釋權賦予全國人大常委會符合中國的憲制安排；其三，《基本法》是中華人民共和國的法律，不但適用於香港特區，而且適用於中國內地，由中央機構解釋《基本法》，符合《基本法》的法律性質；其四，中央對《基本法》的解釋為立法解釋，香港法院對《基本法》的解釋為司法解釋，兩種解釋的程序和性質不同，全國人大常委會對《基本法》的解釋不會推翻香港法院已作出的判決，因而全國人大常委會的最終解釋權不會影響香港特區終審法院的最終裁判權。[5]基本法起草委員會主任委員姬鵬飛在向全國人民代表大會説明《基本法（草案）》時指出，

---

4. See Albert HY Chen, Constitutional Adjudication in Post-1997 Hong Kong, *Pacific Rim Law & Policy Journal*, 2006, vol. 15 , no. 3, pp. 627–682; Simon N. M. Young, Legislative History, Original Intent, and the Interpretation of the Basic Law, in Fu, H , L. Harris , and S. Young (eds), *Interpreting Hong Kong's Basic Law: the Struggle for Coherence*, New York: Palgrave Macmillan, 2007, pp. 16 32; P. Y. Lo, Rethinking Judicial Reference: Barricades at the Gateway?, in Fu, H, L. Harris, and S. Young (eds), *Interpreting Hong Kong's Basic Law: the Struggle for Coherence*, New York: Palgrave Macmillan, 2007, pp. 157–181; 王振民：《論回歸後香港法律解釋制度的變化》，《政治與法律》2007年第3期；朱國斌：《香港基本法第158條與立法解釋》，《法學研究》2008年第2期；鄒平學：《香港基本法解釋機制基本特徵芻議》，《法學》2009年第5期；白晟：《〈香港基本法〉解釋的若干問題辨析》，《國家檢察官學院學報》2010年第6期；秦前紅、付婧：《論香港基本法解釋方法的衝突與協調》，《蘇州大學學報（法學版）》2015年第2期；孫瑩、劉溟溟：《論香港〈基本法〉解釋機制的協調——基於全國人大常委會五次釋法的經驗》，《地方立法研究》2017年第5期；程雪陽：《香港基本法第158條與司法審查終結性理念——基於基本法實施20周年的反思》，《武漢大學學報（哲學社會科學版）》2017年第6期。

5. 參見李浩然主編：《香港基本法起草過程概覽》（下冊），香港：三聯書店，2012年，第1178–1209頁。

《基本法》第一百五十八條是根據《憲法》的規定和香港的特殊情況作出的。[6]香港回歸後,當有人對「人大釋法」的正當性提出質疑時,內地學者往往以上述理據予以反駁。[7]

表 1《基本法》第一百五十八條起草過程概覽

第一稿(1986年11月11日)第九章第二條
基本法的解釋權屬於全國人民代表大會常務委員會。
香港特別行政區法院在審理案件時可以對基本法中屬於香港特別行政區自治範圍內的條款進行解釋。
全國人民代表大會常務委員會如對基本法的條款作出解釋,香港特別法院引用該條款時,即應以全國人民代表大會常務委員會的解釋為準,但在此前作出的判決不受影響。
《中央與香港特別行政區的關係專題小組工作報告》
第二稿(1987年4月13日)第九章第二條
基本法的解釋權屬於全國人民代表大會常務委員會。
香港特別行政區法院在審理案件時可以對基本法中屬於香港特別行政區自治範圍內的條款進行解釋。
全國人民代表大會常務委員會如對基本法的條款作出解釋,香港特別法院引用該條款時,即應以全國人民代表大會常務委員會的解釋為準,但在此前作出的判決不受影響。
《中央與香港特別行政區的關係專題小組工作報告》
第三稿(1987年8月22日)第九章第一條
基本法的解釋權屬於全國人民代表大會常務委員會。
香港特別行政區法院在審理案件時可以對基本法中屬於香港特別行政區自治範圍內的條款進行解釋。
全國人民代表大會常務委員會如對基本法的條款作出解釋,香港特別行政區法院引用該條款時,即應以全國人民代表大會常務委員會的解釋為準,但在此前作出的判決不受影響。
全國人民代表大會常務委員會在對本法進行解釋前,可徵詢香港特別行政區基本法委員會的意見。
《中央與香港特別行政區的關係專題小組工作報告》

---

6. 姬鵬飛:《關於〈中華人民共和國香港特別行政區基本法(草案)〉及有關文件的說明》。

7. 王振民:《論回歸後香港法律解釋制度的變化》,《政治與法律》2007年第3期;強世功:《文本、結構與立法原意——「人大釋法」的法律技藝》,《中國社會科學》2007年第5期。

第四稿（1987年12月）第一百六十八條

基本法的解釋權屬於全國人民代表大會常務委員會。

全國人民代表大會常務委員會如對基本法的條款作出解釋，香港特別行政區法院引用該條款時，即應以全國人民代表大會常務委員會的解釋為準，但在此前作出的判決不受影響。

香港特別行政區法院在審理案件時可以對基本法的條款進行解釋。如果案件涉及基本法關於國防、外交及其他由中央管理的事務的條款的解釋，香港特別行政區法院在對案件作出終局判決前，應提請全國人民代表大會常務委員會對有關條款作出解釋。

全國人民代表大會常務委員會在對本法進行解釋前徵詢香港特別行政區基本法委員會的意見。

《香港特別行政區基本法（草案）》（彙編稿）

第五稿（1988年3月）第一百六十八條

本法的解釋權屬於全國人民代表大會常務委員會。

全國人民代表大會常務委員會如對本法的條款作出解釋，香港特別行政區法院在引用該條款時，即應以全國人民代表大會常務委員會的解釋為準，但在此前作出的判決不受影響。

香港特別行政區法院在審理案件時可對本法的條款進行解釋。如案件涉及本法關於國防、外交和其他屬於中央人民政府管理的事務的條款的解釋，香港特別行政區法院在對案件作出終局判決前，應提請全國人民代表大會常務委員會對有關條款作出解釋。

全國人民代表大會常務委員會在對本法進行解釋前徵詢其所屬的香港特別行政區基本法委員會的意見。

《中華人民共和國香港特別行政區基本法（草案）草稿》

第六稿（1988年4月）第一百七十條

本法的解釋權屬於全國人民代表大會常務委員會。

全國人民代表大會常務委員會如對本法的條款作出解釋，香港特別行政區法院在引用該條款時，即應以全國人民代表大會常務委員會的解釋為準，但在此前作出的判決不受影響。

香港特別行政區法院在審理案件時可對本法的條款進行解釋。如果案件涉及本法關於國防、外交和其他屬於中央人民政府管理的事務的條款的解釋，香港特別行政區法院在對案件作出終局判決前，應提請全國人民代表大會常務委員會對有關條款作出解釋。

全國人民代表大會常務委員會在對本法進行解釋前徵詢其所屬的香港特別行政區基本法委員會的意見。

《中華人民共和國香港特別行政區基本法（草案）草稿》

第七稿（1988年4月）第一百六十九條

本法的解釋權屬於全國人民代表大會常務委員會。

全國人民代表大會常務委員會如對本法的條款作出解釋，香港特別行政區法院在引用該條款時，即應以全國人民代表大會常務委員會的解釋為準，但在此前作出的判決不受影響。

香港特別行政區法院在審理案件時可對本法的條款進行解釋。如案件涉及本法關於國防、外交和其他屬於中央人民政府管理的事務的條款的解釋，香港特別行政區法院在對案件作出終局判決前，應提請全國人民代表大會常務委員會對有關條款作出解釋。

全國人民代表大會常務委員會在對本法進行解釋前徵詢其所屬的香港特別行政區基本法委員會的意見。

《中華人民共和國香港特別行政區基本法（草案）徵求意見稿》

第八稿（1989年2月）第一百五十七條

本法的解釋權屬於全國人民代表大會常務委員會。

全國人民代表大會常務委員會授權香港特別行政區法院在審理案件時對本法關於香港特別行政區自治範圍內的條款自行解釋。

香港特別行政區法院在審理案件時對本法的其他條款也可解釋。但如香港特別行政區法院在審理案件時需要對本法關於中央人民政府管理的事務或中央和香港特別行政區關係的條款進行解釋，而該條款的解釋又影響到案件的判決，在對案件作出不可上訴的終局判決前，應由香港特別行政區終審法院請全國人民代表大會常務委員會對有關條款作出解釋。如全國人民代表大會常務委員會作出解釋，香港特別行政區法院在引用該條款時，應以全國人民代表大會常務委員會的解釋為準。但在此前作出的判決不受影響。

全國人民代表大會常務委員會在對本法進行解釋前，徵詢其所屬的香港特別行政區基本法委員會的意見。

《中華人民共和國香港特別行政區基本法（草案）》

第九稿（1990年2月16日）第一百五十八條

本法的解釋權屬於全國人民代表大會常務委員會。

全國人民代表大會常務委員會授權香港特別行政區法院在審理案件時對本法關於香港特別行政區自治範圍內的條款自行解釋。

香港特別行政區法院在審理案件時對本法的其他條款也可解釋。但如香港特別行政區法院在審理案件時需要對本法關於中央人民政府管理的事務或中央和香港特別行政區關係的條款進行解釋，而該條款的解釋又影響到案件的判決，在對案件作出不可上訴的終局判決前，應由香港特別行政區終審法院請全國人民代表大會常務委員會對有關條款作出解釋。如全國人民代表大會常務委員會作出解釋，香港特別行政區法院在引用該條款時，應以全國人民代表大會常務委員會的解釋為準。但在此前作出的判決不受影響。

全國人民代表大會常務委員會在對本法進行解釋前，徵詢其所屬的香港特別行政區基本法委員會的意見。

《中華人民共和國香港特別行政區基本法（草案）》

注：本表格根據李浩然主編：《香港基本法起草過程概覽》（下冊）第1178–1209頁整理而成。

　　從香港特區的角度來看，若全國人大常委會對《基本法》享有不受限制的解釋權，則香港特區的高度自治和司法獨立隨時都可能受到中央的干預，因而有香港學者主張，應對全國人大常委會的解釋權作出規限。[8]有學者提出，全國人大常委會對《基本法》的解釋權僅限於香港特別行政區自治範圍外的條款，理由主要有三：其一，檢視《基本法》第一百五十八條的起草歷史，從《基本法（草案）》第一稿到第三稿，香港法院對《基本法》的解釋權一直在擴大，而香港法院解釋權的擴張意味着全國人大常委會解釋權的縮小，《基本法》第一百五十八條第二款和第三款對該條第一款構成限制，即全國人大常委會不再享有其已授予香港法院的對《基本法》關於香港特區自治範圍內的條款的解釋權；其二，從中國公法的授權理論來看，授權現象在中國法律中十分常見，授權機關將某一權力授予被授權機關後，除非授權機關明示收回授權，否則授權機關不再享有或行使已授出的權力；其三，從全國人大常委會解釋《基本法》的實踐來看，自1997年至2007年，全國人大常委會僅解釋了《基本法》關於香港特別行政區自治範圍外的條款（比較有爭議的是，全國人大常委會在第一次解釋《基本法》時，將《基本法》第二十四條第二款第（三）項定性為「除外條款」），這說明全國人大常委會明知其對《基本法》的解釋權不包括關於香港特區自治範圍內的條款。[9]

　　然而，以上主張很難站得住腳，因為：其一，從《基本法》第一百五十八條的各種版本來看，香港法院的解釋權確實在擴大，但兩個機關（全國人大常委會和香港法院）的解釋權並不必然存在一種此消彼長的關係。事實上，曾有人建議將《基本法》割分為「自治範圍內的條款」和「自治範圍外的條款」，由香港法院全權解釋前者，由全國人大

---

8. See Jonathan Lam, Rethinking the NPCSC's Power to Interpret the Basic Law, *Hong Kong Law Journal*, 2017, vol. 47, no. 3, pp. 825–845.

9. Ling Bing, Subject Matter Limitation on the NPCSC's Power to Interpret the Basic Law, *Hong Kong Law Journal*, 2007, vol. 37, no. 2, pp. 619–646.

常委會全權解釋後者，但這種建議沒有被採納。[10]也就是説，《基本法》第一百五十八條第二款和第三款不構成對第一款的限制。其二，如學者指出，公法上的授權不同於私法上的授權，被授權機關在行使有關權限時，一般須受授權機關的監督和制衡，且授權不意味着權屬的讓渡或轉移或授權機關已喪失其原有的權屬。[11]香港學者也承認，鑒於《基本法》第一百五十八條的有關授權並不是獨佔式的（exclusive）授權，沒有理由認定全國人大常委會無權解釋其已授權香港法院解釋的條款。[12]其三，從全國人大常委會解釋《基本法》的實踐來看，在1997年至今的五次「人大釋法」中，全國人大常委會的確只解釋了其認為是「自治範圍外的條款」，但這是基於全國人大常委會的自我克制，而不作解釋並不等無權解釋，全國人大常委會從未主張其無權解釋「自治範圍內的條款」。有香港學者援引莎士比亞的名句表達對全國人大常委會不受限制的《基本法》解釋權的擔憂：擁有巨人的力量固然好，但像巨人一樣濫用力量很殘暴。[13]的確，不受限制的權力令人心生畏懼，但從單一制國家結構及「一國兩制」的政治現實來看，全國人大常委會必須擁有這巨人的力量，且從香港回歸後的「人大釋法」實踐來看，全國人大常委會並沒有濫用這巨人的力量。

（二） 香港法院作為有權解釋機關

根據《基本法》第一百五十八條第二款和第三款，香港法院在審理案件時也可解釋《基本法》。但第二款和第三款的措辭稍有不同：第二款

---

10. 1988年8月3日基本法諮詢委員會秘書處參考資料（一）《內地草委訪港小組就基本法（草案）徵求意見稿一些問題的回應輯錄》（一九八八年六月四日至十七日），載李浩然主編：《香港基本法起草過程概覽》（下冊），香港：三聯書店，2012年，第1195頁。

11. 林來梵：《從憲法規範到規範憲法——規範憲法學的一種前言》，北京：商務印書館，2017年，第429頁。

12. Yash Ghai, *Hong Kong's New Constitutional Order: The Resumption of Chinese Sovereignty and the Basic Law (Second Edition)*, Hong Kong: Hong Kong University Press, 1999, p. 203.

13. Lo Pui Yin, *The Judicial Construction of Hong Kong's Basic Law: Courts, Politics and Society after 1997*, Hong Kong: Hong Kong University Press, 2014, p. 440.

規定香港法院在審理案件時可自行解釋本法關於香港特區自治範圍內的條款，第三款規定香港法院在審理案件時也可解釋本法的其他條款，但如涉及本法關於中央管理的事務或中央與特區關係的條款的解釋，而該條款的解釋又影響到案件的判決，則在對案件作出不可上訴的終局判決前，應由香港特區終審法院請全國人大常委會對有關條款作出解釋。對「自治範圍內的條款」和「其他條款」（有時稱為「除外條款」）的區分導致了一個理論上的難題：如果「自治範圍內的條款」與「自治範圍外的條款」界限分明，那麼香港法院在審理案件時有無權限解釋「自治範圍外的條款」？或者說，《基本法》裏有沒有香港法院無權解釋的條款？[14]就此，主流的學術觀點是：雖然在特定情境下，香港特區終審法院有責任請全國人大常委會對有關條款作出解釋，但在審理案件時，《基本法》裏並沒有香港法院無權解釋的條款。[15]《基本法》第一百五十八條第二款和第三款雖然在程序上、情境上和效力上對香港法院的解釋權作出限制，[16]但並沒有在條款上對香港法院的解釋權作出限制。即是說，在審理案件時，香港法院有權解釋《基本法》所有條款，包括「香港特別行政區自治範圍外的條款」（「除外條款」）。[17]

---

14. 參見季奎明：《香港基本法的解釋權——芻議全國人大常委會和香港法院在基本法解釋上的關係》，《甘肅政法學院學報》2006年第3期；P. Y. Lo, Rethinking Judicial Reference: Barricades at the Gateway?, in Fu, H, L. Harris, and S. Young (eds), *Interpreting Hong Kong's Basic Law: the Struggle for Coherence*, New York: Palgrave Macmillan, 2007, pp. 157–181.

15. See Yash Ghai, *Hong Kong's New Constitutional Order: The Resumption of Chinese Sovereignty and the Basic Law (Second Edition)*, Hong Kong: Hong Kong University Press, 1999, p. 202.

16. 在「劉港榕案」中，答辯人的代表律師主張，《基本法》第一百五十八條第二款和第三款旨在限制全國人大常委會解釋《基本法》的權力；但終審法院拒絕採納這一主張，並認定，《基本法》第一百五十八條第三款旨在限制香港法院的解釋權而非全國人大常委會的解釋權。See *Lau Kong Yung and Others v. The Director of Immigration* (03/12/1999, FACV10/1999) (1999) 2 HKCFAR 300, [1999] 3 HKLRD 778, para. 56–59.

17. 朱國斌：《香港基本法第158條與立法解釋》，《法學研究》2008年第2期；程雪陽：《香港基本法第158條與司法審查次終性理念——基於基本法實施20周年的反思》，《武漢大學學報（哲學社會科學版）》2017年第6期；汪進元：《香港〈基本法〉解釋體制的內在張力及其緩解——從人大針對〈基本法〉第104條的解釋說起》，《江蘇行政學院學報》2017年第2期；孫瑩、劉淏淼：《論香港〈基本法〉解釋機制的協調——基於全國人大常委會五次釋法的經驗》，《地方立法研究》2017年第5期。

　　從《基本法》起草的角度來看，有條件地允許香港法院在審理案件時解釋《基本法》所有條款，主要依據有四：一是普通法傳統：香港屬於普通法系的一員，根據普通法傳統，立法機關負責制定法例，司法機關負責解釋法例並宣告其含義；二是《中英聯合聲明》的規定：《中英聯合聲明》附件一中有「除外交和國防事務屬中央人民政府管理外，香港特別行政區享有行政管理權、立法權、獨立的司法權和終審權」、「香港特別行政區成立後，香港原有法律除，與《基本法》相抵觸或香港特別行政區的立法機關作出修改者外，予以保留」和「香港特別行政區成立後，除因香港特別行政區法院享有終審權而產生的變化外，原在香港實行的司法體制予以保留」等規定，允許香港法院解釋《基本法》是落實《中英聯合聲明》的應有之義；三是《基本法》的法律性質：《基本法》是香港特區的根本法，香港法院在審理案件時必須有權解釋《基本法》，否則《基本法》許諾的高度自治和司法獨立便無從談起；四是審判需要：在進行審判時，法院必須應用與受理案件有關的法例，即使該法例含義模糊或法院認為有必要修改，在「宜粗不宜細」精神的指導下，《基本法》許多條款的內涵都有待解釋，若不允許香港法院解釋《基本法》，則許多案件無法判決。[18]

　　回訪《基本法》的起草歷史可知，《基本法》的起草者並無意以「自治範圍內的條款」和「自治範圍外的條款」為標準切分香港法院和全國人大常委會對《基本法》的解釋權。[19] 在 1987 年 9 月 2 日基本法起草委員會第五次全體會議上，有委員指出，「什麼是特別行政區自治範圍內的條款很難說清，從一定意義上說，基本法就是規定特別行政區如何

---

18. 參見李浩然主編：《香港基本法起草過程概覽》（下冊），香港：三聯書店，2012年，第1180–1209頁。

19. 事實上，《基本法》第一百五十八條體現的是另外一種分離，即《基本法》最終解釋權與最終審判權的分離，全國人大常委會享有《基本法》的最終解釋權，而香港特區終審法院享有《基本法》的最終審判權。兩種權限的相對分離，是《基本法》起草者有意為之。見李浩然主編：《香港基本法起草過程概覽》（下冊），香港：三聯書店，2012年，第1183頁、第1191頁。香港回歸後，也有學者論述過這種權力的分離，見王振民：《論回歸後香港法律解釋制度的變化》，《政治與法律》2007年第3期。

高度自治的，那麼基本法的全部條款都可以説屬於香港特別行政區自治範圍之內。」[20] 1987 年 11 月 4 日，中央與特別行政區的關係專責小組再次指出，若以「自治範圍」去定義香港法院對基本法的解釋範圍，會產生很大的問題，因為「自治範圍」難以定義。[21] 1988 年 6 月，內地草委訪港小組在回應社會對《基本法》（草案）的意見時表示，「曾有人建議將屬於國防、外交或屬中央管的事務的條款由人大常委去解釋，而屬高度自治範圍內的條款則由香港法院來解釋，這個建議是值得考慮的，但是我們亦得考慮把一部法律文件一分為二的困難，因為條文與條文見是有關聯的……即使把它分開……香港特區在解釋第三章的條文時可能會涉及第一章總則，而中央解釋第一章時又可能涉及其他章節……再者，這樣便會產生兩個解釋機關各説各話，因而產生解釋上的矛盾。」[22] 事實上，在審理案件時，香港法院也有迴避將《基本法》的條款劃分為「除外條款」（即「自治範圍外的條款」）的傾向。[23]

　　結合上述分析，可知全國人大常委會和香港法院對《基本法》全部條款都有解釋權。正是在這個意義上，才有學者將《基本法》的解釋權稱為「雙軌制」。[24] 也有學者認為，不宜將《基本法》的解釋機制概括為「雙軌制」或「二元制」，因為全國人大常委會和香港法院對《基本

20. 1987年9月2日《中華人民共和國香港特別行政區基本法起草委員會第五次全體會議委員們對基本法序言和第一、二、三、四、五、六、七、九章條文草稿的意見彙集》，載李浩然主編：《香港基本法起草過程概覽》（下冊），香港：三聯書店，2012年，第1189頁。

21. 中央與特別行政區的關係專責小組《對基本法序言和第一、二、七、九章條文（一九八七年八月）草稿的意見》（1987年11月4日經執行委員會通過），載李浩然主編：《香港基本法起草過程概覽》（下冊），香港：三聯書店，2012年，第1190頁。

22. 1988年8月3日基本法諮詢委員會秘書處參考資料（一）《內地草委訪港小組就基本法（草案）徵求意見稿一些問題的回應輯錄（一九八八年六月四日至十七日）》，載李浩然主編：《香港基本法起草過程概覽》（下冊），香港：三聯書店，2012年，第1195頁。

23. P. Y. Lo, Rethinking Judicial Reference: Barricades at the Gateway?, in Fu, H, L. Harris, and S. Young (eds), *Interpreting Hong Kong's Basic Law: the Struggle for Coherence*, New York: Palgrave Macmillan, 2007, pp. 157–181.

24. 程潔：《論雙軌政治下的香港司法權——憲政維度下的再思考》，《中國法學》2006年第5期；朱國斌：《香港基本法第158條與立法解釋》，《法學研究》2008年第2期；焦洪昌：《香港基本法解釋衝突之原因分析——以居港權系列案件的討論為例》，《廣東社會科學》2008年第3期。

法》的解釋權的來源並不相同，鑒於兩種解釋權的性質、關係、地位、程序不同，應將《基本法》的解釋機制概括為「一元雙重解釋制」。[25]這種澄清也有一定的道理，雖然在實際上固有解釋權和派生解釋權沒有區別，[26]但是在理論上對兩種解釋權作出區分是有必要的（尤其是當「人大釋法」的正當性面臨質疑時）：首先，從權力的來源來看，全國人大常委會的解釋權是固有的憲定權（根據《憲法》的規定），而香港法院的解釋權是派生的法定權（經《基本法》的授權）；其次，從權力的完整性來看，全國人大常委會的解釋權是全面且不受限制的，而香港法院的解釋權是受限的（在滿足條件時，須請全國人大常委會對有關條款作出解釋）；再次，從行使權力的前提來看，全國人大常委會的解釋權是無條件的（不以具體訴訟或提請解釋為前提），而香港法院的解釋權是有條件的（在審理案件時）；最後，從權力的效力等級來看，全國人大常委會的解釋權是終局性的，如全國人大常委會對《基本法》條款作出解釋，香港法院在引用該條款時，須以全國人大常委會的解釋為準。

（三）《基本法》第四十條的便宜解釋機關

既然全國人大常委會和香港法院都有權解釋《基本法》所有條款，那麼判別某一條款是否為「自治範圍內的條款」對於確定該條款的有權解釋機關就沒有太大幫助。當任何一方就《基本法》的條款作出解釋，應當爭論的問題不是解釋機關有無權限，而是解釋機關是否方便在此情此景下作出解釋。有學者指出，在解釋《基本法》時，全國人大常委會和香港法院雖無分權，但卻有明確的分工：全國人大常委會主要負責維持中央與特區的權力邊界，而香港法院則負責確保香港特

---

25. 鄒平學：《香港基本法解釋機制基本特徵芻議》，《法學》2009年第5期。
26. 白晟：《基本法釋法問題探究——從法理學角度剖析》，香港：商務印書館，2015年，第123頁。

區各政權機關尊重彼此的界限和職權。[27]有學者認為，為避免兩種解釋權相衝突，應當明確「司法克制」、「政治問題政治解決」和「法律問題法律解決」等原則。[28]有學者主張，香港法院應當借鑒普通法法域的司法實踐，適用「避免學說」，即主動避免介入「政治性問題」或「憲法性問題」，即使遇到非解釋不可的條款，也應作出有利於主權者的解釋。[29]也有學者提出，除非香港法院的解釋涉及「自治範圍外的條款」或香港法院作出的解釋有損香港特區的根本利益，否則全國人大常委會應秉持克制，不對《基本法》屬於「自治範圍內的條款」作出解釋。[30]

在此，或可借鑒國際私法上的「不方便法院」原則來決定《基本法》某具體條款的適宜解釋機關。不方便法院（forum non conveniens）原則，是有管轄權的法院以存在更適宜的管轄法院或自身為不適宜的法院為由拒絕行使管轄權。[31]作為解決管轄權衝突的重要途徑，此項原則在大陸法系和英美法系得到了廣泛的運用。[32]中國內地和香港特區分別將不方便法院原則視為解決管轄權衝突的重要準則。[33]許多學者都主張將此項原則用於解決「一國兩制」下的區際管轄權衝突問

27. See Yash Ghai, *Hong Kong's New Constitutional Order: The Resumption of Chinese Sovereignty and the Basic Law (Second Edition)*, Hong Kong: Hong Kong University Press, 1999, pp. 206–207.

28. 程潔：《論雙軌政治下的香港司法權——憲政維度下的再思考》，《中國法學》2006年第5期。

29. 朱國斌：《香港基本法第158條與立法解釋》，《法學研究》2008年第2期。

30. 程雪陽：《香港基本法第158條與司法審查終極性理念——基於基本法實施20周年的反思》，《武漢大學學報（哲學社會科學版）》2017年第6期。

31. 袁泉：《不方便法院原則三題》，《中國法學》2003年第6期；吳一鳴：《兩大法系中的不方便法院原則及在中國的合理借鑒》，《西南政法大學學報》2008年第2期；王祥修：《論不方便法院原則》，《政法論叢》2013年第2期。

32. 吳一鳴：《兩大法系中的不方便法院原則及在中國的合理借鑒》，《西南政法大學學報》2008年第2期。

33. 黃志慧：《人民法院適用不方便法院原則現狀反思——從「六條件說」到「兩階段說」》，《法商研究》2017年第6期；張淑鈿：《香港不方便法院原則的實踐及對內地的啟示》，《法律適用》2009年第8期。

題。[34]不方便法院原則的重點不在於法院有無管轄權，而在於由哪一個法院行使管轄權更有利於訴訟效率和司法公正；這與《基本法》解釋權的配置有相通之處。將不方便法院原則應用於《基本法》的解釋中，意味着雖然香港法院在審理案件時有權解釋《基本法》所有條款，但是如遇到其不方便解釋的條款，則應當請全國人大常委會對有關條款作出解釋；同理，雖然全國人大常委會有權解釋《基本法》所有條款，不論有無具體訴訟或釋法提請，但在大多數時候，其並非《基本法》的便宜解釋機關。有學者提出，理論上，全國人大常委會和香港法院對《基本法》所有條款都有解釋權，但一般而言，全國人大常委會不應、不需、不宜解釋屬於香港特區自治範圍內的條款，香港法院也不宜解釋屬於中央管理的事務或中央與特區關係的條款，[35]這其實也是從便宜的角度考慮問題。

　　基於以下幾個理由，《基本法》第四十條的便宜解釋機關應為香港法院：其一，由第四十條在《基本法》中所處的位置觀之，其位於《基本法》第三章「居民的基本權利和義務」，具備「自治範圍內的條款」的外觀（當然，並非所有位於《基本法》第三章的條款都是「自治範圍內的條款」，但從字面上來看，《基本法》第四十條確實不涉及中央管理的事務或中央與特區關係），根據《基本法》第一百五十八條的精神，對於這種「自治範圍內的條款」，由香港法院自行解釋是應有之義；其二，由第四十條的具體內容觀之，「『新界』原居民的合法傳統權益受香港特別行政區的保護」，只是要求香港特區保護「新界」原居民的合法傳統權益，既未列舉權益的內容，也未明確保護的方式，這實際上賦予了香港特區相當的自由裁量權，根據「一國兩制」、「港人治港」、「高度自治」的精神，對於這種自治性質的條款，由香港法院自行解釋更

---

34. 楊弘磊：《論涉港民事訴訟協議管轄條款效力判定中方便與非方便法院規則的運用》，《法律適用》2004年第9期；宋建立：《從中化國際案看不方便法院原則的最新發展——兼論我國區際民商事訴訟管轄權衝突的若干思考》，《法學評論》2007年第6期；王祥修：《論不方便法院原則》，《政法論叢》2013年第2期。

35. 李太蓮：《〈香港特區基本法〉解釋法制對接》，北京：清華大學出版社，2011年，第100頁。

為合適；其三，「新界」原居民問題由來已久，從殖民年代延續至今，時間跨度大、牽涉範圍廣，以「小型屋宇政策」為例，其涉及土地、規劃、環保、管治等各方面的問題，就處理這種複雜的在地議題而言，香港特區（包括立法機關、行政機關和司法機關）比全國人大常委會佔據着更有利的位置。

然而，這不是說全國人大常委會在任何情況下都不應解釋《基本法》第四十條。正如不方便法院有時會成為方便法院，在特定情況下，全國人大常委會也會成為《基本法》第四十條的便宜解釋機關。在此，仍以不方便法院原則為藍本。根據不方便法院原則，初審法院有權自行決定是否對案件行使管轄權，上訴法院對此通常不予干預，除非初審法院錯誤地理解了不方便法院原則，或在行使自由裁量權時考慮了不該考慮的因素或遺漏了應當考慮的因素，或初審法院的判決明顯錯誤。[36] 若初審法院對不方便法院原則適用錯誤，則上訴法院有權對初審法院作出的相關裁決進行干預。同樣的道理，若出現下列兩種情況，則全國人大常委會有權亦應當對《基本法》第四十條作出解釋：一是香港法院在解釋《基本法》第四十條的同時，不當地解釋了其他屬於中央管理的事務或中央與特區關係的條款，例如《基本法》第七條，有鑒於兩個條款間的緊密聯繫，全國人大常委會將「自治範圍內的條款」和「自治範圍外的條款」一併解釋，以釋除疑義；二是香港法院對《基本法》第四十條的解釋有違立法原意，有損香港特區的根本利益，觸及「一國兩制」的原則和底線。若非出現這兩種情況，全國人大常委會應秉持克制，不主動解釋《基本法》第四十條。

二、《基本法》第四十條的解釋方法

根據《基本法》第一百五十八條，全國人大常委會和香港法院都有權解釋《基本法》。在解釋《基本法》時，全國人大常委會採用了成文法

---

36. 張淑鈿：《香港不方便法院原則的實踐及對內地的啟示》，《法律適用》2009年第8期。

系的解釋方法，而香港法院採用了判例法系的解釋方法。解釋方法的差異被認為是《基本法》解釋衝突的重要原因，[37]因而有學者建議，統一《基本法》的解釋方法，即全國人大常委會和香港法院採用同一種方法解釋《基本法》。[38]這種建議的出發點固然好，卻很難實現，因為憲法性法律的解釋方法多種多樣，罕有一種解釋方法能夠被無差別地應用到所有案件中。[39]在解釋某一法律條款時，對解釋方法的選擇，應當具體問題具體分析。

（一） 全國人大常委會的解釋方法

根據《憲法》第六十七條的規定，全國人大常委會集立法權與釋法權於一身。基於全國人大常委會的立法者身份，由其作出的法律解釋往往被稱為「立法解釋」。根據《立法法》第五十條的規定，全國人大常委會的法律解釋與法律具有同等效力。從法實證主義的角度來看，立法解釋一經合法作出，就不容爭辯地成為法律的一部分，無需過多說理；全國人大常委會對《基本法》的解釋亦如是。然而，如學者指出，在《基本法》體制內，全國人大常委會不是立法機關，《基本法》第一百五十八條只允許全國人大常委會以「釋法者」而非「立法者」的身份來行使《基本法》的解釋權。[40]兩種身份的差別在於正當性基礎：立法者僅憑其作為主權者的身份即可獲得正當性，而釋法者的正當性則必須建立在充分的說理和論證上。一言以蔽之，釋法者的身份對「人大釋法」提出了一定的技術和說理要求。自1997年香港回歸以來，全國人大常委會僅對《基本法》作出過五次解釋。由於釋法的場域有限，「人大

---

37. 焦洪昌：《香港基本法解釋衝突之原因分析——以居港權系列案件的討論為例》，《廣東社會科學》2008年第3期。

38. 劉永偉：《變異與進化：美歐憲法解釋模式的生成——兼論〈香港基本法〉解釋模式的建構》，《法商研究》2012年第1期。

39. See Albert HY Chen, The Interpretation of the Basic Law: Common Law and Mainland Chinese Perspectives, *Hong Kong Law Journal*, 2000, vol. 30, no. 3, pp. 380–431.

40. 黃明濤：《論全國人大常委會在與香港普通法傳統互動中的釋法模式——以香港特區「莊豐源案規則」為對象》，《政治與法律》2014年第12期。

釋法」的技術和方法遠稱不上完善或成熟，但從歷次釋法的實踐來看，全國人大常委會的確在不斷豐富和發展其釋法的技術和方法。[41]

諸多「人大釋法」方法論之中，辨識度最高的是立法原意解釋。在第一次解釋《基本法》時，全國人大常委會着重強調了立法原意：「鑒於……有關條款涉及中央管理的事務和中央與香港特別行政區的關係，終審法院在判決前沒有依照《中華人民共和國香港特別行政區基本法》第一百五十八條第三款的規定請全國人民代表大會常務委員會作出解釋，而終審法院的解釋又不符合立法原意」，「本解釋所闡明的立法原意以及《中華人民共和國香港特別行政區基本法》第二十四條第二款其他各項的立法原意，已體現在1996年8月10日全國人民代表大會香港特別行政區籌備委員會第四次全體會議通過的《關於實施〈中華人民共和國香港特別行政區基本法〉第二十四條第二款的意見》中。」[42]正是基於終審法院所作的解釋不符合《基本法》有關條款的立法原意，全國人大常委會才推翻了終審法院在「吳嘉玲案」中對有關條款的解釋（根據《基本法》第一百五十八條，該案中訴訟當事人所獲得的香港特別行政區居留權不受影響）。由此，立法原意解釋成為全國人大常委會解釋《基本法》最正統、最權威、最常見的解釋方法。[43]

從全國人大常委會對《基本法》的解釋文、草案說明及相關公開

---

41. 王磊、謝宇：《論〈香港基本法〉解釋實踐對人大釋憲的啟示》，《行政法論叢》2016年第2期。

42. 《全國人民代表大會常務委員會關於〈中華人民共和國香港特別行政區基本法〉第二十二條第四款和第二十四條第二款第（三）項的解釋》，1999年6月26日第九屆全國人民代表大會常務委員會第十次會議通過。

43. 在此後的四次「人大釋法」中，「立法原意」的字眼雖然沒有出現在全國人大常委會關於《基本法》的解釋正文中，但可見諸全國人大常委會對《解釋（草案）》的說明和答記者問中，參見李飛：「關於《全國人民代表大會常務委員會關於〈中華人民共和國香港特別行政區基本法〉附件一第七條和附件二第三條的解釋（草案）》的說明」，原文鏈接：http://www.npc.gov.cn/wxzl/gongbao/2004-07/23/content_5332217.htm；李飛：「關於《全國人民代表大會常務委員會關於〈中華人民共和國香港特別行政區基本法〉第五十三條第二款的解釋（草案）》的說明》」，原文鏈接：http://www.npc.gov.cn/wxzl/gongbao/2005-05/27/content_5341715.htm；《全國人大常委會辦公廳2011年8月26日新聞發佈會》，原文鏈接：http://www.npc.gov.cn/npc/zhibo/zzzb23/node_4309.htm；《全國人大常委會辦公廳2016年11月7日新聞發佈會》，http://www.npc.gov.cn/npc/zhibo/zzzb39/node_381.htm，最後訪問日期：2019年3月1日。

資料可以看出，其主要依賴《基本法》起草過程中的立法材料來判斷某一條款的立法原意。至於為何選擇立法原意解釋，原因仍在於全國人大常委會的釋法者角色。雖然有學者指出，立法原意有被濫用的風險，[44]但是從全國人大常委會的角度來看，堅持立法原意解釋，與其說是恣意，毋寧說是自制。根據《基本法》第一百五十八條，全國人大常委會已然享有不受限制的《基本法》解釋權，若不以「立憲者的意圖」對這種解釋權作出規制，則實質上的立法權容易為名義上的釋法者所篡奪。此外，從「人大釋法」的時間效力來看，解釋一經作出即成為《基本法》的一部分，即是說，理論上，該解釋的生效日期為《基本法》的生效日期；採用立法原意解釋旨在強調「法律的原意自始如此」，從而避免「溯及既往」的困境。事實上，時任全國人大法工委副主任李飛在答記者問時屢次強調，釋法不同於立法，立法需重新確定規則和規範，而釋法只能對法律的原意進行解釋。[45]即是說，採用立法原意解釋有助於維護「人大釋法」的正當性，從而避免「以釋法之名，行修法之實」的指控。除此之外，立法原意解釋的優勢還在於：《基本法》是一部年輕的法律，其制定年代並不久遠，「立憲者的意圖」具有更高的正當性；全國人大常委會佔有豐富的立法材料，可輔助闡釋有關條款的立法原意；且立法原意解釋與香港法院常用的目的解釋和語境解釋在一定程度上是相容的。[46]

然而，立法原意解釋並非全國人大常委會解釋方法的全部。「人大釋法」另一個可辨識的方法是體系解釋（也稱「結構解釋」），這種解釋方法在第三次和第四次釋法中表現得更為明顯。2005年4月27日，全國

---

44. 黃明濤：《論全國人大常委會在與香港普通法傳統互動中的釋法模式——以香港特區「莊豐源案規則」為對象》，《政治與法律》2014年第12期。

45. 參見《全國人大常委會辦公廳2011年8月26日新聞發佈會》，原文鏈接：http://www.npc.gov.cn/npc/zhibo/zzzb23/node_4309.htm；《全國人大常委會辦公廳2016年11月7日新聞發佈會》，http://www.npc.gov.cn/npc/zhibo/zzzb39/node_381.htm，最後訪問日期：2019年3月1日。

46. 姚國建、王勇：《論陸港兩地基本法解釋方法的衝突與調適》，《法學評論》2013年第5期；黃明濤：《論全國人大常委會在與香港普通法傳統互動中的釋法模式——以香港特區「莊豐源案規則」為對象》，《政治與法律》2014年第12期。

人大常委會在解釋《基本法》第五十三條第二款時，援引了《基本法》第四十五條及附件一第一條、第二條和第七條的規定，並指出「上述規定表明，二〇〇七年以前，在行政長官由任期五年的選舉委員會選出的安排下，如出現行政長官未任滿《中華人民共和國香港特別行政區基本法》第四十六條規定的五年任期導致行政長官缺位的情況，新的行政長官的任期應為原行政長官的剩餘任期」。[47]有內地學者認為，是次釋法體現了「高超的法律技藝」。[48]對「人大釋法」持保留態度的學者認為，這是全國人大常委會首次嘗試在其解釋文中說理。[49]有香港學者指出，是次釋法採用的說理方法類似於普通法系中的語境分析（contextual analysis）。[50] 2011年8月26日，全國人大常委會應香港特區終審法院之請解釋《基本法》第十三條第一款和第十九條，在該解釋文中，全國人大常委會援引了《憲法》第八十九條第（九）項以及《基本法》第八條和第一百六十條，並在對終審法院提出的四個問題的答復中作了簡潔的「三段論式」推理。[51]有學者認為，相較於第一次「人大釋法」，第四次「人大釋法」在技術上有許多進步，主要體現為：從形式上突顯了「解釋文字」、加強了解釋文的說理性、強調了解釋的個案背景以及嚴守釋法範圍。[52]

47. 《全國人民代表大會常務委員會關於〈中華人民共和國香港特別行政區基本法〉第五十三條第二款的解釋》，2005年4月27日第十屆全國人民代表大會常務委員會第十五次會議通過。

48. 強世功：《文本‧結構與立法原意——「人大釋法」的法律技藝》，《中國社會科學》2007年第5期。

49. Yash Ghai, The Intersection of Chinese Law and the Common Law in the Hong Kong Special Administrative Region: Question of Technique or Politics, Hong Kong Law Journal, 2007, vol. 37, no. 2, pp. 363–405.

50. Simon N. M. Young, Legislative History, Original Intent, and the Interpretation of the Basic Law, in Fu, H, L. Harris, and S. Young (eds), Interpreting Hong Kong's Basic Law: the Struggle for Coherence, New York: Palgrave Macmillan, 2007, pp. 15–32.

51. 《全國人民代表大會常務委員會關於〈中華人民共和國香港特別行政區基本法〉第十三條第一款和第十九條的解釋》，2011年8月26日第十一屆全國人民代表大會常務委員會第二十二次會議通過。

52. 黃明濤：《論全國人大常委會在與香港普通法傳統互動中的釋法模式——以香港特區「莊豐源案規則」為對象》，《政治與法律》2014年第12期。

除此之外，一個少有學者提及的解釋方法是文義解釋。事實上，兩地學者過於強調全國人大常委會與香港法院在解釋方法上的不同，[53] 以至於忽視了全國人大常委會在解釋《基本法》時也採用了文義解釋。文義解釋，即按照字面意思解釋，是法律解釋的起點。[54] 在第一次「人大釋法」中，將《基本法》第二十二條第四款「中國其他地區的人」解釋為「各省、自治區、直轄市的人，包括香港永久性居民在內地所生的中國籍子女」[55] 就是一次明顯的文義解釋。在第二次「人大釋法」中，將《基本法》附件一和附件二中的「二〇〇七年以後」解釋為「含二〇〇七年」，將「如需修改」解釋為「可以進行修改，也可以不進行修改」[56] 也運用了文義解釋方法。[57] 爭議較大的是第五次「人大釋法」，在是次釋法中，全國人大常委會將《基本法》第一百零四條規定的就職宣誓確定為參選或出任有關公職的法定要求，對「就職時必須依法宣誓」解釋出了四層含義，並明確有關宣誓具有法律約束力，虛假宣誓及違反誓言者應依法承擔法律責任。[58] 在有關《解釋（草案）》的說明中，時任全國人大法工委副主任張榮順表示，「有關第一百零四條的解釋內容是依法宣誓的必然含義，也是香港歷來有關宣誓的基本要

---

53. 通說認為，全國人大常委會在解釋《基本法》時採用立法原意解釋，而香港法院在解釋《基本法》時採用字面解釋，解釋方法的差異是《基本法》解釋權衝突的重要肇因。參見焦洪昌：《香港基本法解釋衝突之原因分析——以居港權系列案件的討論為例》，《廣東社會科學》2008年第3期；姚國建：《論普通法對香港基本法實施的影響——以陸港兩地法律解釋方法的差異性為視角》，《政法論壇》2011年第4期；劉永偉：《變異與進化：美歐憲法解釋模式的生成——兼論〈香港基本法〉解釋模式的建構》，《法商研究》2012年第1期。

54. 楊仁壽：《法學方法論（第二版）》，北京：中國政法大學出版社，2013年，第139頁。

55. 《全國人民代表大會常務委員會關於〈中華人民共和國香港特別行政區基本法〉第二十二條第四款和第二十四條第二款第（三）項的解釋》，1999年6月26日第九屆全國人民代表大會常務委員會第十次會議通過。

56. 《全國人民代表大會常務委員會關於〈中華人民共和國香港特別行政區基本法〉附件一第七條和附件二第三條的解釋》，2004年4月6日第十屆全國人民代表大會常務委員會第八次會議通過。

57. 白晟：《基本法釋法問題探究——從法理學角度剖析》，香港：商務印書館，2015年，第228頁。

58. 《全國人民代表大會常務委員會關於〈中華人民共和國香港特別行政區基本法〉第一百零四條的解釋》，2016年11月7日第十二屆全國人民代表大會常務委員會第二十四次會議通過。

求」。[59] 不少反對者認為，是次解釋超出了《基本法》第一百零四條的語義範圍，不是「釋法」而是「修法」；但也有支持者指出，解釋文中的語言表述，是闡述法律條文的內在含義，不可能只是機械地重複該條款原有的表述，否則就是語義重複。[60] 就方法論而言，文義解釋並不只是簡單地重複法律的規定，其可細分為平義解釋、擴張解釋和限縮解釋。[61] 第五次「人大釋法」採用的解釋方法不是或曰不只是狹義的字面解釋，而是擴張解釋——將「就職宣誓」解釋為「參選或者出任有關公職的法定要求和條件」就是擴張解釋的體現；但從常理上講，這種擴張解釋似乎沒有超出「文義的最遠射程」。

（二）　香港法院的解釋方法

相較於為數有限卻又備受爭議的「人大釋法」，香港法院在審理案件時解釋《基本法》已是一種常態，且總體上獲得了學者的好評。[62] 這一方面得益於《基本法》第一百五十八條的授權，另一方面也緣於普通法法官在法律解釋中扮演的活躍角色。根據《基本法》第八條和第八十四條，香港原有的普通法得以保留。儘管普通法發源於英國，但美國才是憲法解釋達致頂峰的普通法法域；美國的經驗表明憲法解釋與司法審查不可分離，香港法院在審查政府行為是否違反《基本法》時很

59. 張榮順：「關於《全國人民代表大會常務委員會關於〈中華人民共和國香港特別行政區基本法〉第一百零四條的解釋（草案）〉的說明」，原文鏈接：http://www.npc.gov.cn/wxzl/gongbao/2017-02/21/content_2007634.htm，最後訪問日期：2019年3月10日。

60. 杜磊、鄒平學：《合法性與權威性：人大釋法六大問題法理辯疑》，《深圳大學學報（人文社會科學版）》2017年第4期。

61. 鄭永流：《法律方法階梯（第二版）》，北京：北京大學出版社，2012年，第128–137頁；謝暉：《文義解釋與法律模糊的釋明》，《學習與探索》2008年第6期。

62. 參見陳弘毅、羅沛然、吳嘉誠、顧瑜：《香港終審法院關於〈基本法〉的司法判例評析》，《中國法律評論》2015年第3期；秦前紅、付婧：《在司法能動與司法節制之間——香港法院本土司法審查技術的觀察》，《武漢大學學報（哲學社會科學版）》2015年第5期；姚國建：《違基審查20年：香港法院憲制功能的檢視、省思與前瞻》，《深圳大學學報（人文社會科學版）》2017年第1期。

大程度上借鑒了美國模式。[63]陳弘毅教授援引美國學者菲利普．博比特（Philip Bobbitt）的著作，介紹了六種最為常見的憲法解釋方法：文本解釋（the textual approach）、歷史解釋（the historical approach）、教義解釋（the doctrinal approach）、審慎解釋（the prudential approach）、體系解釋（the structural approach）和道德解釋（the ethical approach）。[64]在這六種解釋方法之外，還有一種特別的被稱作目的解釋（the purposive approach）的方法，但如學者指出，目的解釋不是一種獨立的解釋方法，而是前述六種解釋方法的綜合，在法律解釋偏離法律文本的字面意思或字面意思不足以解決問題時，尤其當應用此方法。[65]在考察多種解釋方法後，學者得出結論：不存在一種絕對的能夠規定法官該如何判案的解釋方法，相反，應當允許法官根據自己的良心和道德情感選擇解釋方法。[66]這一結論同樣適用於香港法院解釋《基本法》的實踐。如學者指出，在解釋《基本法》時，香港法院所採取的方法兼備個案靈活性和總體連貫性。[67]

在「吳嘉玲案」中，終審法院明確了應採用普通法下的目的解釋方法來解釋《基本法》：「《基本法》是為貫徹獨一無二的『一國兩制』原則而制定的憲法性文件，具有不可輕易修改的地位……在解釋《基本法》這樣的憲法性法律時，法院均會採用目的解釋方法，而這方法亦已被廣泛採納。法院之所以有必要以這種方法來解釋憲法，是因為憲法只

---

63. Albert HY Chen, The Interpretation of the Basic Law: Common Law and Mainland Chinese Perspective, *Hong Kong Law Journal*, 2000, vol. 30, no. 3, pp. 380–431.

64. See Philip Bobbitt, *Constitutional Interpretation*, Oxford: Blackwell, 1991; Albert HY Chen, The Interpretation of the Basic Law: Common Law and Mainland Chinese Perspective, *Hong Kong Law Journal*, 2000, vol. 30, no. 3, pp. 380–431. 有關解釋方法已經兩位學者闡釋得非常清楚，並可見於陳弘毅：《普通法權限中的憲法解釋》，施嵩譯，《學習與探索》2007年第1期，故在此不作贅述。

65. Albert HY Chen, The Interpretation of the Basic Law: Common Law and Mainland Chinese Perspective, *Hong Kong Law Journal*, 2000, vol. 30, no. 3, pp. 380–431.

66. See Philip Bobbitt, *Constitutional Interpretation*, Oxford: Blackwell, 1991; Albert HY Chen, The Interpretation of the Basic Law: Common Law and Mainland Chinese Perspective, *Hong Kong Law Journal*, 2000, vol. 30, no. 3, pp. 380–431.

67. 秦前紅、黃明濤：《文本、目的和語境—— 香港終審法院解釋方法的連貫性與靈活性》，《現代法學》2011年第1期。

陳述一般原則及表明目的，而不會流於講究細節和界定詞義，故必然有不詳盡及含糊不清之處……在確定文件的真正含義時，法院必須考慮文件的目的和有關條款……在確定《基本法》某項條款的目的時，法院可考慮該條款的性質，或《基本法》的其他條款，或參照包括《聯合聲明》在內的其他有關外部資料。」[68] 此次採用的目的解釋與全國人大常委會採用的立法原意解釋貌合神離（二者都不拘泥於法律條款的字面意思，轉而尋求外部資料的幫助，但得出的結論卻截然相反），被認為是《基本法》解釋衝突的重要肇因。第一次「人大釋法」否定了終審法院在「吳嘉玲案」中對有關條款的解釋，但是沒有排除香港法院在解釋《基本法》時沿用普通法解釋方法。在之後的「莊豐源案」中，終審法院確定香港法院應適用普通法方法來解釋《基本法》：「與訟雙方共同的立場是，香港法院在行使《基本法》授予的解釋權時，必須適用普通法，這種立場符合《基本法》中允許保留普通法的規定」。[69]

然而，在「莊豐源案」中，終審法院的判詞體現了從「目的解釋」到「語境解釋」的轉變。終審法院首先承認應當考慮目的和語境：「法院不會把有關條款的字句獨立考慮，而是會參照條款的語境及目的」；但是改變了對外部資料的論述：「法院依照有關條款的語境和目的後，一旦確定了文本字句的含義是清晰的，便必須落實這些字句的清晰含義。法院不會基於任何外部資料而偏離這些字句的清晰含義，賦予其所不能包含的意思」；在考慮有關條款的語境和目的後，終審法院得出結論：「參照第二十四條第二款第（一）項的語境及目的來考慮這項條款所用的文字後，可見其含義清楚明確，那就是在 1997 年 7 月 1 日之前後之後在香港出生的中國公民享有永久性居民的身份。這項條款的含義沒有含糊不清之處，亦即在合理情況下不能得出另一對立的解

---

68. *Ng Ka Ling and Another v. The Director of Immigration* (29/01/1999, FACV14/1998) (1999) 2 HKCFAR 4, [1999] 1 HKLRD 315, para. 73–75.

69. *The Director of Immigration v. Chong Fung Yuen* (20/07/2001, FACV26/2000) (2001) 4 HKCFAR 211, [2001] 2 HKLRD 533, para. 6.1.

釋。」【70】有學者注意到，在「莊豐源案」中，目的解釋已經不再那麼重要，因為每次提到目的時，都是和語境同時出現的。【71】的確，在「莊豐源案」中，法院只考慮了《基本法》有關條款以外的其他條款（內部資料），而放棄了「吳嘉玲案」中較為寬鬆的目的解釋論，因而更像是一種純粹的語境解釋（即上文提到的體系解釋）。有學者認為，「莊豐源案」標誌了香港法院在《基本法》解釋方法上的轉型。【72】

但是，不論是目的解釋，還是語境解釋，都沒有脫離有關條款的文本。在「吳嘉玲案」中，終審法院強調「對於有關條款所使用的字句，法院必須避免作字面的、技術的、狹隘的或僵硬的解釋。法院必須考慮文本的語境。《基本法》某項條款的文義可從《基本法》本身及包括《聯合聲明》在內的其他有關外來材料中找到。法院也可借用傳統及習慣去了解法律文本的意思。」【73】只不過在「莊豐源案」中，終審法院強調「法院根據普通法解釋《基本法》時的任務是詮釋法律文本所用的字句，以確定這些字句所表達的立法原意。法院的工作並非僅是確定立法者的原意⋯⋯法律的文本才是法律⋯⋯儘管法院必須作字面的、技術的、狹隘的或僵硬的解釋，但也不能賦予有關條款其所不能包含的意思。」【74】換言之，從「吳嘉玲案」到「莊豐源案」，香港法院的解釋方法只是完成了從「文本—目的解釋」到「文本—語境解釋」的轉變，而沒有脫離「文本解釋」的基調，這也就是學者所指的解釋方法

---

70. *The Director of Immigration v. Chong Fung Yuen* (20/07/2001, FACV26/2000) (2001) 4 HKCFAR 211, [2001] 2 HKLRD 533.

71. 秦前紅、黃明濤：《文本、目的和語境—— 香港終審法院解釋方法的連貫性與靈活性》，《現代法學》2011年第1期。

72. 姚國建、李衛剛：《論特區法院對香港基本法的解釋方法》，《石河子大學學報（哲學社會科學版）》2011年第3期。

73. *Ng Ka Ling and Another v. The Director of Immigration* (29/01/1999, FACV14/1998) (1999) 2 HKCFAR 4, [1999] 1 HKLRD 315, para. 76.

74. *The Director of Immigration v. Chong Fung Yuen* (20/07/2001, FACV26/2000) (2001) 4 HKCFAR 211, [2001] 2 HKLRD 533, para. 6.3.

上的靈活性和連貫性。[75]儘管不同的學者對香港法院的解釋方法有不同的解釋，但他們都認同：文本解釋是香港法院首選的解釋方法。[76]從這個意義上講，香港法院與全國人大常委會在解釋方法上的差異更多地體現在，當文本所表現的立法原意（客觀的立法原意）與立法者的立法原意（主觀的立法原意）發生衝突時，香港法院選擇了文本所表現的立法原意，而全國人大常委會選擇了立法者的立法原意。

（三）《基本法》第四十條的適當解釋方法

以上簡單介紹了全國人大常委會和香港法院在解釋《基本法》時所採用的解釋方法，有學者認為，解釋方法的差異是《基本法》解釋衝突的重要原因。[77]有學者主張，應當統一《基本法》解釋方法，且基於全國人大的權威，《基本法》解釋只能採用立法原意，而不能採用其他方法。[78]然而，這種主張並不可行：首先，除少數例外情況，各種法律解釋方法不是互相排斥而是互為補充，以文義解釋為例，當法律條款的字面意思不夠清晰明確或不足以解決問題，就必須運用其他方法來輔助解釋，立法原意解釋亦如是；其次，立法原意解釋的適用場域有限，如學者指出，立法原意解釋以相關證據的可得性為前提，在缺少必要歷史材料支持的情況下，立法原意解釋不大可能被採用，[79]其他解釋方法亦如是，事實上，若某單一解釋方法可應用於所有條款和

---

75. 秦前紅、黃明濤：《文本、目的和語境——香港終審法院解釋方法的連貫性與靈活性》，《現代法學》2011年第1期。

76. 李緯華：《香港特別行政區法院基本法解釋規則——以六件香港永久性居民界定案件的判決為中心》，《法律適用》2011年第4期；楊曉楠：《傳統與新秩序：「一國兩制」下的香港普通法》，《國家行政學院學報》2017年第4期；黃明濤：《論全國人大常委會在與香港普通法傳統互動中的釋法模式——以香港特區「莊豐源案規則」為對象》，《政治與法律》2014年第12期。

77. 姚國建：《論普通法對香港基本法實施的影響——以陸港兩地法律解釋方法的差異性為視角》，《政法論壇》2011年第4期；姚國建、王勇：《論陸港兩地基本法解釋方法的衝突與調適》，《法學評論》2013年第5期。

78. 劉永偉：《變異與進化：美歐憲法解釋模式的生成——兼論〈香港基本法〉解釋模式的建構》，《法商研究》2012年第1期。

79. 黃明濤：《論全國人大常委會在與香港普通法傳統互動中的釋法模式——以香港特區「莊豐源案規則」為對象》，《政治與法律》2014年第12期。

所有情形，則兩大法系無須發展出如此多樣的解釋方法；再者，即使是同一解釋方法，不同的解釋機關也會有不同的理解，對於同一案件或同一條款，不同審級的法院會得出不同的結果，這不管在香港還是在內地都十分常見，並不足以為奇。[80] 即使是統一了解釋方法，全國人大常委會和香港法院仍可能對同一條款作出不同解釋。

　　基於以上理由，筆者以為，不宜過分強調全國人大常委會和香港法院在解釋方法上的差異。解釋方法的差異是，但不全是全國人大常委會和香港法院對同一法律條款作出不同解釋的原因。不同的解釋機關對同一法律條款作出不同解釋十分正常，只要全國人大常委會和香港法院是兩個彼此獨立的解釋機關，這種情況就有可能發生。且香港法院和全國人大常委會對同一法律條款作出不同解釋，這種情況僅在「居港權」系列案件中可見，並不算普遍現象。更何況，當兩個解釋機關對同一條款作出不同解釋時，《基本法》第一百五十八條早有決斷——以全國人大常委會的解釋為準。因此，解釋方法的差異無關宏旨。當然，這並不是說，應當放任全國人大常委會和香港法院對同一條款作出不同解釋；畢竟，當這種情況發生時，全國人大常委會和香港法院的權威都會遭到質疑。為避免《基本法》解釋衝突帶來的權威流失，有兩個宏觀的原則值得考慮：一是全國人大常委會和香港法院應尊重對方的解釋權限，不輕易解釋其不方便解釋的《基本法》條款，在此方面，第四次「人大釋法」應當是一個很好的範例；二是香港法院在解釋《基本法》時更加審慎，鑒於全國人大常委會擁有《基本法》所有條款的最終解釋權，香港法院（尤其是終審法院）在解釋《基本法》時，應當秉持一種審慎的立場，儘量避免作出可能被全國人大常委會推翻的解釋。[81]

---

80. 鄒平學：《共識與分歧：香港〈基本法〉解釋問題的初步檢視》，《中國法律評論》2017年第1期。

81. See Paul Gewirtz, Approaches to Constitutional Interpretation: Comparative Constitutionalism and Chinese Characteristics, *Hong Kong Law Journal*, 2001, vol. 31, no. 2, pp. 200–223.

　　話雖如此，確定《基本法》第四十條的解釋方法仍然十分必要。正如終審法院在「吳嘉玲案」中闡釋的那樣，「《基本法》解釋，和其他法律解釋一樣，需要具體問題具體分析。」【82】基於上文（本章第一節）的分析，既然《基本法》第四十條的便宜解釋機關為香港法院，那麼《基本法》第四十條宜根據普通法解釋方法來解釋。又鑒於普通法以文本解釋為優先選項，則《基本法》第四十條的解釋也優先考慮文本解釋。《基本法》第四十條規定：「新界」原居民的合法傳統權益受香港特別行政區的保護。由英文版的「lawful traditional rights and interests」可知合法傳統權益不止一項。但單從字面來看，很難判定受保護的是哪些權益以及由何種機關負責保護此類權益。因此，要解釋《基本法》第四十條，就必須借助其他輔助資料。在「莊豐源案」中，終審法院區分了「內部資料」（internal aids）和「外部資料」（extrinsic materials），並確定優先考慮「內部資料」。【83】就《基本法》第四十條而言，有助於闡釋其含義的內部資料有三種：第一種是《基本法》第一百二十二條：兩個條款都是為了保障「新界」原居民的權益；第二種是《基本法》第一百零五條、第一百二十條和第一百六十條等：此類條款都概括地規定了香港特別行政區應當保護香港居民的有關權利；第三種是《基本法》第二十五條和第三十九條等：此類條款與《基本法》第四十條有潛在的衝突，這些條款有助於理解「新界」原居民權益受保護的邊界。

　　總體而言，《基本法》的「內部資料」有助於闡釋「新界」原居民權益的變動空間，但是無法證明《基本法》第四十條規定的「合法傳統權益」到底有何所指。「莊豐源案」並沒有排除借用「外部資料」的可能，只是強調當「內部資料」足以闡明法律條款的確切含義時，無需借助外部資料來作出不同的解釋。那麼，當「內部資料」不足以解釋《基本法》第四十條的確切含義，就必須借助《中英聯合聲明》及《基本法》

---

82. *Ng Ka Ling and Another v. The Director of Immigration* (29/01/1999, FACV14/1998) (1999) 2 HKCFAR 4, [1999] 1 HKLRD 315, para. 79.

83. *The Director of Immigration v. Chong Fung Yuen* (20/07/2001, FACV26/2000) (2001) 4 HKCFAR 211, [2001] 2 HKLRD 533, para. 6.3.

立法材料等「外部資料」。此時，《基本法》第四十條的解釋方法就會由「文本—語境解釋」轉向「文本—歷史解釋」；走到這一步，香港法院的解釋方法與全國人大常委會的解釋方法就不會相差太大。從「莊豐源案」判詞可看出，終審法院明顯更青睞《基本法》制定前的資料（pre-enactment materials），即1990年4月4日前的資料。對於這一點，全國人大常委會和香港法院亦不會有太大分歧：當制定前資料和制定後資料並存時，制定前資料顯然更有助於證明立法原意。本書第四章介紹的《基本法》第四十條的起草材料，將有助於解釋《基本法》第四十條制定時通常所認為的「合法傳統權益」的具體內容；而香港回歸後的判例、學說和實證材料等，將有助於說明時至今日何種權益仍會被視為「合法」。至於《基本法》第四十條的確切含義，例如權益的具體內容及受保護的限度，則有待解釋方法和解釋材料的揭示。

三、《基本法》第四十條的規範內涵

《基本法》第四十條規定：「新界」原居民的合法傳統權益受香港特別行政區的保護。雖然「新界」原居民身份的識別標準已由相關本地法例（《地租（評估及徵收）條例》）闡明，但《基本法》第四十條並未一一列舉「新界」原居民合法傳統權益的內容，也未明確規定此類權益受香港特別行政區保護的方式，這就為爭論和解釋留下了餘地。由於單純的文本解釋不足以揭示《基本法》第四十條的規範內涵，因而在解釋「新界」原居民的合法傳統權益時，需要借助《基本法》的起草歷史等外部資料。

（一） 如何解釋「傳統權益」

回訪《基本法》第四十條的起草歷史可知，這一條的最初版本（1986年11月12日）為「新界原居民的合法權益受香港特別行政區的保護」，至第四稿（1987年8月22日）才修改為「『新界』原居民的合法傳統權益受香港特別行政區的保護」，修改的原因很可能是1987年4月13日

《居民的基本權利和義務小組工作報告》記載的那樣：有的委員建議將本條的「合法權益」改為「合法傳統權益」，因為新界原居民即農民的傳統權益是幾百年歷史所形成的事實，有些是沒有法律規定的，例如祖、堂物業的繼承問題等，只寫「合法權益」就不完善了。[84] 雖然增加「傳統」一詞有助於保障「新界」原居民權益，但是如何解釋「傳統權益」仍是一個有爭議的問題。

　　終審法院在「陳華案」中指出，1898年是意義重大的一年，[85] 但未深入闡釋「新界」原居民傳統權益與1898年這個特殊年份的關係。香港大學陳文敏教授認為，基於《基本法》第四十條的起草歷史以及普通法的慣常理解，所謂「新界」原居民傳統權益必須是在1898年業已存在或可被追溯到1898年「新界」被租予英國前的權益。[86] 其具體理據為：其一，在《基本法》第四十條起草期間，要求保障「新界」原居民權益的人士屢次強調，此類權益可追溯到幾百年前，且受《展拓香港界址專條》的承認和保護；其二，「新界」原居民的身份在1898年才形成，《基本法》第四十條的目的在於保護英國接管「新界」時業已存在的權益，而不是英國管治期間才獲得的權益；其三，澳大利亞高等法院在Commonwealth v Yarmirr案中裁定，普通法不承認王室政府在獲取有關土地時尚未存在的權。[87] 陳文敏教授的這一觀點（傳統權益須追溯到1898年前）得到特區法院的援引。

　　在梁官平訴地政總署署長案中，高等法院原訟法庭裁定，申請人梁官平（白牛石上村原居民）針對地政總署有關決定（拒絕申請人以私人協約方式興建小型屋宇的申請）提出的司法覆核不能成立，因為申請

---

84. 李浩然主編：《香港基本法起草過程概覽》（上冊），香港：三聯書店，2012年，第362–369頁。

85. *Secretary for Justice and Others v. Chan Wah and Others* (22/12/2000, FACV11/2000) (2000) 3 HKCFAR 459, [2000] 3 HKLRD 641, para. 4.

86. Johannes Chan, Rights of New Territories Indigenous Inhabitants, in Chan, J and Lim, CL (eds.), *Law of the Hong Kong Constitution*, Hong Kong: Sweet & Maxwell, 2011, pp. 883–911.

87. Johannes Chan, Rights of New Territories Indigenous Inhabitants, in Chan, J and Lim, CL (eds.), *Law of the Hong Kong Constitution*, Hong Kong: Sweet & Maxwell, 2011, pp. 883–911.

人不能證明地政總署的有關決定侵犯了其根據《基本法》第四十條所享有的權益。在此案中，林文瀚法官援引陳文敏教授的觀點，認為《基本法》第四十條保護的傳統權益須追溯到 1898 年前，而「小型屋宇政策」直到 1972 年才出台，但是考慮到「小型屋宇政策」事關重大公眾利益，林法官並未斷定「小型屋宇政策」不屬於《基本法》第四十條保護的權益，而是以申請人不能證明以私人協約方式興建小型屋宇屬於《基本法》第四十條保護的權益，且即便申請人有權作出此類申請，也不代表政府必須批出土地供申請人興建小型屋宇等為由，駁回了申請人的訴訟請求。[88]

在律政司司長訴廖榮光案中，高等法院原訟法庭裁定，原告人律政司司長（代表差餉物業評估署）向被告人廖榮光（上水門口村某物業業主）追討差餉理據充分。在此案中，被告人倚賴終審法院在「陳華案」中作出的表述「第四十條所指的原居民合法傳統權益受《基本法》保護。此外，其中部分權益也受本地法例明確保護。例如，《地租（評估及徵收）條例》及香港法例第 116 章《差餉條例》第 36 條分別述及有關免繳地稅及差餉事宜」，認為物業免繳差餉是其根據《基本法》第四十條享有的合法傳統權益。暫委法官吳美玲援引林文瀚法官在「梁官平案」中的觀點，認為終審法院的此表述只是宣判時提出的附帶意見，該意見雖會被尊重，但在法律觀點上不具拘束力。基於習慣性權利須追溯到 1843 年，而港英政府至 1940 年代才在「新界」徵收差餉，被告人的物業在 1994 年前豁免差餉，並非緣於法律或習慣規定的權益，而是因為政府未及將差餉評估擴展至被告人物業所在村落等理由，吳美玲法官裁定，物業免繳差餉為被告人的習慣性權利或合法傳統權益的主張不能成立。[89] 後案件上訴至上訴法庭，高等法院上訴法庭維持了原訟法庭的判決，肯定了吳美玲法官的裁決及裁決理由。[90]

---

88. *Koon Ping Leung v. The Director of Lands* (26/01/2012, HCAL14/2011).

89. 律政司司長 對 廖榮光 (02/07/2013, HCA5120/2001) [2014] 2 HKLRD 108.

90. 律政司司長 對 廖榮光 (04/03/2016, CACV160/2013).

　　基於傳統權益須追溯到 1898 年前，而「小型屋宇政策」至 1972 年才推出，有論者認定，「丁權」並非《基本法》第四十條規定的「傳統權益」。[91] 也有學者認為，從習慣法的角度來看，傳統習俗須在 1874 年或法定記錄年份之前已經存在，而「丁屋政策」顯然不能追溯至 1874 年或更早，因而「丁權」不是所謂的「合法傳統權益」。[92] 陳文敏教授沒有完全否定「小型屋宇政策」，其認為應對「建屋牌照」和「私人協約」分別探討（此為特區政府規定的申請小型屋宇批約的兩種方式，詳見本書第四章第三節），「建屋牌照」或可追溯至 1898 年前，因為據稱在 1898 年前原居民在私有的土地上興建房屋不受限制，而「私人協約」卻不可追溯至 1898 年前，因為 1898 年前顯然沒有原居民可要求政府批地供其興建房屋的規定，《展拓香港界址專條》也沒有規定私人可要求政府提供土地供其興建房屋。基於此，就算「建屋牌照」可歸為《基本法》第四十條保護的「傳統權益」，「私人協約」顯然不是《基本法》第四十條保護的「傳統權益」。[93]

　　原則上，「傳統權益」須自法律記憶時起便存在。就「新界」的情況而言，「傳統權益」須是 1898 年業已存在的權益，這是對「傳統」作字面和慣常理解得出的當然含義：若是新近才有的權益，便不能稱之為傳統。但與此同時，不宜對「傳統」作僵化的理解，如果將「傳統」理解為 1898 年前原封不動保留至現在的操作，那麼很少有權益能夠通過這個標準。在此，或許應當考慮人類學家的觀點——傳統並不是一成不變的「死物」，而是一種不斷變遷卻又總體連貫的「活物」：香港的

---

91. 姚政希、林芷筠：《不是傳統權益：丁屋政策的迷思與真象》，《明報》觀點版 2016 年 1 月 28 日；林芷筠：《丁屋政策的黑洞》，《眾新聞》2017 年 12 月 18 日。

92. 劉家儀：《〈香港基本法〉第四十條的解釋——以「丁屋」政策為例》，中國人民大學碩士學位論文，2011 年，第 51 頁。

93. Johannes Chan, Rights of New Territories Indigenous Inhabitants, in Chan, J and Lim, CL (eds.), *Law of the Hong Kong Constitution*, Hong Kong: Sweet & Maxwell Hong Kong, 2011, pp. 883–911. 在「丁權」司法覆核案中，高等法院原訟法庭採納了陳文敏教授的觀點，認為「傳統權益」須追溯到 1898 年前。See *Kwok Cheuk Kin and Another v. Director of Lands and Others* (08/04/2019, HCAL260/2015) [2019] HKCFI 867, para. 55 and 115.

「新界」村落從來都不是由單一時間而來的歷史殘跡，它一直都是蘊含群眾在不同時期的生活故事；任何沒有時間的詮釋都會是跟現實情況徹底脫節。[94]以傳統的代表「祖」和「堂」為例，港英政府對「祖」和「堂」作了很大的改造，1898年前的「祖」和「堂」與今時今日的「祖」和「堂」，完全是兩種不同的組織，但這並不代表「祖」和「堂」不是「新界」原居民的傳統權益。

結合《基本法》的起草背景和立法過程可知，《基本法》第四十條的目的不在於恢復1898年前的境況，或廢止殖民年代「新界」鄉民與港英政府達成的妥協，而在於承認和保護《基本法》制定時合法存在的傳統權益（這也是鄉議局的主張）。就此而言，無需因為「私人協約」無法追溯至1898年前而斷定其不屬於《基本法》第四十條所保護的「傳統權益」。對於何謂「傳統權益」，應以1986年12月20日《新界原居民權益研討會——新界原居民原有之合法權益及傳統習慣》為藍本，因為居民的基本權利和義務專責小組對此報告有決議：委員認為《新界原居民權益研討會報告》中新界原居民之合法權益應受尊重，但對其他希望爭取之權益則不加支持。[95]當時有關權益的表述只是「合法權益」，在「權益」前面冠以「傳統」，根據1987年4月13日的修改建議，應當是為了擴大而非限縮當時承認權益的內容。如果說1987年3月14日，居民的基本權利和義務專責小組承認「丁權」為「合法權益」，那麼沒有理由基於「合法」後面加了「傳統」二字，就認定「丁權」及其他當時承認的權益不是「合法傳統權益」。

（二） 如何解釋「合法權益」

陳文敏教授認為，《基本法》第四十條規定的「合法傳統權益」必須是既「合法」又「傳統」的權益，即是說，「合法但非傳統」或「傳統

---

94. 張少強：《管治新界：地權、父權與主權》，香港：中華書局，2016年，第80頁。

95. 居民及其他人的權利自由與義務專責小組《新界原居民權益最後報告》（1987年3月14日經執行委員會通過），載李浩然主編：《香港基本法起草過程概覽》（上冊），香港：三聯書店，2012年，第362–369頁。

但不合法」的權益不能稱為「合法傳統權益」。【96】這種理解符合《基本法》第四十條的立法原意：在《基本法》起草過程中，曾有委員建議將「合法權益」改寫為「合法及傳統權益」，但這種建議沒有被採納。【97】由此可見，《基本法》的制定者無意保護「傳統但不合法」的權益。然而，在此，宜對「合法」（lawful）與「法定」（legal）兩個詞作簡單的辨析：合法意味着合乎法律，即不違反現行法律（不論是成文法或習慣法），而法定意味着依法而定，即必須有明確的法律依據（不論是成文法或習慣法）。因此，「合法權益」包括那些雖然沒有明確法律依據但是並不抵觸現行法律的權益。基於此，不宜以「小型屋宇政策」只是一項政策安排而非法律安排為由，否定「丁權」是《基本法》第四十條規定的「合法傳統權益」。

那麼，「合法」的「法」又該作何理解呢？陳文敏教授認為，「合法」之「法」有三層含義：首先，「法」意味着1997年7月1日《基本法》生效之時的法律，即是說，如果某項傳統權益在1997年7月1日前被取消了，那麼此項傳統權益就不能稱為「合法權益」；其次，「法」意味着《基本法》，因為《基本法》第八條規定：「香港原有法律，即普通法、衡平法、條例、附屬立法和習慣法，除同本法相抵觸或經香港特別行政區的立法機關作出修改者外，予以保留」，即是說，抵觸《基本法》的權益不能保留；再者，「法」意味着一般意義上的正義，在此前的三個案例中，香港法院裁定，所謂的「法」不限於現行的實定法，且應當包括現行法治框架所認可的「普世的正義觀」。【98】陳文敏教授的這番解讀可謂精闢，雖然從字面意思上很難讀出這幾層意思，但這種解讀符合「法」的法理內涵，也符合普通法的通常理解，套用第五次「人大釋法」草案説明的用語，這是「法」的必然含義。

---

96. Johannes Chan, Rights of New Territories Indigenous Inhabitants, in Chan, J and Lim, CL (eds.), *Law of the Hong Kong Constitution*, Hong Kong: Sweet & Maxwell Hong Kong, 2011, pp. 883–911.

97. 參見李浩然主編：《香港基本法起草過程概覽》（上冊），香港：三聯書店，2012年，第368頁。

98. Johannes Chan, Rights of New Territories Indigenous Inhabitants, in Chan, J and Lim, CL (eds.), *Law of the Hong Kong Constitution*, Hong Kong: Sweet & Maxwell, 2011, pp. 883–911.

在以上三層意思之外，尚有兩個問題值得注意：一是法的變遷性。在「陳華案」中，終審法院指出，（對投票權和參選權的）限制被視為合理或不合理，可能因時代的變遷而截然不同。[99]同理，合法與不合法，可能因時代的變遷而截然不同。以劉皇發訴律政司司長案為例，原告人劉皇發主張，1994年6月24日生效的《新界土地（豁免）條例》（根據該條例，若無遺囑另作規定，則死者的土地可由女性繼承）取消了專屬於男性原居民的繼承權，違反了《基本法》第四十條的規定，高等法院以當時《基本法》尚未施行，法院無權解釋《基本法》等為由，拒絕推翻該條例。[100]後上訴法院維持了高等法院的判決，[101]即使在《基本法》實施後，所謂專屬於男性原居民的土地繼承權也沒有被恢復。再以律政司司長訴廖榮光案為例，被告人廖榮光主張，在1994年7月29日前，其名下物業可免繳差餉，庫務司於1994年取消其物業所在村的「指定鄉村」地位致使其須為該物業繳納差餉，實質上褫奪了被告人根據《基本法》第四十條所享有的合法傳統權益，高等法院原訟法庭裁定，當局基於某鄉村不再具備「新界」鄉村的主要特質而撤銷該鄉村「指定鄉村」地位的決定，乃是合法合理的施政行為，並沒有侵犯被告人的合法傳統權益。[102]基於此，「合法」之「法」不宜理解為1997年7月1日的「法」，而應理解為現行有效的法。

二是《基本法》第四十條與《基本法》其他條款的相容性。毫無疑問，《基本法》第四十條給予「新界」原居民較優惠的待遇與《基本法》第二十五條規定的「香港居民在法律面前一律平等」有潛在的衝突。「小型屋宇政策」只向男性原居民開放，更是直接違反了男女平等原則（有關《基本法》第四十條與第二十五條的潛在衝突，詳見本書第五章第一節）。《基本法》第三十九條也規定了，對香港居民權利的限制不得

---

99. *Secretary for Justice and Others v. Chan Wah and Others* (22/12/2000, FACV11/2000) (2000) 3 HKCFAR 459, [2000] 3 HKLRD 641, para. 44.

100. *Lau Wong Fat v. Attorney General* (18/11/1996, HCA6016/1994).

101. *Lau Wong Fat v. Attorney General* (06/05/1997, CACV247/1996) [1997] HKLRD 533.

102. *Secretary for Justice v. Liu Wing Kwong* (02/07/2013, HCA5120/2001) [2014] 2 HKLRD 155.

與有關國際公約抵觸。然而，為貫徹平等而取消《基本法》第四十條所保護的權益，並不符合《基本法》第四十條的立法原意：《基本法》的起草者顯然意識到第四十條與第二十五條有潛在的衝突，在此情況下，保留《基本法》第四十條意味着後來的釋法者不得以《基本法》其他條款為由取消「新界」原居民的特殊權益。基於此，即使《基本法》第四十條與第二十五條有衝突，也應當優先執行第四十條或將第四十條視作第二十五條的例外情況。[103]

在「丁權」司法覆核案中，申請人主張，「合法」之「法」有三層含義：一是1898年前的清律，二是1997年的香港本地法，三是現行的《基本法》。特區政府主張，「合法」之「法」有兩層含義：一是1997年7月1日的香港本地法；二是現行的《基本法》。而鄉議局主張，「合法」並非規限性（restrictive）用語，而是描述性（descriptive）用語，亦即，《基本法》第四十條只是以「合法」的表述，承認當時業已存在的「新界」原居民傳統權益。高等法院原訟法庭採納了鄉議局的主張，認為在《基本法》第四十條的語境下，「合法」只是一種描述性的用語，其目的不在於將特定的原居民權益排除在保護的範圍之外。充分考慮《基本法》的起草背景後，原訟法庭認定，基本法起草委員會在起草《基本法》時，已經意識到相關權益帶有歧視性效果，在此情況下，將「新界」原居民權益寫入《基本法》，意味着對此類權益的特殊保護優先於對香港居民的平等保護。即是說，後來者不可基於《基本法》第二十五條挑戰《基本法》第四十條。[104]

（三）　如何解釋「受香港特別行政區的保護」

除「傳統權益」和「合法權益」外，「受香港特別行政區的保護」也是有待解釋的對象。由《基本法》第四十條的措辭可知，「受香港特別

---

103. Johannes Chan, Rights of New Territories Indigenous Inhabitants, in Chan, J and Lim, CL (eds.), *Law of the Hong Kong Constitution*, Hong Kong: Sweet & Maxwell, 2011, pp. 883–911.

104. See *Kwok Cheuk Kin and Another v. Director of Lands and Others* (08/04/2019, HCAL260/2015) [2019] HKCFI 867, para. 41–43 and 128–129.

行政區的保護」至少有三層含義：首先，香港特別行政區應當保護「新界」原居民的合法傳統權益，即是說，殖民年代「新界」原居民所享有的權益不因《基本法》的實施或香港特別行政區的成立而失效；其次，香港特別行政區可靈活決定保護「新界」原居民權益的方式，「受香港特別行政區的保護」不同於「受香港特別行政區法律的保護」，即是說，香港特別行政區可選擇以立法、行政或其他方式保護「新界」原居民的權益；再者，香港特別行政區可收緊或放寬「新界」原居民政策，未列舉權益的內容和規定保護的方式意味着，香港特別行政區可自行決定保護的範圍和力度。由此可見，「受香港特別行政區的保護」的表述給香港特別行政區留下了相當廣闊的裁量餘地，也就是說，「新界」原居民權益的範圍和受保護力度不圍於 1990 年 4 月 4 日《基本法》頒佈之時或 1997 年 7 月 1 日《基本法》施行之時的狀態。[105]

以下三點可證明「裁量餘地」的存在：第一，《基本法》第四十條是一種「低密度的憲法規範」，目標的確定性與手段的開放性給香港特區的政權機關留下了相當的裁量餘地。如終審法院在「吳嘉玲案」中指出，「《基本法》是為貫徹獨一無二的『一國兩制』原則而制定的憲法性文件，具有不可輕易修改的地位。制定憲法性文件時，一般都會採用涵義廣泛和概括性的語言。憲法是一份具有靈活性的文件，旨在配合時代轉變和適應環境的需要。」[106] 鑒於憲法規範須經受時間的考驗，多數立憲者對所規範的事項僅給出「低密度的指示」，即確定一個明確的目標但保持手段的開放性，從而為立法者留下廣闊的「立法餘地」。[107] 在《基本法》第四十條的語境下，目標（保護「新界」原居

---

105. 在「丁權」司法覆核案中，特區政府主張，在「小型屋宇政策」下，「新界」原居民的權利僅限於申請興建小型屋宇，至於批准與否，完整的裁量權和控制權在於特區政府，此外，特區政府亦有權根據情勢的變遷調整「小型屋宇政策」。See *Kwok Cheuk Kin and Another v. Director of Lands and Others* (08/04/2019, HCAL260/2015) [2019] HKCFI 867, para. 11.

106. *Ng Ka Ling and Another v. The Director of Immigration* (29/01/1999, FACV14/1998) (1999) 2 HKCFAR 4, [1999] 1 HKLRD 315, para. 73.

107. 參見趙一單：《立法權的憲法界限研究——以立法餘地的正當性為視角》，《甘肅政法學院學報》2016 年第 2 期。

民的合法傳統權益）是既定的，但手段（如何保護「新界」原居民的合法傳統權益）是開放的，這種安排給香港特區的立法機關、行政機關和司法機關留下了廣闊的裁量餘地。事實上，《基本法》第四十條並非孤例，《憲法》第二十六條、第三十二條和第五十條等，《基本法》第六條、第三十七條和第一百六十條等都是「低密度的憲法規範」，為決策者留下了廣闊的裁量空間。

第二，香港特別行政區享有《基本法》賦予的高度自治權，自行調整「新界」政策是高度自治的應有之義。「新界」原居民的權益歸根結底須以立法、行政或其他方式來實現。《基本法》第二條規定：全國人民代表大會授權香港特別行政區依照本法的規定實行高度自治，享有行政管理權、立法權、獨立的司法權和終審權。《基本法》第十六條規定：香港特別行政區享有行政管理權，依照本法的有關規定自行處理香港特別行政區的行政事務。《基本法》第十七條第一款規定：香港特別行政區享有立法權。《基本法》第十九條第一款規定：香港特別行政區享有獨立的司法權和終審權。既然香港特別行政區享有行政管理權、立法權、獨立的司法權和終審權，那麼以行政、立法或司法方式調整「新界」原居民權益的範圍或受保護的強度，自然也在香港特別行政區享有的高度自治權限之內。

第三，《基本法》的起草者有意保留此種「裁量餘地」。1987年1月16日《居民及其他人的權利自由福利專責小組第十次會議紀要（新界原居民）》顯示，在爭論應否將「新界」原居民的權益寫入《基本法》後，委員達致一建議：「應概括地將新界『原居民』的權益寫在基本法上，建議之寫法為『新界原居民的合法權益受尊重，並按當時法律來規定』，意思即保留新界原居民現時法律規定之權益，至於將來，可因應社會轉變有所修改，而修改權則留給將來特區政府所有。」[108] 1987年3月4日，居民的權利和義務專責小組再次達成共識：應概括地將新界

---

108. 1987年1月16日《居民及其他人的權利自由福利專責小組第十次會議紀要（新界原居民）》，載李浩然主編：《香港基本法起草過程概覽》（上冊），香港：三聯書店，2012年，第366頁。

「原居民」的權益寫在基本法上，……，至於將來，可因應社會轉變有所修改，而修改權則保留給將來特區政府所有。[109] 雖然當時委員建議的表述沒有被完全採納，但有關歷史材料顯示，《基本法》第四十條的目的不在於凍結當時「新界」原居民權益的狀態，而在於減低或避免香港回歸給「新界」原居民權益帶來的震盪。基於此，在「平穩過渡」後，香港特別行政區自然應當有權調整其「新界」原居民政策。

必須強調的是，雖然《基本法》第四十條容許香港特別行政區修改「新界」政策，但這種修改權或曰裁量餘地並不是沒有限制的。如學者指出，「餘地」不等於「空地」，如果忽視了裁量餘地中包含的約束決策者的一面，那麼憲法的「根本性」和「最高性」不免淪為空談。[110] 即是說，就《基本法》第四十條而言，香港特別行政區不得以調整「新界」政策為名，實質上掏空「新界」原居民的合法傳統權益。在律政司司長訴廖榮光案中，代表政府的一方主張，政府建議的修訂旨在修正而不是取消原村居民享有的優惠，而是消除不規則的現象和不一致的情況。[111] 在其他類型的修改中，特區政府也應當秉持這種精神。根據《基本法》第四十條的目的，香港特別行政區因應時勢，調整不合時宜的政策和法律是合法且合理的，但這種調整不應當帶來實質上取消「新界」原居民合法傳統權益的後果。也就是說，調整「新界」原居民的合法傳統權益不需要修改《基本法》，但是取消「新界」原居民的合法傳統權益則非修改《基本法》不可。

---

109. 1987年3月4日居民及其他人的權利自由與義務專責小組《新界原居民權益討論文件（草稿）》（1987年3月13日居民及其他人的權利自由福利與義務專責小組第十四續會討論文件），載李浩然主編：《香港基本法起草過程概覽》（上冊），香港：三聯書店，2012年，第367頁。

110. 趙一單：《立法權的憲法界限研究——以立法餘地的正當性為視角》，《甘肅政法學院學報》2016年第2期。

111. 律政司司長對廖榮光 (02/07/2013, HCA5120/2001) [2014] 2 HKLRD 108.

小結

根據《基本法》第一百五十八條的規定，全國人大常委會和香港法院都有權解釋《基本法》的所有條款。因而，在任何一方對《基本法》作出解釋時，應當爭論的不是解釋機關有無權限，而是解釋機關是否方便，在特定情境下對《基本法》的特定條款作出解釋。基於《基本法》第四十條的自治性質，以及「新界」原居民問題的在地性，《基本法》第四十條的便宜解釋機關應為香港法院。即是說，除非出現特定的例外情況，全國人大常委會應當秉持克制，不主動對《基本法》第四十條作出解釋。

對於特定的法律條款，不同的解釋方法可能導致不同的解釋結果。全國人大常委會和香港法院在解釋《基本法》時，會依照各自所處的體制選擇解釋《基本法》的方法，但兩大法系的方法差異並非導致《基本法》解釋衝突的決定性因素。採用何種方法解釋《基本法》條款，不應一概而論，而應具體問題具體分析。就《基本法》第四十條而言，單純的文義解釋並不足以揭示其規範內涵，因而有必要借助《基本法》其他條款及相關的外部資料。就此而言，全國人大常委會和香港法院的解釋方法並不會有太大的差異。

由於用語概括，《基本法》第四十條有兩個有待解釋的部分：「合法傳統權益」和「受香港特別行政區的保護」，前者為「新界」原居民的權益設定了某種原型，後者為香港特別行政區調整「新界」原居民政策留有餘地。1986年12月20日的《新界原居民權益研討會報告》所列舉的既有權益，在某種程度上類似於「新界」原居民的「權利清單」。從《基本法》第四十條的文字表述及起草歷史來看，1997年7月1日後，香港特別行政區有權修改「新界」政策，但是這種修改以不取消「新界」原居民的合法傳統權益為限。

結 語

❧❧❧❧❧❧❧❧❧❧❧❧❧❧❧❧❧❧

　　二戰後，作為港九市區的廣闊腹地，「新界」為香港經濟的起飛奠定了基礎；八十年代，作為殖民的租借地，「新界」迫使英國應允將香港歸還中國；回歸後，作為香港面積最大的區域，「新界」容納了過半的香港居民，成為香港未來發展的關鍵。在某種程度上，「新界」決定了香港的命運。然而，不論在殖民年代，還是在特區年代，「新界」的重要性都被低估了。時至今日，談到香港，人們首先想到的是繁華的港島和九龍，而不是佔香港面積最大的「新界」。即使是香港本地人，若非「新界」居民，也對「新界」知之甚少。雖然「新界」已經相當都市化，但談到「新界」時，人們首先想到的仍然是鄉村。引發熱議的「小型屋宇政策」也只是給「新界」原居民招來了「捏造傳統」、「特權階級」和「頑固分子」的污名。多數市區居民不願了解「新界」，而是延續殖民年代的心態，將「新界」視為市區的附屬品。然而，這種近乎殖民者的心態，不僅對「新界」原居民不公平，而且無助於緩解香港的城鄉矛盾。土地短缺固然是一個迫切的議題，但廢除「丁權」遠非解決問題的唯一靈藥。解決香港的土地問題，需要加深對「新界」的理解。

如何看待《展拓香港界址專條》？

　　在向殖民政府主張權益時，「新界」原居村民最常援引的是《展拓香港界址專條》規定的「在所展界內，不可將居民迫令遷移，產業入官，若因修建衙署、築造炮台等官工需用地段，皆應從公給價。」在殖民年代，因為這一特殊條款，「新界」鄉民往往能得償所願，但這也給

後來者攻訐「新界」原居民權益留下了口實——既然「新界」原居民權益依賴《展拓香港界址專條》，而中國政府又不承認不平等條約的效力，那麼回歸後就沒有保護「新界」原居民權益的必要了。然而，這是一種似是而非的指控。《展拓香港界址專條》是帝國主義強加於中國的，作為簽訂方的清政府和英國政府對「租借」的理解有重大分歧，英國政府在接管「新界」後又有種種根本違約行為，基於此，中國政府拒絕承認不平等條約的效力，不論從國際法還是國內法來看，都是站得住腳的。但不承認不平等條約不等於不保護「新界」原居民的權益，因為《展拓香港界址專條》並沒有賦予「新界」原居民任何特權——不迫令居民搬遷、徵收土地給予合理賠償，這是任何現代政府對其所轄人民的道德義務。「新界」原居村民並沒有因這一條款而獲得額外的權益，《展拓香港界址專條》只是保障了「新界」原居村民原有的權益。從這個角度來講，不論《展拓香港界址專條》是否有效，「新界」原居民的權益都應當得到保障。因此，中國政府不承認不平等條約的效力，不影響「新界」原居民的權益在香港回歸後繼續得到保障。

如何看待「新界」原居民身份？

雖然帶有「原居民」一詞，但「新界」原居民並非一種族群身份，其既非國際法上的土著居民，又非國內法上的少數民族。究其本質，「新界」原居民更適宜定義為中國香港的鄉村居民。由於特定的歷史條件，「新界」原居民享有某些特殊的經濟權益，但這種經濟權益不可推導出政治權益，因為「新界」原居民不是一種族群身份。除此之外，還應當承認，「新界」原居民的身份帶有相當的殖民性——港英政府為使「新界」成為可管治之物，有策略地賦予了「新界」村民以原居民的身份，而「新界」村民為了更好地爭取權益，也樂於以這一殖民者賦予的身份自我指稱。在殖民年代，港英政府還有意改造了華人傳統，令其成為殖民統治的工具。從這個角度來看，說原居民的身份和傳統是殖民主義「共謀」和「勾結」的產物，並不過分。但這並不意味着砸爛或

否定「新界」原居民的身份和傳統就能達到「解殖」的目的。我們必須看到，在「新界」乃至香港，殖民主義是不可抹去的歷史，也是不可迴避的現實，「解殖」的路十分漫長。在尋求「解殖」之前，應當正確理解「解殖」的意義。如學者指出，真正的解殖不在於繼續追究殖民主義，而在於尋求歷史可以轉身，殖民主義變得已在現實之外，殖民者和受殖者終於放下所有爭持，再無必要記得殖民者是殖民者，找他出來思念或向他報復反攻，亦無需要想起受殖者是受殖者，為他引進文明或要他俯首稱臣，反而需要好像莊子筆下的魚兒那般，能夠「相忘於江湖」，不再「譽堯而非桀」，盡然「兩忘而化其道」，就連「相呴以濕」或「相濡以沫」都是不必。[1]

傳統權益必須追溯到1898年前嗎？

在解釋《基本法》第四十條規定的「傳統權益」時，有一種觀點認為，所謂傳統，必須追溯至1898年前，否則便不能稱之為傳統（高等法院原訟法庭也採納了這種觀點）。理論上，傳統須是自法律記憶時起就已經存在的，否則便不能稱之為傳統性或習慣性權益。但就「新界」的華人傳統而言，有兩點特別需要注意：其一，「新界」有各種大大小小的村落，原居村民有「五大氏族」和「四大民系」之說，不同的村落、不同的村民對傳統可能有不同的解讀。如學者指出，「新界」村落的華人傳統，如同其他地方的華人傳統，受儒教、道教和佛教等各種文化的影響，不論在古代還是現代，不同的華人村落，對於何謂傳統、如何分配財產，根本就沒有固定且統一的解釋。[2]即使時光倒流至1898年，不同的「新界」村民對傳統也有不同的解釋。其二，傳統是一種相對穩定卻又不斷變遷的操作。易言之，漸變是傳統的一大特色。即使

---

1. 張少強：《管治新界：地權、父權與主權》，香港：中華書局，2016年，第232頁。
2. Chiu Man-chung, Negotiating Han-Chinese Legal Culture: Postcolonial Gender Political Discourse on Hong Kong's Small House Policy, *King's Law Journal*, 2006, vol. 17, no. 1, pp. 45–70.

在1898年，對於何謂傳統有統一的解釋，經過百餘年的歷史變遷，今人對傳統的解讀也與古人對傳統的解讀大不相同。在殖民年代，港英政府改造了「新界」的華人傳統，這是不爭的事實——1972年的「小型屋宇政策」便是很好的證明。在談論傳統時，應當認識到：「新界」的村落一直都是當代世界的當代聚落，是在其之內，不是在其之外，是與當代世界一起互動，不是亙古不變的物體。[3]就此而言，將傳統理解為某種整齊劃一且亙古不變的操作，並不符合傳統的本質特徵。《基本法》第四十條的用意，不在於恢復1898年前的狀況，或將「新界」的華人傳統定格於1997年，而是容讓傳統隨着時代的變遷自我更新。

《基本法》第四十條的立法目的

許多反對「新界」原居民權益的人士將《基本法》第四十條視為「特權條款」，因為根據這一條，「新界」原居民享有其他香港居民不能享有的權益。然而，回訪《基本法》第四十條的起草歷史可知，這一條並未給「新界」原居民新增任何權益——《基本法》第四十條所指的「合法傳統權益」在《基本法》起草之時就已存在，《基本法》第四十條只是將港英時代的「新界」政策延續下來，這符合「五十年不變」的精神。從立法目的來看，《基本法》第四十條承擔着「承認」和「委託」的雙重任務：就承認而言，《基本法》第四十條構成對起草之時業已存在的「新界」原居民權益的概括性承認，意即，港英時代「新界」原居民的合法傳統權益不因香港特別行政區的成立而失效；就委託而言，《基本法》第四十條構成主權者對香港特別行政區的委託，意即，在《基本法》實施後，香港特別行政區應以立法、行政和司法等方式保護「新界」原居民的合法傳統權益。不論承認還是委託，《基本法》第四十條都賦予了香港特別行政區相當大的自由裁量權：保護「新界」原居民合法傳統權

---

3. 張少強：《管治新界：地權、父權與主權》，香港：中華書局，2016年，第50頁。

益的目標是既定的，但保護「新界」原居民合法傳統權益的手段是開放
的；如何保護「新界」原居民的合法傳統權益，由香港特別行政區因應
時勢自行調整。從目的的確定性和手段的開放性來看，《基本法》第四
十條的規定類似於《憲法》第二十六條的規定：根據《憲法》第二十六
條，國家應當保護和改善生活環境和生態環境，但是如何保護和改善
生活環境和生態環境，則應由國家權力機關根據法律規定和實際情況
自行決定。

《基本法》第四十條與第一百二十二條的關係

　　《基本法》第四十條與第一百二十二條都是有關「新界」原居民權
益的條款，但兩個條款對「新界」原居民的指稱有所不同：《基本法》第
一百二十二條將「新界」原居民稱為「其父系為一八九八年在香港的原
有鄉村居民」。在某種程度上，第一百二十二條對「新界」原居民的指
稱更為準確，也更符合中國政府對不平等條約的立場──《全國人民代
表大會關於設立香港特別行政區的決定》有關香港特別行政區的區域的
表述為「香港島、九龍半島，以及所轄的島嶼和附近海域」，沒有使用
「新界」的名稱。為了充分保障「新界」原居民的權益，《基本法》第四
十條「破例」使用了「新界」這一帶有殖民色彩的指稱。就權益的內容
而言，《基本法》第四十條規定的權益抽象且全面，而《基本法》第一百
二十二條規定的權益具體且狹窄。《基本法》第四十條是承認「新界」
原居民舊有的權益，而《基本法》第一百二十二條是為「新界」原居民
確定新的權益。《基本法》第四十條是「面向過去」，即承認 1997 年 7 月
1 日前的「新界」原居民權益，而《基本法》第一百二十二條是「面向未
來」，即保障 1997 年 7 月 1 日後的「新界」原居民權益。在賴禧安訴差餉
物業估價署及另一人案中，上訴人賴禧安主張，免繳地租是其根據《基
本法》第四十條和第一百二十二條享有的法定權益，但高等法院上訴法
庭裁定，免繳地租的權利是受《基本法》第一百二十二條而非第四十條
規管，《基本法》第四十條沒有指示法院對第一百二十二條作出另外的

解釋。[4]由此可見，雖然都是保障「新界」原居民權益的條款，但《基本法》第一百二十二條可獨立於《基本法》第四十條而存在。[5]

《基本法》第四十條與第二十五條的關係

許多反對者認為，「新界」原居民的特殊權益構成對非原居民的香港居民的歧視，因而違反了《基本法》第二十五條規定的「香港居民在法律面前一律平等。」的確，「新界」原居民的權益（尤其是「小型屋宇政策」）構成對原居民與非原居民、男性原居民與女性原居民的差別對待。根據終審法院在「邱旭龍案」中確定的規則，在法律面前一律平等，並非刻板或絕對的平等，若有充分理據支持，則可給予不同的待遇，若差別待遇通過「有理可據檢驗方法」的檢驗，則正確的做法是不將該差別待遇視為歧視和侵犯憲法賦予的平等權利。[6]而要證明差別待遇有理可據，則須證明該差別對待：（1）是為了追求一個合法的目的；（2）與合法目的有合理的關聯；（3）不得超出為達致合法目的所必需的程度；（4）在公共利益與個人權利間取得合理平衡。[7]客觀而言，「有理可據檢驗方法」是一種較高的審查標準，某些原居民權益（如「小型屋宇政策」）未必能夠通過「有理可據檢驗方法」的檢驗（高等法院原訟法庭裁定，「小型屋宇政策」不能通過「有理可據檢驗方法」的檢驗）。即是說，《基本法》第四十條與第二十五條有潛在的衝

---

4. *Lai Hay on v. Commissioner of Rating and Valuation and Another* (31/03/2010, CACV130/2007) [2010] 3 HKLRD 286.

5. 在「丁權」司法覆核案中，高等法院原訟法庭裁定，「丁屋政策」的合法性與「丁屋批約」的合法性是兩碼事，「丁屋政策」整體或部分不合法，並不表明根據「丁屋政策」所作的「丁屋批約」不合法。See *Kwok Cheuk Kin and Another v. Director of Lands and Others* (08/04/2019, HCAL260/2015) [2019] HKCFI 867, para. 134.

6. *Secretary for Justice v. Yau Yuk Lung Zigo and Another* (17/07/2007, FACC12/2006) (2007) 10 HKCFAR 335, [2007] 3 HKLRD 903.

7. *Director of Immigration v. Qt* (04/07/2018, FACV1/2018) (2018) 21 HKCFAR 324, [2018] HKCFA 28; *Leung Kwok Hung also known as "Long Hair" v. Commissioner of Correctional Services* (30/04/2018, CACV34/2017) [2018] 2 HKLRD 933, [2018] HKCA 225.

突。由此就產生了內地學者經常探討的「基本權利衝突」的問題。[8]
雖然學界對權利衝突有不同的看法，但是就《基本法》第四十條與第二
十五條的衝突來看，應當認定第四十條有優先於第二十五條適用的效
力，因為《基本法》第四十條是一個特殊保護條款，如果第二十五條優
先於第四十條適用，就會有取消第四十條的效果，而這並不符合《基本
法》的立法原意。因而，當發生衝突時，《基本法》第四十條優先於第
二十五條，或者說構成第二十五條的例外情況。

「丁權」是「新界」原居民的「合法傳統權益」嗎？

雖然「小型屋宇政策」於 1972 年才推出，與學者要求的 1898 年相
距甚遠，但結合「丁屋政策」的出台背景以及《基本法》第四十條的起
草歷史，應當認為「丁權」是《基本法》第四十條規定的「合法傳統權
益」。從 1986 年 7 月 25 日的《新界原居民合法權益及傳統習俗之歷史淵
源》，到 1986 年 12 月 20 日的《新界原居民權益研討會報告》，再到 1987
年 3 月 14 日的《新界原居民權益最後報告》，可知基本法起草委員會自
始自終都明知且默認「丁權」屬於「新界」原居民的合法傳統權益。1988
年 6 月內地草委訪港小組在回應香港社會對《基本法（草案）徵求意見
稿》的問題時表明，「至於婦女界提出反對，認為丁屋是保護男性的權
利，這是可以理解的」，[9] 也能從側面證明當時社會普遍認同，「丁
權」屬於《基本法》第四十條所指的「合法傳統權益」。香港回歸後，終
審法院在「陳華案」中的表態，以及學者對《基本法》第四十條的附帶

---

8. 參見林來梵、張卓明：《論權利衝突中的權利位階——規範法學視角下的透析》，《浙江大學學報
（人文社會科學版）》2003 年第 6 期；張翔：《基本權衝突的規範結構與解決模式》，《法商
研究》2006 年第 4 期；馬嶺：《憲法權利衝突與法律權利衝突之區別——兼與張翔博士商榷》，
《法商研究》2006 年第 6 期；徐振東：《基本權衝突認識的幾個誤區——兼與張翔博士、馬嶺
教授商榷》，《法商研究》2007 年第 6 期。

9. 1988 年 8 月 3 日基本法諮詢委員會秘書處參考資料（一）《內地草委訪港小組就基本法（草案）徵
求意見稿一些問題的回應輯錄（一九八八年六月四日至七日）》，載李浩然主編：《香港基本法起
草過程概覽》（上冊），香港：三聯書店，2012 年，第 370 頁。

意見，都能證明「丁權」被普遍認可為《基本法》第四十條規定的「合法傳統權益」。當然，承認「丁權」是「新界」原居民的「合法傳統權益」，並不意味着香港特別行政區不能對此政策作出任何修訂。鑒於《基本法》第四十條是一種「低密度的憲法規範」，而香港特別行政區又享有高度自治權，在1997年7月1日及以後，香港特別行政區有權根據實際情況修訂「丁屋政策」。但必須注意的是，基於權力的有限性，香港特別行政區就「新界」政策的自由裁量權以不在實質上取消「新界」原居民的合法傳統權益為限，即香港特別行政區不得以調整為名實質上取消「新界」原居民的權益。

香港的土地短缺與「丁屋」的用地問題

許多反對「丁權」的人士主張，只要取消「丁屋政策」便能解決香港的土地短缺問題，他們誤以為用於興建「丁屋」的土地實際上掌握在特區政府手上。其實不然。根據特區政府的統計數據，除少數（約11%）個案以「私人協約」（即政府批地）方式批出，大部分（約86%）的小型屋宇批約是以「建屋牌照」方式批出的。即是說，用於興建「丁屋」的土地（使用權），大部分都掌握在「新界」原居民私人手上──由香港政府批給私人使用。從這個角度來講，興建「丁屋」並沒有佔用多少公共土地。令「丁屋政策」與香港土地供應形成緊張關係的，或許是「丁屋」對土地的低效利用──鄉村小型屋宇的高度有限，對土地的利用率過低，不符合密集式發展的要求，這些土地若用來興建高樓，則可容納更多的香港居民。但主張從私人手裏收回土地的人士應當看到，即使特區政府引用《收回土地條例》，將批給私人使用的「丁屋地」收回，也需要考慮對受影響人群進行特惠補償和重新安置。此外，用於興建「丁屋」的地段，分佈零散且大小形狀不一，要完全釋放有關土地的潛力，需要進行大量的土地回收和清理工作，且需輔以大型基礎建設，這些工作耗時耗資甚巨，非一朝一夕可完成。鑒於香港土地短缺問題迫在眉睫，社會人士建議的「買斷丁權」或「興建丁廈」並非

無稽之談，但推行此類政策需要特區政府與「新界」原居民達成諒解，而非特區政府單方面宣佈取消「丁屋政策」就能實現。

《基本法》第四十條的便宜解釋機關

雖然全國人大常委會有權解釋《基本法》第四十條，但是從《基本法》第四十條的自治性質和「新界」原居民議題的「在地性」來看，《基本法》第四十條的便宜解釋機關應為香港法院。當然，這不是說全國人大常委會在任何情況下都不應解釋《基本法》第四十條。倘若香港法院在解釋《基本法》第四十條時，不當解釋了《基本法》關於中央管理的事務或中央和特區關係的條款，而這種解釋又不符合《基本法》的立法原意，或香港法院對《基本法》第四十條的解釋不符合《基本法》第四十條的立法原意，且這種解釋有損香港特區的根本利益，則全國人大常委會應當對《基本法》第四十條作出解釋。除此之外，全國人大常委會應當保持克制，不對《基本法》第四十條作出解釋。「丁權」問題已進入司法程序，不論最終裁決結果如何，都將對香港特別行政區的未來產生重大影響。[10] 但就目前的情況來看，針對《基本法》第四十條，暫時沒有「人大釋法」的必要。

---

10. 2019年4月8日，高等法院原訟法庭就「丁權」司法覆核案頒下判決，認定在私人土地上興建「丁屋」乃「新界」原居民的合法傳統權益，而以「私人協約」及「交換土地」方式興建「丁屋」不是「新界」原居民的合法傳統權益；與此同時，原訟法庭命令與訟各方於21日內作出書面陳詞，以商討判詞最終定案；除此之外，鑒於案件社會影響重大，考慮到各方可能提起上訴，原訟法庭判令暫緩執行判決6個月。See *Kwok Cheuk Kin and Another v. Director of Lands and Others* (08/04/2019, HCAL260/2015) [2019] HKCFI 867.
2019年7月9日，特區政府宣佈就案件提出上訴，見《政府就小型屋宇政策司法覆核案件提出上訴》，香港特別行政區政府新聞公報，原文鏈接：https://www.devb.gov.hk/tc/publications_and_press_releases/press/index_id_10440.html，最後訪問日期：2019年10月3日。

後記

一

首先要感謝香港城市大學出版社社長朱國斌教授，因為他的引介與督促，本書才得以順利出版。同時，要感謝香港城市大學出版社諸位編輯，他們的專業、嚴謹與認真，令我印象深刻。感謝匿名審稿專家，他們對本書提出了寶貴的修改意見，使我獲益良多。

感謝我的導師祝捷教授賜序。祝老師是年輕有為、博聞強識、銳意進取的憲法學者。他有着非凡的天賦、勤奮和意志力，常人不能望其項背。讀祝老師的著作，讓我感到自己的渺小。能夠跟隨祝老師研習憲法已足夠幸運，我不敢妄言超越。序言中的過譽之詞，權當老師對學生的寄望和鞭策。

本書的選題動機十分簡單：在「萬事皆可政治化」的年頭，基本法研究難免充斥政治話語和政治立場，厭倦了宏大敍事和政治爭拗的我，想選一個相對重要但又不那麼「政治」的主題。因此，就有了這本書。我深知，作為基本法的初學者，我的能力和見識相當有限，本書尚有許多不足之處。在此，懇請各位讀者批評指正。

二

從碩士到博士，我在武漢大學度過了六年時光。如果算上本科雙學位的學習，那麼就八年有餘了。首先，要感謝我的導師祝捷教授，是他點燃了我對憲法學的興趣和熱情。我至今仍然記得祝老師在憲法

學課堂上揮灑的激情與理想。承蒙祝老師不棄，我有幸跟隨他學習憲法。八年師生，是緣分，亦是修行。這些年來，多得祝老師的支持、鼓勵和提點，我才不至於荒廢大好的青春年華。

感謝香港城市大學法律學院朱國斌教授。2016年9月-2017年2月，我有幸到香港擔任朱老師的研究助理。這段經歷令我獲益匪淺。朱老師不僅是體恤下屬的好老闆，更是關心學生的好老師。我從朱老師那裏學到的，不僅有治學的方法，更有做人的道理。朱老師經常告誡我，think big and aim high，我不知道我是否領會其中要義，但我會時刻告誡自己，不要被眼前的事物所局限和迷惑。

感謝張萬洪教授。張老師的公共課堂點亮了不少青年學子對法治、自由和正義的嚮往。他對弱者的關注、對公益的執著和對學生的提攜令人欽佩且感動。2014年夏天，在張老師的慷慨幫助下，我有機會在湖北省高級人民法院行政庭實習，並在那裏窺見了法治中國的一角。2017年秋天，同樣是在張老師的大力支持下，我有幸到美國佩斯大學法學院訪學。這兩段經歷，對於我的人生有執著深遠的影響。我永遠都會為此心懷感激。

感謝周葉中教授、秦前紅教授和江國華教授，三位老師對學生的關懷和包容令我感動。感謝陳曉楓教授，作為預答辯專家組成員，他對我的論文初稿提出了寶貴的意見。感謝鄒平學教授，作為答辯專家組成員，他對我的論文給予了肯定。感謝項焱教授，她在關鍵時刻對我伸出援手。感謝伍華軍副教授，作為開題報告專家組成員，他對我的論文架構提出了中肯的建議。感謝黃明濤副教授，我一直記得跟我說的那句「武大人，必須自信。」

感謝美國佩斯大學法學院Richard L. Ottinger教授和Nicholas A. Robinson教授。兩位教授是美國環境法的先驅者，也是佩斯法學院的奠基人，他們為環保事業、環境法學及中美交流作出了重要的貢獻。兩位超凡的品行、超然的態度和超強的學術生命力，時刻激勵執著我，也溫暖執著我，讓我有勇氣在這條晦暗不明的道路上走下去。

感謝西南政法大學陳英老師，在我找不到存在的意義的那些日子，是她開解我、勸慰我、鼓勵我。能夠在人生的特殊節點，認識陳老師這樣豁達的師友，是我有限生命中的一大幸事。感謝同在佩斯大學求學的王惠詩涵小姐和劉田林先生，很高興能與善良、聰穎且真誠的他們相識，祝願他們乘風破浪、前程似錦。

特別感謝Sandra Munoz, David Rojas和Elizabeth Quinones。在美國的那半年裏，我從未體會過異鄉人的孤獨和落寞，因為從我到紐約的第一天起，他們就視我為家人，無條件地接納我、關心我、照顧我。同樣感謝Monica, Martin, Teresa, John, Milder, Jennifer, Rakshith, Maria Elena, Omar, Norma和Julia，在美國的那段日子裏，他們向我展示了另一種可能，這種可能不必與成功有關。在他們的鏡照下，我看到了什麼對我是重要的，也懂得了捨棄那些不重要的。感謝Keiko，因為有她這樣的人在，我總感覺很安心。

感謝葉正國師兄，他的忠厚善良令我記憶猶新。感謝付婧師姐，她給了我很多的溫暖。感謝向雪寧師姐，她經常關心我的學習和生活。感謝李棟、李相林和吳淑鳳，他們在我有需要時仗義相助。感謝肖妮娜、游志強和湯景業，因為有他們的陪伴，讀博三年非但不覺得辛苦，反而充滿樂趣。感謝王萌、宋靜和蘇怡，相識一場，十分榮幸。感謝華偉建，他為我的答辯程序忙前忙後，費力不少。感謝秦玲，她是我非正常飯點首選的火鍋伴侶。感謝熊林曼和尹輝煌，希望他們以後也像現在一樣好。

感謝陳曦，我們的友誼，從香港到武漢，從白天到黑夜，從海邊到山上；我們見證了彼此重要的時刻，也由衷地為對方的成長感到開心。感謝劉強，他經常與我分享有關音樂的資訊，讓我的生活沒有那麼沉悶。感謝我的朋友袁來，即使在我狀態最差的時候，她也能看到我最好的一面。感謝我的父母，雖然不總是贊同我的決定，他們從未阻撓過我追尋自己。因為他們無言的支持，我才變得越來越像我自己。

三

熟悉我的朋友都知道，我喜歡看電視。這好像算不上什麼高尚的愛好，尤其是對志於學的人來說。我曾多次被告知，我的時間可以花在更好的事物上面。但我依舊把這愛好十年如一日地堅持下來了。在我看來，電視和書籍一樣，都是我們了解這個世界的窗口，並沒有什麼高尚卑下之分。

2019年8月底，在社會仍然動盪的時候，我抵達香港。在那以後的日子裏，每天晚上下班，回到住處，打開電視，總能看到一些「名場面」。最誇張的那些日子，甚至不用打開電視，直接打開窗戶，就能看到樓下街道上的硝煙與對壘。甚至，有好幾次，在往返學校的路上，我一不小心走進「名場面」。那真是「兵荒馬亂」的日子。

回到內地後，有朋友好奇地問，他們（香港人）真的有那麼討厭我們（內地人）嗎？我說，這個問題可真不好回答。若從電視和媒體上看，那些誇張的標語、憤怒的呼喊、觸目驚心的破壞和毫無節制的暴力，……，你分明感受得到那溢出胸腔的怒火與仇恨。但是，就個人經歷而言，我身邊的人——同事、鄰居、街坊，乃至學校的保安，餐廳的工作人員，行山遇見的路人，卻都很友善。實事求是地說，在香港生活的一年裏，我並沒有因為我的內地人身份而受到不公正的對待。在此，我應當向那些對我表達善意的人致謝，因為善良不是理所當然，而是他們主動的選擇。

「他們」與「他們」是不一樣的。那麼，為什麼身邊的人與電視上的人有那麼大的差別呢？是因為大家生活在平行時空嗎？或許，是因為我主動避開了那些危險？那麼，「他們」的仇恨又從何而來呢？最困惑的時候，我曾向書籍求助。《何故為敵》（Gegen den Hass）講到，仇恨需要絕對的堅定不移，每一個「也許」的念頭都會礙事，而被仇恨的是不確切的，若要確切就很難仇恨，確切性令人溫和，令人仔細觀察、仔細傾聽；確切性會令人鑒別，會將一個性格愛好錯綜複雜的對立者，當做一個人類個體來看待……或許是因為對着一個不確切的

對象，人們的仇恨才會來得確信不疑？我暫時沒有想清楚這個問題。有時，太過急切地尋求答案，反而會誤入歧途。或許，等狂熱冷卻之後，答案會自己浮出水面。

2019-2020，對於香港居民而言，是傷痛的一年。「修例風波」、「新冠疫情」、「國安法」，每一個話題都很沉重，都令人措手不及，都深刻地改變了香港的面貌。除了同情與理解，我沒有什麼可以貢獻。唯有祝願這座我生活過的城市早日走出困局、重新出發，祝願生活在這片土地的人們能夠重拾安寧、奮發向上。

我要再次感謝朱國斌教授。多得他的信任、引導和耐心，我的人生才漸漸有了方向感。他總是在最適當的時候給我最需要的忠告，讓我不再視「社會」與「生活」為畏途。在香港城市大學法律學院工作的經歷，於我而言是一筆寶貴的財富。感謝王江雨教授和王書成副教授，能與他們共事是我的榮幸。感謝法律學院諸位同事，尤其是Julian和Vanessa，給予我的友誼和善意。若有一天他們到訪內地，我希望能以同等的善意回饋他們。

章小杉

2020 年 10 月 23 日

於廣州